Elke Kimmel
West-Berlin

Elke Kimmel

# WEST-BERLIN

## Biografie einer Halbstadt

Ch. Links Verlag

Auch als ebook erhältlich

Die Deutsche Nationalbibliothek verzeichnet diese Publikation in der Deutschen Nationalbibliografie; detaillierte bibliografische Daten sind im Internet über www.dnb.de abrufbar.

1. Auflage, August 2018

Schönhauser Allee 36, 10435 Berlin, Tel.: (030) 44 02 32-0
www.christoph-links-verlag.de; mail@christoph-links-verlag.de
Umschlaggestaltung unter Verwendung von Fotos von Herbert Maschke: Café Kranzler und Kaiser-Wilhelm-Gedächtniskirche, Kurfürstendamm, um 1963 (vorn), und von Jürgen Müller-Schneck/ullstein bild: Kinder spielen im Schatten der Mauer, Sebastianstraße in Berlin-Kreuzberg, 1979 (hinten)
Lektorat: Jana Fröbel, Ch. Links Verlag
Umschlaggestaltung und Satz: Nadja Caspar, Ch. Links Verlag
Druck und Bindung: Druckerei F. Pustet, Regensburg

ISBN 978-3-96289-014-8

# Inhalt

## Über den Mythos West-Berlins. Prolog
9

Eine Insel: 9 · Und die Insulaner: 12 · Freiheit und Freiheiten: 13 · Anfang und Ende: 14 · Der Bindestrich: 15 · Was dieses Buch nicht will: 17

## Fehlstart ins Wirtschaftswunder. 1946 bis 1961

Die Entstehungszeit West-Berlins; vom Alltag einer Trümmerfrau, vom schwierigen Anfang eines Flüchtlings aus der DDR und aus der Biografie des Doppelagenten Heinz Gläske
21

Überleben: 24 · Arbeit in Ruinen: 35 · Neuanfang 1949: 37 · »Vorposten der freien Welt«: 40 · Ein Bauer in der Stadt: 43 · Die Feinde sind unter uns: 46 · Auf verlorenem Posten?: 51

## Nach dem Mauerbau. 1961 bis 1967/68

Die Reaktionen auf die Teilung der Stadt; Ausschnitte aus dem Leben des Regierenden Bürgermeisters Willy Brandt, wie ein junger Mann das SED-Regime bekämpfte und Einblicke in den Alltag des türkischen Gastarbeiters Hasan K.

55

Sonntag, 13. August 1961: 59 · Wege von West nach Ost: 67 · Der »Regierende«: 74 · Illegal von Ost nach West: 78 · Leben mit der Mauer: 85 · Neu-West-Berliner: 91

## Hauptstadt der Unzufriedenen. 1968 bis 1975

Wie sich die West-Berliner in der Halbstadt auf Dauer einrichteten und wie einige von ihnen die entstehenden Freiräume nutzten; Inge Viett wurde in West-Berlin Terroristin, Volker Ludwig entwickelte eine neue Art von Jugendtheater, und Erich L. pendelte täglich zur Arbeit nach West-Berlin

99

Unruhige Jugend: 100 · Der Polizeistaatsbesuch: 105 · Ostern 1968: 109 · Ein Weg in den Untergrund: 113 · Revolution in den Kinderzimmern: 122 · Gebaute Albträume: 125 · Anlaufstellen des Ostens: 132

## Die bleierne Zeit. 1975 bis 1986

Jahre, in denen erst mal nichts zu passieren schien und in denen sich doch alles änderte; Einblicke in das Leben des Fernsehmoderators Hans Rosenthal, in die Drogenkarriere von Christiane F. und in die bewegte Existenz des Schriftstellers Klaus Schlesinger zwischen Ost- und West-Berlin

141

Selbsthilfe: 144 · The show must go on: 149 · Von der »Filzokratie« in den Bausumpf: 154 ·

Zuwanderermilieus: 161 · Grenzgänger: 163 · Unter die Räder gekommen: 169 · Der berühmteste Berlin-Gast: 175

## Die letzten Tage West-Berlins. 1987 bis 1990

Beide Stadthälften feierten 750 Jahre Berlin, West-Berlin wurde Kulturhauptstadt und war ab 1990 keine Insel mehr; die Karriere der Sozialpolitikerin Ingrid Stahmer, der Weg einer Friedrichshainerin über Ungarn nach Neukölln und Erlebnisse eines Studenten in West-Berlin

179

Eklat am Kurfürstendamm: 180 · Vom Land in die Mauerstadt: 185 · Der unaufhaltsame Aufstieg der Alternativen: 192 · Ausnahmezustände: 194 · Von Charlottenburg nach Schöneberg: 200 · Über Ungarn nach Neukölln: 204 · Stippvisiten in West-Berlin: 206 · Nach dem Rausch: 210

## West-Berlin – nur ein Rückblick? Epilog

215

West-Berlin in der Nische: 215 · Was ist geblieben von West-Berlin?: 218 · Weder arm noch sexy: 219 · Die letzten West-Berliner: 221

## Anhang

223

Anmerkungen: 223 · Eine Chronik West-Berlins: 251 · Personenregister: 266 · Bildnachweis: 270 · Dank: 271 · Die Autorin: 272

# Über den Mythos West-Berlins
## Prolog

Was genau macht West-Berlin besonders, warum gibt es immer noch viele, die der Halbstadt nachtrauern? Selbst wenn man berücksichtigt, dass wie bei anderen untergegangenen Sehnsuchtsorten viele der eigenen Vergangenheit, dem jüngeren und leichteren Ich nachhängen und dass der leicht goldige Schimmer selbstverständlich auch einer Eintrübung durch eine älter werdende Alt-West-Berliner Gesellschaft zu verdanken ist, bleibt möglicherweise ein Rest, der sich durchaus rational erklären lässt.

### Eine Insel

West-Berlin war seit 1948/49 eine Insel, zwar eine mit vielfachen und sehr verschiedenartigen Verbindungen ins Umland, aber dennoch eine Exklave der Bundesrepublik inmitten der Deutschen Demokratischen Republik. Straßen, Flüsse, Brücken, Fernbahn-, U-Bahn- und S-Bahn-Linien verbanden die Insel mit Ost-Berlin, Potsdam und Brandenburg, fast jeder hatte Verwandte oder Freunde auf der anderen Seite der zunächst kaum störenden Grenze. Und nicht wenige arbeiteten in Treptow oder Schöneweide, wohnten aber in Tempelhof oder Wedding – oder umgekehrt. Mit anderen Worten: West-Berlin war weniger eine richtige Insel als eine Hallig: Bei schönem Wetter und Ebbe erreichbar und gut angebunden, bei Sturm waren seine Bewohner von der Welt abgeschnitten und fühlten sich mitunter von allen verlassen. Was für die Inselbewohner in der Nordsee die Naturgewalten, war für den West-Berliner das Auf und Ab der jeweiligen politischen Großwetterlage, die es genau zu beobachten und der es sich anzupassen galt. Gemeinsam ist den Halligen Hooge, Langeneß, Oland und West-Berlin außerdem, dass sich unter den sehr spezifischen Bedingungen auch sehr spezielle Charaktere herausbildeten.

Hinzu kam, dass West-Berlin nicht nur geografisch weit entfernt von den westdeutschen Großstädten Hamburg, Köln, Frankfurt am Main und München war. Noch weiter war der Weg in die Hauptstadt Bonn am anderen Ende der Republik. West-Berlin und seine Bewohner waren darüber hinaus durch eine grundsätzlich andere Mentalität geprägt als die Menschen im Süden und Westen der Bundesrepublik. Während Berlin (und Preußen) historisch nach Osten geguckt, enge Verbindungen zu den östlichen Nachbarn unterhalten hatte und beispielsweise die typischen Zuwanderer in die Reichshauptstadt aus Schlesien stammten, orientierte sich der Rest der Republik entweder nach Skandinavien (wie etwa Schleswig-Holstein), in Richtung England (wie die Hamburger), nach Belgien und den Niederlanden (wie die Region zwischen Köln und Aachen), nach Italien und Österreich (wie Bayern) oder Frankreich (insbesondere Baden und das Saarland). Was östlich der Elbe geschah, interessierte häufig nicht.

Geografisch hatte das Ende des Zweiten Weltkriegs mit dem Verlust der deutschen Ostgebiete für Berlin gravierende Folgen – die ehemalige Reichshauptstadt war aus dem Zentrum Deutschlands in eine Randlage geraten. In den ersten Jahren nach dem Krieg kamen noch Tausende aus den ehemaligen Ostgebieten und aus der sowjetisch besetzten Zone beziehungsweise der DDR nach West-Berlin, mit dem Mauerbau 1961 aber ließ die Migration aus dem Osten stark nach und kam bis zum Ende der deutschen Teilung zumindest zeitweise fast zum Erliegen. Die mit der Politik Willy Brandts verbundene Zuwanderung von (Spät-) Aussiedlern aus Polen und der Sowjetunion sowie von sogenannten jüdischen Kontingentflüchtlingen ebenfalls aus der UdSSR unterstreicht diesen Befund. Seit den 1960er-Jahren kamen die Neu-(West-)Berliner aus Schwaben, Westfalen und Niedersachsen – zumindest was die Migration aus Deutschland anbelangte.

In West-Berlin trafen die sehr verschiedenen Mentalitäten ungebremst aufeinander.

Selbst wenn die offizielle Propaganda jede Zuwanderung begrüßte, schließlich galt West-Berlin als überalterte und sterbende Stadt, gab es durchaus Vorbehalte gegenüber der einen oder anderen Gruppe, etwa den Türken. Die Aufnahme der verschiedenen Migranten veränderte – das wird ein Thema des vorliegenden Buches sein – die Halbstadt erheblich: West-Berlin war eben nicht die gleichsam unvollständige Fortsetzung Groß-Berlins (ebenso wenig wie Ost-Berlin dies war), mit der Integration der verschiedenen Zuwanderergruppen entwickelte es einen spezifischen Charakter. Einen Charakter, der mit dem Ende West-Berlins seinerseits wieder in Auflösung begriffen und nur noch an wenigen Ecken aufblitzt und eher schemenhaft erkennbar ist.

Nun hatten andere Städte sicher größere Zuwanderungsraten als West-Berlin, das tatsächlich bis Mitte der 1980er Jahr um Jahr weniger Einwohner zählte. Aber dadurch, dass die Halbstadt nur einen geringen Austausch mit dem Umland hatte, entstand hier ein einzigartiges Biotop. Einzigartig deshalb, weil viele junge Menschen gerade wegen der Randlage hierherkamen – und es waren nicht nur diejenigen, die den Wehrdienst dadurch elegant umgingen. Trotz der Mauer – oder gerade wegen ihr – war West-Berlin in vielem freier als »Westdeutschland«. Es gab hier eine vergleichsweise breite Avantgarde, die sich im Schatten der Mauer Freiräume erkämpfte. Ironischerweise wurden jene Freiräume ausgerechnet von den »Spießern« finanziert, die so mancher Lebenskünstler abgrundtief verachtete. Denn West-Berlin, seine Infrastruktur und seine Bevölkerung wurden mit Milliarden D-Mark Steuermitteln aus Bonn subventioniert.

Auch wenn West-Berlin keine echte Insel war, vermieden es die meisten, außerhalb von Urlaubsreisen einen Fuß ins Umland zu setzen – eine Ausnahme waren allenfalls jene, die Ostverwandtschaft hatten. Ansonsten beschränkten sich die »Kontakte« auf den Grenzübertritt bei Dreilinden und die Fahrt über die Transitautobahn ins Bundesgebiet. Wer es sich leisten konnte, ersparte sich diesen Weg und schaute sich die DDR aus der Vogelperspektive an. Die West-Berliner blickten nur selten über die Mauer, meist standen sie mit dem Rücken zu ihr, was Konzentration und Enge erhöhte: In West-Berlin konnte man sich kaum aus dem Weg gehen. So entstand dank der räumlichen Beschränktheit aus den verschiedenen Zutaten auch etwas Neues, indem nämlich Milieus, die ansonsten ungestört und unbeeinflusst voneinander nebeneinander leben konnten, aufeinandertrafen und aneinandergerieten. Insofern lautet die banale Aussage an dieser Stelle: West-Berlin wurde besonders durch die außerordentlich verschiedenen Menschen, die hier lebten.

## Und die Insulaner

Weniger banal ist es, diese Milieus zu beschreiben, ihre jeweiligen Besonderheiten und die Konfliktlinien zu anderen Lebenswelten herauszuarbeiten. Dies vor dem Hintergrund der historischen Situation zu leisten, ist eine der Aufgaben, die sich die Autorin dieses Buches gestellt hat. Dabei bestanden die Schwierigkeiten weniger darin, Informationen aus dem untergegangenen West-Berlin zu bekommen, als darin, Wichtiges und Interessantes von weniger Relevantem zu trennen. Überdies geht es weniger darum, historische Persönlichkeiten vorzustellen. Der Mythos der Halbstadt verdankt sich nicht nur oder ganz besonders den jeweiligen »Regierenden« und ganz sicher nicht historischen Großereignissen, sondern einer spezifischen Gemengelage.

Dazu gehört, dass es in West-Berlin eben alles und alle gab: wildes Partyvolk, für das die Feier erst richtig begann, wenn andere sich mehr oder weniger mühsam aus dem Bett quälten (wie etwa im »Einbeinigen Homo« an der Mittenwalder Straße), und Berliner Originale wie den »Fernsehdoktor« Günter Pfitzmann, der im noblen Zehlendorf von einigen Kindern gefürchtet wurde, weil er notfalls sehr lautstark die Einhaltung der Mittagsruhe forderte; gehorsame Genossen aus Ost-Berlin, die in den Besucherbüros Anträge von eingeschüchterten, arroganten und zuweilen einfach nur genervten West-Berlinern entgegennahmen und ihrem obersten Dienstherrn Erich Mielke über die Zusammenarbeit mit den West-Kollegen berichteten, und Theaterleute wie Volker Ludwig, denen bloße Unterhaltung ebenso wie die Erziehung »artiger« Kinder zu wenig war; Trümmerfrauen, die mehr schlecht als recht ihren Lebensunterhalt bestreiten konnten, und den Entertainer Hans Rosenthal, der mit »Dalli Dalli« Fernsehgeschichte schrieb; Frauen, deren Gerechtigkeitssinn jedes Maß verlor und die letztlich bereit waren, über Leichen zu gehen, wie die RAF-Terroristin Inge Viett, ebenso wie korrupte (Lokal-)Politiker, die augenscheinlich von vornherein nur ihr eigenes Wohlergehen im Sinn hatten; Flüchtlinge und Übersiedler aus der DDR, die sich hier ihren Verwandten ungeachtet der Mauer am nächsten fühlten, und Spitzel, für die die Nähe zum Osten Voraussetzung ihres Handelns war; eine jugendliche Drogensüchtige wie Christiane F., die die Mauerstadt hinter sich lassen musste, um clean zu werden, und einen Künstler wie David Bowie, der hier ein neues Leben anfing; Studenten, die sich dem Wehrdienst entzogen und West-Berlin auch deshalb toll fanden, weil es so weit weg von allem war, was ihnen spießig erschien, und junge Frauen, die der geistigen Enge der DDR entkommen wollten; Türken, die für ihre Familien daheim schufteten. Diese Aufzählung ließe sich fortsetzen. Wichtig ist, dass sie alle in West-Berlin ihr Zuhause fanden, dass West-Berlin in diesen Jahren der einzige Ort war, an dem sich erbitterte Antikommunisten ebenso heimisch fühlten wie unbeugsame Stalinisten und autonome Linke, und dass sich die verschiedenen Gruppen in einer Weise gegenseitig beeinflussten und teils auch radikalisierten, die einzigartig in Deutschland war.

## Freiheit und Freiheiten

Ein Punkt, an dem niemand vorbeikommt, der sich mit West-Berlin befasst, ist die Bedeutung des Begriffs Freiheit für die Stadt und ihre Bewohner.[1] Was genau darunter zu verstehen war, darüber gingen die Meinungen in den verschiedenen Milieus weit auseinander, ganz zu schweigen davon, dass man sich im Bundesgebiet kaum vorstellen konnte, dass man sich in der Mauerstadt nicht rund um die Uhr eingesperrt und unfrei fühlte. Praktisch mit der Geburtsstunde West-Berlins als »freier Stadt« verbunden war die Verknüpfung von Freiheit mit Antikommunismus, sie war insofern die in diesem Kontext älteste Interpretation und behauptete sich in einigen Kreisen bis zum Fall der Mauer (und sogar darüber hinaus). In diesem Geist entstand der Sender Freies Berlin (SFB) und wurde die Freiheitsglocke im Rathaus Schöneberg installiert. Die Freiheit implizierte häufig auch eine Kontrolle nach innen – in die freie Gemeinschaft West-Berlins hinein, wo linke (egal, ob linksliberal, -radikal oder -autonom) Bewegungen und Gruppierungen stets mit großer Skepsis betrachtet und nicht selten grob bekämpft wurden. Dass sich aber vielfach junge Menschen hier einfanden, um ihrerseits frei von den Gängelungen der spießbürgerlichen Gesellschaft der Bundesrepublik der 1960er- und 1970er-Jahre zu sein, belegt, dass diese Kontrolle meist scheiterte. Auch die Befreiung von der in der Bundesrepublik 1956 gesetzlich verankerten Wehrpflicht machte die eingemauerte Stadt attraktiv für junge Zuzügler. Eine besondere Dynamik entstand daraus, dass die verschiedenen Definitionen und Vorstellungen von Freiheit in West-Berlin unvermittelt aufeinandertrafen – diese Prozesse sollen im vorliegenden Buch geschildert werden.

## Anfang und Ende

Neben dem Was gilt es, die Frage nach dem Wann anzusprechen: Wann begann West-Berlin West-Berlin zu sein? Zumindest als Arbeitshypothese ist als Ausgangspunkt der Beginn der Berlin-Blockade im Juni 1948 brauchbar – auch wenn das heißt, dass West-Berlin nicht aus sich selbst heraus entstand, sondern eigentlich ein Geschöpf der Sowjetunion war. Ob sich tatsächlich schon in diesen Monaten der Abriegelung ein eigenständiges West-Berlin-Bewusstsein entwickelte, wird zu prüfen sein, aber in diesem

Zeitraum waren die Bewohner der Westsektoren erstmals aufgefordert, sich gegen die politische Führung der Nachbarn im sowjetischen Sektor zu positionieren.

Offiziell hörte West-Berlin mit dem 3. Oktober 1990, spätestens aber mit den ersten gemeinsamen Wahlen zum Abgeordnetenhaus zwei Monate später, auf zu existieren. Inoffiziell gibt es immer noch vieles in Berlin, das »typisch West-Berlin« ist – Institutionen wie das Traditionslokal »Leydicke« in Schöneberg, wie der Feinkostladen »Rogacki« in der Wilmersdorfer Straße oder der Konkurrent »Lindner«. Dennoch sind viele vergleichbare Institutionen in den letzten Jahren verschwunden: angefangen beim Kinosterben am Kurfürstendamm – vom »Gloria« bis zum »Royal-Palast« haben viele Filmbühnen aufgeben müssen – über die Lebensmittelläden »Bolle«, »Meyer« und »Kaiser's«, bis hin zu der Bebauung rund um die Gedächtniskirche, die mit dem »Bikini Berlin« aufgehübscht wurde. Während sich das legendäre »Schwarze Café« und die Autonomenkneipe »Syndikat« in der Weisestraße bis heute behaupten können, musste das Kreuzberger »Enzian« des West-Berlin-Originals Norbert Hähnel 2007 schließen. Neben den Einrichtungen sterben die »echten« West-Berliner aus: Harald Juhnke, Günter Pfitzmann, Edith Hancke und Brigitte Mira sind tot, einzig der Stadionbarde Frank Zander hält nach wie vor die Stellung. Um andere, wie die Protagonisten der linksalternativen Avantgarde, ist es still geworden. Somit scheint die Überlegung gerechtfertigt, dass West-Berliner zu sein ein generationelles Phänomen ist.

## Der Bindestrich

Bleibt noch die Frage nach der »richtigen« Schreibweise: Ob es nun West-Berlin, Westberlin oder Berlin (West) heißt, darüber sind viele hitzige Debatten geführt worden.[2] Wer Westberlin schreibe, unterstütze die Politik der SED und der Sowjetunion, die behaupteten, die Mauerstadt sei eine selbständige politische Einheit und als solche vollständig, was schon deshalb lächerlich war und ist, weil es wohl keine andere Stadt in der Bundesrepublik gab, die so sehr am Tropf des Bundes hing. Nichtsdestotrotz war die Schreibweise ohne Bindestrich weit verbreitet, nicht nur in linken oder SED-hörigen Kreisen, denn man konnte sie auch als rein geografische Beschreibung ansehen. Bis in die 1960er-Jahre hinein benutzte sie selbst der *Tagesspiegel*.[3] Auch die dem Duden folgende Rechtschreibung fordert die Zusammenschreibung.

Dennoch hat sich die Schreibweise mit Bindestrich durchgesetzt: Einerseits bildet sie das Nicht-Vollständige, die Halbheit der Mauerstadt, besser ab und erinnert daran, dass es auf der anderen Seite Ost-Berlin gab. Andererseits war diese Schreibweise in der Zeit, von der dieses Buch handelt, üblich und gab dem Sonderbewusstsein und dem Selbstbehauptungswillen derer, die hier lebten, einen präzisen Ausdruck: Bindestrich-Städte gibt es in Deutschland sonst nicht. Die dritte Schreibweise – Berlin (West) – war zwar im allgemeinen Schriftgebrauch kaum üblich, entsprach aber als einzige ab Mitte der 1960er-Jahre den offiziellen Vorgaben. Demzufolge taucht sie in allen amtlichen Schreiben auf.[4] Ansonsten sieht man sie noch heute in Literaturverzeichnissen, um den Verlagsort eindeutig auszuweisen.

In diesem Buch wird ausschließlich die Bindestrich-Schreibweise verwendet. Dies scheint mir historisch angemessen und bringt den temporären Charakter der Halbstadt zum Ausdruck, die sich zwar großartig fand, aber immer ein bisschen großspurig auftrat, um mögliche Selbstzweifel von vornherein zu bekämpfen. Letztlich brauchte West-Berlin Ost-Berlin auch deshalb, weil sich der eigene Glanz besonders gut vor den grauen Fassaden des anderen Teils ausnahm: Die eigene »große Klappe« lebte von der Bescheidenheit der armen Verwandten »drüben« – selbst wenn diese im DDR-Vergleich wenig bescheiden waren. Erst der Blick über die Mauer bestätigte, dass man selbst es doch sehr gut getroffen hatte. Darüber hinaus hat sich diese Schreibweise seit 1990 eingebürgert, und es gibt keinen Grund, mit dieser Gewohnheit zu brechen.

## Was dieses Buch nicht will

Ein Buch über West-Berlin zu schreiben ist nicht zuletzt deshalb eine Herausforderung, weil es schnell so aussehen könnte, als wolle man versuchen, das Rad neu zu erfinden. Das ist hier definitiv nicht beabsichtigt. Es gibt eine ganze Reihe von Büchern über West-Berlin, ja, es scheint fast so, als wenn mit wachsendem zeitlichen Abstand zum eigentlichen Ende der Halbstadt immer mehr Bücher erscheinen. Nicht zuletzt hat auch die große Schau des Berliner Stadtmuseums im Ephraim-Palais 2014/15 den Hype noch einmal angeheizt.[5] So gibt es eine große Anzahl von Bildbänden, die in schönen 1950er-Jahre-Farben Charlottenburg zeigen, oder - dann in Schwarz-Weiß - Punks und Alternative in Berlin-Kreuzberg in den 1980ern. Nicht zu vergessen jene Bücher, die von farbenfroh-skurrilen Ansichten der Mauer leben. Einen Überblick über einige neuere Publikationen hat Hanno Hochmuth zusammengetragen.[6] Immer stärker findet daneben die Subkultur Beachtung, wie etwa in dem 2016 veröffentlichten Band *Die wilden Achtziger* von Christian Schulz.[7]

Neben den Fotobänden ist an erster Stelle die umfangreiche Kulturgeschichte *Die Insel* von Wilfried Rott zu erwähnen.[8] Zwar widmet sich Rott nicht ausschließlich der Kulturszene in der Halbstadt, legt aber sein Hauptaugenmerk auf die Aktivitäten in diesem Bereich. Einen ähnlichen Schwerpunkt hat der West-Berlin-Band von Olaf Leitner, der Interviews, Reportagen und Beobachtungen versammelt hat.[9] Neben diesen Gesamtdarstellungen existiert eine fast unübersehbare Zahl von Bezirks- und Kiezgeschichten sowie Bücher, die sich mit einzelnen Straßenzügen oder gar Häusern befassen, teils eher textlastig und traditionellen Charakters sind wie die von der Historischen Kommission zu Berlin herausgegebenen Bände,[10] teils reich bebildert wie die von den Bezirksmuseen herausgegebenen (Mikro-)Studien.[11] Hinzu kommen Berlingeschichten, die auch, aber nicht ausschließlich die Jahre der Teilung beschreiben beziehungsweise auch Ost-Berlin behandeln.[12] Ebenfalls zahlreich sind die Bücher, die sich mit Einzelaspekten wie der Jugend-, Alternativ- und Subkultur befassen.[13] Und natürlich Erinnerungsliteratur: »Klassisch« sind hier die Bücher von Horst Bosetzky,[14] gerade in den letzten Jahren aber sind viele Autorinnen hinzugekommen, die sich an ihre Jugend im West-Berlin der 1970er- und 1980er-Jahre erinnern.[15]

Alle diese Titel aufzuführen, würde mehrere Seiten füllen – zumal sie durch jene Autoren ergänzt werden müssten, die sich schon als Miterlebende und Zeitgenossen Gedanken über ihr Leben in West-Berlin gemacht haben, wie etwa Klaus Schlesinger[16] und Michael Sontheimer,[17] aber auch der Showmaster Hans Rosenthal.[18]

Dass es so viele Bücher über West-Berlin gibt, macht es mir letztlich einfach, Mut zur Lücke zu zeigen. Eine weitere vollständige Geschichte zu schreiben, ist weder notwendig noch besonders interessant. Stattdessen möchte ich beschreiben, wie verschiedene Menschen zu verschiedenen Zeiten diese Stadt erlebten, wie sie sich zurechtfanden oder scheiterten und wie sie sich begegneten. Ich möchte erzählen, wie sich West-Berlin in den 1960er-Jahren anfühlte und wie in den 1980ern. Was Menschen besonders fanden und warum sie gegen bestimmte Erscheinungen protestierten. Warum sie sich trotz allem hier wohler fühlten als an jedem anderen Ort des Universums, oder warum sie zumindest glaubten, dass das so sei. Ich versuche zu erklären, warum West-Berlin für viele immer noch ein Sehnsuchtsort ist, dessen architektonische Abschaffung viele Menschen erbost oder traurig macht. Insofern ist dieses Buch auch eine Anregung dazu, den – noch – vielfältigen Spuren, die West-Berlin in Berlin hinterlassen hat, aufmerksamer zu begegnen und sie als das zu behandeln, was sie sind: Erinnerungen an eine Stadt, die es so (aller Wahrscheinlichkeit nach) nie wieder geben wird.

»Von Lenin soll der Ausspruch stammen: Wer Berlin hat, hat Deutschland, und Deutschland ist der Schlüssel für Europa. Die im Juni 1948 beginnende Blockade Berlins durch die Sowjetunion ist die erste Schlacht des Kalten Krieges – und endete mit einer Niederlage Stalins (...).«[1]

*Egon Bahr, SPD-Politiker, 2015*

»Die Blockade, das war eigentlich nur, daß der Russe die Grenzen abgesperrt hat, daß man nicht mit Sachen in die Westsektoren reinkommt. (...) Die Kontrollen waren stichprobenartig.«[2]

*Harry Lange, West-Berliner, um 1987*

# Fehlstart ins Wirtschaftswunder
## 1946 bis 1961

Die »erste Schlacht des Kalten Krieges« war zugleich die erste Warnung, dass aus dem vorübergehenden Sonderstatus Berlins eine Dauereinrichtung werden könnte. Anders als die österreichische Hauptstadt Wien, die nach dem Zweiten Weltkrieg ebenfalls in verschiedene Sektoren aufgeteilt wurde, blieb Berlin bis zum Fall des Eisernen Vorhangs 1989 eine geteilte Stadt.

Berlin wurde Ende der 1940er-Jahre zu der Stadt, in der Ost und West am heftigsten aufeinanderprallten, zu der Stadt, in der sich der beginnende Kalte Krieg mitunter sehr heiß anfühlte. Die Konflikte, die zwischen den vier Siegermächten bei der gemeinsamen Verwaltung der Stadt aufbrachen, waren schon vor der Blockade spürbar, aber im Alltag waren die meisten Menschen mit anderen Problemen beschäftigt, die sich nicht immer unmittelbar auf Uneinigkeiten zwischen den Alliierten zurückführen ließen. Viele von ihnen wohnten unter teils erbärmlichen Bedingungen in Kellern, Bunkern und halb zerbombten Häusern, und es fehlte ihnen nicht nur an Essbarem: Auch gute (warme) Kleidung war Mangelware, von Heizmaterial ganz zu schweigen.

Hinzu kam die Ungewissheit darüber, ob geliebte Menschen noch lebten. Zudem trafen in Berlin viele heimatlos gewordene Vertriebene und Flüchtlinge aus den ehemaligen Ostgebieten ein, Menschen, die mangels anderer Perspektive vorübergehend oder dauerhaft hier blieben. Auch zwei Jahre nach dem Krieg war hier alles knapp. Im extrem kalten und langen Winter 1946/47 erfroren zahlreiche Menschen in ihren »Wohnungen« – und viele Hunderte verloren die Hoffnung, dass sich ihre Lebensumstände irgendwann zum Besseren wenden würden. Die politische Lage

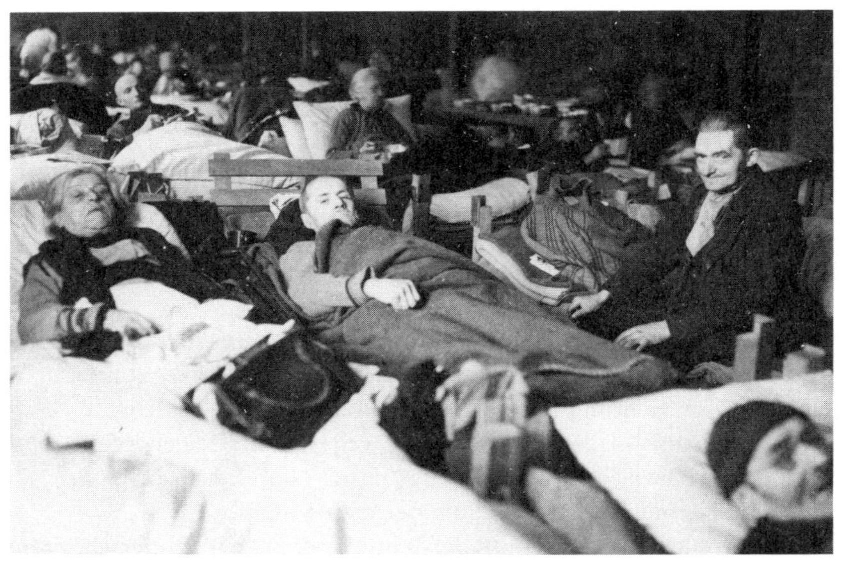

Notunterkunft in einem ehemaligen Varieté: Besonders Alte und Kranke waren im Winter 1946/47 gefährdet und wurden vorsorglich in provisorischen »Heimen« untergebracht.

machte sich für sie vor allem durch zusätzliche Hürden im Alltag bemerkbar, und sie belastete die Menschen durch die heraufziehende Kriegsgefahr.

Schon Anfang 1948 hatten die Sowjets immer mal wieder die Muskeln spielen lassen, sie hatten die Zufahrtswege für die Alliierten versperrt oder den Strom abgestellt: untrügliche Zeichen dafür, dass sie den anderen Mächten den Aufenthalt in Berlin verleiden wollten. Letztlich war es die amerikanische Regierung, die klar signalisierte, dass sie die Westsektoren keineswegs räumen würde. Berlin schien im Kontext der Eindämmungspolitik des amerikanischen Präsidenten Harry S. Truman zu bedeutend, um aufgegeben zu werden. Die Westsektoren Berlin waren überdies eng verwoben mit dem Umland. Eine Abriegelung der Westsektoren Berlins vom Umland erschien den meisten Menschen schon deshalb katastrophal, weil die Versorgung über Lebensmittelmarken und Bezugsscheine allein niemanden satt machte – wer irgend konnte, versuchte seine letzte Habe bei brandenburgischen Bauern gegen Kartoffeln, Milch und Eier zu tauschen. Mittelbar lebten auch die, die nicht hinauskonnten, von diesen »Reisen«, denn viele Waren wechselten auf dem Schwarzmarkt den Besitzer. Auch Razzien und Kontrollen an den Bahnhöfen und den Umschlagplätzen unterdrückten den illegalen Handel nicht – weder in den Westsektoren noch im Ostsektor. Auf den Fotos von Schwarzmärkten und von mit »Hamsterern« überfüllten Zügen sind West- und Ost-Berliner nicht zu unterscheiden. Und auch in der Zeit der Blockade, also in den Tagen, in denen sich langsam ein spezifisches West-Berliner Bewusstsein herausbildete, das aus der Insellage resultierte, konnten (und mussten) die Menschen zum Hamstern ins Umland.

Nach dem erneut harten Winter 1947/48 gab es indes nicht nur bedrohliche Zeichen für die Zukunft: Die amerikanische Regierung kündigte einen europäischen Hilfsplan an, der Besserung versprach, und eine Währungsreform sollte die Wirtschaft ankurbeln. Was für die Westzonen vergleichsweise unproblematisch war – dort wurden ab dem 20. Juni 1948 an jeden Haushaltsvorstand 40 D-Mark ausgegeben –, sorgte in Berlin für neue Unsicherheit, weil unklar war, wo genau die neue Währung gelten sollte. Tatsächlich kam als Erstes am 23. Juni nicht die »Deutsche Mark« nach Berlin, sondern die von den Sowjets eingeführte »Klebe-« oder »Tapetenmark«. Nur einen Tag später wurde in den Westsektoren die West-Währungsreform durchgeführt, sodass dort nun zwei Währungen parallel galten. Auch in den Westsektoren gab es vorübergehend eine wundersame Vermehrung von Waren. Eine Wilmersdorferin erinnert sich: »Kaum durften wir in den Schaufenstern herrliche Würste und Käse bewundern, da waren sie auch schon wieder weg.«[3] Ursache war die am selben Tag einsetzende Blockade durch die sowjetischen Streitkräfte. Niemand glaubte, dass es technische Probleme waren, die eine Reparatur sämtlicher Brücken auf den Transitstrecken durch die Sowjetzone erforderten, als die Zufahrtswege am 24. Juni 1948 gesperrt wurden. Es handelte sich um eine Machtdemonstration und die Durchführung der westlichen Währungsreform auch in den Westsektoren ein geeigneter Anlass für diese. Die sowjetische Besatzungsmacht wollte zeigen, dass sie die Kontrolle darüber besaß, wer und was nach Berlin gelangte.

## Überleben

Was die Blockade bedeutete, beschrieb der *Spiegel* im Juli 1948: die Rückkehr zum Leben »wie in alten Zeiten, etwa wie 45«. Kerzenlicht (wenn überhaupt) statt Strom aus der Steckdose, tagsüber überfüllte U- und Straßenbahnen (von 18 bis 6 Uhr fuhren die öffentlichen Verkehrsmittel nicht) und viel zu wenig zu essen. Den Berlinern fehlte allerdings meist der Vergleich mit »normalen« Zuständen. Egon Bahr, den der *Tagesspiegel* 1948 nach Hamburg schickte, fiel erst angesichts der »hell erleuchteten Stadt« auf, wie dunkel West-Berlin war.[4] Am besten ging es denen, die noch etwas zum Tauschen hatten: Sie konnten versuchen, im besser versorgten Ostteil oder im Umland »schwarz« Essbares zu ergattern. Mit etwas Glück wurden sie auf dem Rückweg nicht von den Volkspolizeistreifen erwischt, die diese Art des Einkaufs zu unterbinden suchten. Die westlichen Stellen akzeptierten das Hamstern ebenso wie sie nichts gegen Ost-Berliner unternahmen, die Lebensmittel über die Sektorengrenzen schmuggelten.[5]

Erst ab Dezember 1948 waren die Ost-West-Kontrollen annähernd so dicht, wie östliche und westliche Propaganda unisono behaupteten, dass kaum noch Waren durchkamen.[6] Zwar gelangten mit der von den Alliierten, insbesondere den Amerikanern, organisierten Luftbrücke tonnenweise Lebensmittel, Kleidung und Maschinen, vor allem aber Öl und Kohle in die »belagerte« Stadt, aber auch die »Rosinenbomber« konnten den Grundbedarf nur teilweise decken.

Ganz anders verhielt es sich mit dem an sich legalen Bezug von Lebensmitteln im sowjetischen Sektor, der ab Ende Juli 1948 möglich war: Der sowjetische Stadtkommandant ermunterte die West-Berliner ausdrücklich dazu. Aber es machten nur relativ

»Tag für Tag werden enorme Mengen bewirtschafteter Lebensmittel aus der Ostzone nach Berlin verschleppt. Die Landesregierung Brandenburg hat nunmehr beschlossen, gegen die Hamsterer und Schieber strengste Kontrollmaßnahmen anzuwenden«, lautete die Bildunterschrift des Allgemeinen Deutschen Nachrichtendienstes im Oktober 1948.

wenige Menschen von dem Angebot Gebrauch – nicht mehr als fünf Prozent der West-Berliner Bevölkerung –, obwohl dies doch ein leichter Weg gewesen zu sein scheint, zu auskömmlicheren Lebensmittelrationen zu gelangen.[7] Die ostdeutschen Behörden hatten die Berliner Rationen sogar eigens zulasten derer in der sowjetischen Zone aufgestockt. Wo die individuelle Moral der »Insulaner« (so nannten sich manche in Anspielung auf das RIAS-Rundfunkkabarett) nicht reichte, wurde sie durch Aufrufe gestärkt oder in ungezählten Versammlungen unterstützt, die die Versorgung im sowjetischen Sektor als Verrat am freien Westen brandmarkten. Zusätzlich wurde derart illoyales Verhalten dadurch erschwert, dass die Ost- wie Westbehörden die jeweiligen Kartenempfänger registrierten und später gar eidesstaatli-

»Herr Schimpf« und »Frau Schande« werden als Feinde des wirtschaftlichen Wiederaufbaus im Westen diffamiert. Plakat um 1950

che Erklärungen verlangten, dass die Betreffenden nicht auch im Osten Rationen empfingen. Schlimmer noch: Der Druck, die »Rückkehrer« in das West-Berliner Kartensystem grundsätzlich abzuweisen, wuchs – wer sich wie »Herr Schimpf« und »Frau Schande« einmal für die »Kommunisten« entschieden hatte, sollte bestraft und ausgegrenzt werden. Auch bei der »Währungsergänzungsverordnung« vom 21. März 1949 wurden die angeblichen »Verräter« benachteiligt. Nicht einmal vor den Opfern der NS-Diktatur machten die Antikommunisten in den Ämtern Halt – ihre Bezüge wurden gekürzt beziehungsweise ihre Möglichkeiten zum Währungstausch Ost in West beschnitten.[8] Dass vielen Menschen gar nichts anderes übrigblieb, als einen Weg zu suchen, der, wenn auch nicht legal oder moralisch einwandfrei, einigermaßen satt machte und warm hielt, steht auf einem anderen Blatt. »Das waren keine Helden, die wollten überleben, nichts weiter, haben mit allen Mitteln gearbeitet, geschoben, jeder auf seine Weise.«[9]

Dora Rauh beschreibt in ihren Erinnerungen die permanente Erschöpfung der Trümmerfrauen, die nur selten ausreichend zu essen hatten.
Foto vom 1. Juni 1946

Auch Dora Rauh, die seit Ende 1946 wieder in Berlin lebte, gehörte zu denen, die um die nackte Existenz kämpften.[10] Sie schuftet tagtäglich als Trümmerfrau in Charlottenburg, klopft Steine ab, schleppt Dutzende Eimer Schutt beiseite und schiebt viel zu viele Loren und hat doch zu wenig Geld, um davon zu leben. Mehr als einmal erlebt sie, wie ihre Kolleginnen in Ohnmacht fallen. Eine Frau, deren Arbeit Mann und Kinder ernähren muss, stirbt gar auf dem Trümmerfeld.

Es ist für sie keine Frage, sich im Juni 1948 auf dem Alexanderplatz in die Schlange derer einzureihen, die einen Teil ihrer Barschaft in Ost-»Klebemark« umtauschen wollen. Populär ist das nicht, und nur wenige West-Berlinerinnen haben den Mut, es offen zu tun. Aber die ausgemergelte Frau kann mit diesem (im Westen nutzlosen) Geld dringend benötigte Lebensmittel im Ostsektor kaufen. Sie stellt sich wenig später erneut an, dieses Mal geht es um die »Deutsche Mark«. Sich einmal satt zu essen, kann sie sich aber nur deshalb leisten, weil ihre findige Mitbe-

Andrang vor einer Wechselstube am Wittenbergplatz, 1948/49

wohnerin einen Tag lang am Bahnhof Zoologischer Garten – einem der Schauplätze des anhaltenden Schwarzmarktes – Ost- in Westgeld und zurück tauscht: 40 DM Gewinn sind das Ergebnis dieser Schiebergeschäfte, fast das Zehnfache von dem, was Dora Rauh an einem Tag verdient.

Einziger Lichtblick in dieser Zeit ist, dass sie hier Ewald trifft, in den sie sich sofort verliebt. Die Freizeitvergnügen der beiden sind bescheiden: Mal fahren sie zum Tempelhofer Feld und schauen sich Starts und Landungen der »Rosinenbomber« an, mal gehen sie an der Havel spazieren. Baden ist wegen der Seuchengefahr verboten.[11] Beide erleben die Rede Ernst Reuters vor dem Reichstag live: »Reuter schrie in die Menge, die Menge schrie und ich schrie: ganz Berlin war ein Schrei«, beschreibt sie die Kundgebung am 9. September 1948.[12]

Obwohl sie die Politik der Sowjets nicht gutheißt, kann sie nicht anders, als im Ostteil Lebensmittel zu kaufen. Die offiziellen Rationen sind zu dürftig, um die nun schwangere Frau bei

Tausende Menschen kamen am 9. September 1948 zur Kundgebung mit Ernst Reuter vor dem Reichstag.

Kräften zu halten. Ihr Freund findet zwar vorübergehend eine Anstellung an der Hochschule der Künste, wird aber schon bald entlassen, weil er sich angeblich kommunistisch betätigt hat. Wie auch Dora Rauh fällt es ihm schwer, sich widerspruchslos den häufig unreflektierten antikommunistischen Ansichten und Parolen anzupassen, die oft in dumpfem Hass auf »die Russen« aufgehen.

Beide wursteln sich mehr schlecht als recht durch und sind wie ihre Nachbarn erleichtert, als im Mai 1949 die Blockade aufgehoben wird. Die Geschäfte sind nun – wie in der Westzone – bestens gefüllt mit allem, was das Herz begehrt, doch für Dora und Ewald ist das Elend noch lange nicht zu Ende, zumal die Schwangerschaft mit einer Totgeburt endet. Die Arbeitslosigkeit in den Westsektoren bleibt hoch. Selbst um die harte Arbeit auf dem Bau muss Dora kämpfen. Erst als sie wegen der pazifistischen Haltung ihres Lebenspartners immer häufiger attackiert wird, kündigt sie. Beide arbeiten vorübergehend als West-Ost-Grenzgänger in Ost-Berlin, werden aber entlassen, weil sie ihr Zimmer in Halensee nicht aufgeben wollen. Noch 1953 halten sich die beiden mit Gelegenheitsarbeiten über Wasser.

Ebenfalls hart waren die Blockademonate für den Handwerker Max Baumann, dessen Geschichte der *Spiegel* im Juli 1948 erzählte:[13] Der »tüchtige Handwerker« hat seinen Arbeitsplatz in einer Tempelhofer Werkzeugfabrik verloren, die durch die Blockade weder Strom noch Kohle noch Grundstoffe hat, um die Produktion fortzusetzen. Seinen letzten Lohn kassiert die Volkspolizei, die ihn in einer der unter Ost-Berlin durchfahrenden U-Bahnen kontrolliert hat: Selbst »im Untergrund« ist das Mitführen von Westmark verboten. Die Baumanns, ein Ehepaar um die fünfzig mit einem kriegsversehrten Sohn, Herbert, müssen nun von dem wenigen leben, was es auf Marken gibt. Erschwerend kommt hinzu, dass die Tochter und ihr neugeborenes Baby wieder nach Hause kommen müssen, weil in ihrer Neubauwohnung alles elektrisch läuft und bei Stromsperre eben gar nicht. So fürchtet die Tochter um das Leben ihres Säuglings, weil sie keine Möglichkeit hat, die Babynahrung zu erwärmen. Sie selbst ist stark geschwächt und muss mitten in der Nacht zum Röntgen, um eine Tbc-Erkrankung auszuschließen: Die Stromsperre betrifft auch Krankenhäuser und Arztpraxen. Helene Baumann hat in diesen Tagen eigentlich Grund zu feiern, weil sie 50 Jahre alt wird. So entschließt sie sich schweren Herzens, die Eheringe als den letzten wertvollen Familienbesitz auf dem Schwarzmarkt zu verhökern.

Allen Widrigkeiten zum Trotz bleiben die Baumanns ihrer Stadt treu. Nur Sohn Herbert kehrt Berlin den Rücken, um das angefangene Studium in Westdeutschland, in der Trizone, dem Zusammenschluss von amerikanisch, britisch und französisch besetzter Zone, fortzusetzen, eine zeitgemäß politisch korrekte Entscheidung. Als völlig inakzeptabel wird hingegen der Entschluss eines von Herberts Kommilitonen angesehen, der in die Sozialistische Einheitspartei Deutschlands (SED) eintritt und damit an einer ostdeutschen Uni studieren kann. Solches Ausscheren aus der gemeinsamen antikommunistischen Abwehrhaltung wird als Verrat gewertet.

Rückblickend mag man propagandistisch zugespitzte Geschichten wie die der Baumanns relativieren, doch sie prägten das Bild von Blockade und »Eingesperrten«, zumal sie durch Hilferufe aus West-Berlin vielfach wiederholt wurden. So flehte etwa die Charlottenburgerin Lilly in einem Brief vom 24. September 1948 ihre Freundin Erna in der Westzone an, sie zu unterstützen: Ihre Ernährung sei »furchtbar mangelhaft«. Grundsätzlich sei sie ja bereit, dieses Leben auf sich zu nehmen und »große Opfer« für »die anderen Völker« zu bringen, aber sie glaube immer öfter, dass Westdeutschland »unsere Opfer und Abwehr gar nicht zu würdigen« wisse.[14] Immerhin, argumentiert Lilly trotzig-selbstbewusst, seien es die Berliner, die die freie Welt gegen den Kommunismus verteidigten, allerdings mit immer weniger Enthusiasmus, schließlich sei nicht einzusehen, warum es nur ihnen so schlecht gehen solle. Anscheinend wollte sie ihrem dringenden Appell, Lebensmittel nach Charlottenburg zu schicken, Nachdruck verleihen. Viele »Fresspakete« fanden trotz und während der Blockade ihren Weg nach Berlin.

Auch andere Stimmen und selbst offizielle Erhebungen zeigen, dass die Grenzen nach West-Berlin nicht ganz so dicht waren, wie die zeitgenössische Propaganda glauben machen wollte. So führte das Deutsche Institut für Wirtschaftsforschung 1949 aus, dass mithilfe der Luftbrücke nur zwei Drittel der notwendigen Lebensmittel nach West-Berlin gelangt seien – das fehlende Drittel habe man durch den Abbau von Lagerbeständen, durch »Kompensationsgeschäfte mit der Ostzone«, durch »Bezüge auf dem Schwarzen Markt, der seinerseits überwiegend aus Lieferungen aus der Ostzone gespeist wurde«, und »durch zusätzliche Bezüge aus dem Westen« beschafft.[15] Wirklich lebensbedrohlich war die Situation der alten Menschen, die physisch nicht ohne weiteres in Lage waren, die mitunter strapaziösen Wege der Lebensmittelbeschaffung durchzustehen, beziehungsweise die nichts (mehr) hatten, was sie tauschen konnten.

Moralisch gingen die meisten West-Berliner – in den Monaten der Blockade wurde aus den Westsektoren West-Berlin und die Siegermächte zu »Schutzmächten« – gestärkt aus den Monaten der Abriegelung hervor. Die von diesen garantierte Sicherheit gegenüber der kommunistischen Bedrohung, vor allem aber das Gefühl, nicht im Stich gelassen worden zu sein, verlieh vielen »Insulanern« neues Selbstbewusstsein. Die Luftbrücke gehörte unverzichtbar zum Gründungsmythos der Halbstadt. Besonders prägnant verkörperte der erste Regierende Bürgermeister von West-Berlin, Ernst Reuter, die Aufwertung von Besiegten zu Partnern. Die West-Berliner dankten es ihrem »Regierenden« und seiner Partei mit einer vorerst durch nichts zu schmälernden Loyalität: »Most West Berliners (66 %) felt that their city was a vital center in the world situation. A symbol of the East-West-struggle. (...) West Berliners expressed confidence not only in themselves but also in their city government, the Senate. Nine per cent were very satisfied and 57 per cent were satisfied.«[16] Die Mehrheit der West-Berliner betrachtete demnach die eigene Stadt als Symbol und Zentrum des Kalten Krieges und vertraute dem Senat: Insgesamt 66 Prozent äußerten sich zufrieden mit der Stadtregierung. Diese Haltung ist bemerkenswert, zumal zu berücksichtigen ist, dass die Lage vieler Bewohner noch bis in die 1950er-Jahre hinein alles andere als rosig war: Die Zahl der Arbeitslosen war hoch. Noch 1952 war jeder vierte West-Berliner (fast 250 000) davon betroffen, und es war keine Besserung in Sicht. Den meisten Menschen, die hier lebten, war dies durchaus bewusst, dennoch äußerte nicht einmal jeder Vierte die Bereitschaft, die Stadt gegen einen komfortableren Ort einzutauschen, obwohl auch die Versorgung mit Wohnraum immer noch dramatisch schlecht war.[17]

Für die West-Berliner war die Erinnerung an die während der Blockade erlebte, von außen bedrohte, aber nach innen geeinte »Durchhaltegemeinschaft« sehr wichtig. Sie gewannen daraus eine neue, positive Identität. Kritische Stimmen allerdings waren in dieser Gemeinschaft unbeliebt, und die Rolle von Kontakten in den Ostteil der Stadt blendete man gerade im Nachhinein aus.[18] Das Ende der Blockade markierte indes, ungeachtet der individuellen Erfahrungen der West-Berliner, für fast alle einen deutlichen Bruch in der Biografie und das Gefühl, dass es bergauf gehe, dass das Schlimmste überstanden sei.[19]

Die Luftbrücke als verbindende Erinnerung von Besiegten und Siegern: Berliner beobachten vom S-Bahnhof Tempelhof aus ein startendes Flugzeug, 1948.

Gut sieben Jahre lang klebten Bundesbürger auf jede Postsendung innerhalb der Bundesrepublik zusätzlich eine »Notopfermarke« für die West-Berliner.

Bedeutsam war darüber hinaus die psychologische Wirkung der überaus präsenten Luftbrücke. Anders als der tatsächliche Anteil an der Versorgung der blockierten Stadt ist sie kaum zu überschätzen. Zudem brachten die Flugzeuge nicht nur Lebensmittel nach Berlin, sie nahmen auf dem Rückweg Richtung Westen auch Produkte mit und unterstützten damit die Wirtschaftsbetriebe in der Stadt. Viele, die als Kinder Zeugen der täglich aufs Neue bewiesenen Loyalität geworden oder gar mit einem »Rosinenbomber« zum Aufpäppeln in die Westzonen mitgeflogen waren, bewahrten sich ihre kritiklose Amerikabegeisterung zeitlebens. Die amerikanischen (und die britischen) Piloten wurden in diesen Tagen zu Helden, die ihr Leben überdies für Menschen einsetzten, denen sie noch kurz zuvor als »Todfeinde« gegolten hatten. Auch waren die schrecklichen Verbrechen der Deutschen vielen Besatzungssoldaten präsent.

Seltsamerweise fühlten sich die meisten West-Berliner nicht annähernd so intensiv den Menschen im späteren Bundesgebiet verbunden – obwohl auch diese durch Abgaben und Mehrkosten den West-Berlinern entscheidend halfen. Am markantesten waren wohl die blauen »Notopfer Berlin«-Marken. Bis 1956 wurde jeder Brief zusätzlich mit dem »Notopfer« frankiert, es sei denn, er ging an einen Adressaten in West-Berlin oder in der »Ostzone«, zusätzlich floss ein Prozent von Löhnen und Gehältern in den Westzonen an die Hilfe für Berlin. Den West-Berlinern reichten diese »Opfer« nicht: Sie fühlten sich im Stich gelassen und entwickelten ein trotziges Selbstgefühl, das sich daraus speiste, weder ost- noch westdeutsch zu sein, sondern für ein spezielles drittes Deutsch-Sein zu stehen. »Der Westen war eine andere Welt«, eine, in der Menschen »genussvoll und ungeniert Torten fraßen« und in der es wenig Bewusstsein dafür gab, dass gar nicht weit weg der »Kampf ums Überleben« unvermindert weiterging, wie Egon Bahr sich erinnerte.[20] Dazu passte es, sich von den Westdeutschen unverstanden zu fühlen, wofür es durchaus Belege gab. So fand etwa der Film *Berliner Ballade* mit dem mageren Gert Fröbe als »Otto Normalverbraucher« in der Hauptrolle in den Westzonen nur wenig Beifall, während die Berliner ihn liebten.

## Arbeit in Ruinen

Während der Blockade spitzte sich die Lage der produzierenden Unternehmen in den westlichen Sektoren zu, weil viel zu wenig Rohstoffe und Vorprodukte geliefert werden konnten. In der Folge waren im Frühjahr 1949 mehr als 120000 Menschen arbeitslos, jeden Monat schlossen etwa 500 weitere Betriebe, und viele andere drosselten die Produktion erheblich. Der Winter war hart: Statt der benötigten 8000 Tonnen Kohle täglich kamen maximal 6000 Tonnen über die Luftbrücke. Unter diesen Bedingungen verheizten die Menschen sogar ihren geliebten Tiergarten beziehungsweise die dort wachsenden Bäume. Bürgermeister Ferdinand Friedensburg plante sogar – als letzte Reserve gewissermaßen –, auf die geringen Braunkohlevorkommen in Reinickendorf zurückzugreifen.

Die Berliner Wirtschaft litt überdies darunter, dass sie ihre (wenigen) Waren nur mühsam und mit erheblichen Mehrkosten verbunden in den Westen bringen konnte. Aber einige Unternehmer hatten Glück und besaßen Verhandlungsgeschick wie der Werkzeugmaschinenhersteller Schwartzkopff: Deren Leiter verstand es, sowohl die Sowjetische Militäradministration (SMAD) als auch in den westlichen Zonen gelegene Kommunen von der Unersetzbarkeit seiner Turbinen und Pumpen zu überzeugen. Auch während der Blockade konnte die nahe der Sektorengrenze im Wedding gelegene Fabrik weiter rund um die Uhr produzieren, denn die Sowjets schalteten eigens für sie eine Leitung frei.[21] Trotz dieses ungewöhnlichen Entgegenkommens überstand Schwartzkopff zwar die 1950er-Jahre, musste aber nach dem Mauerbau Konkurs anmelden.[22] Für die meisten Unternehmen bedeutete die Blockade einen schweren Rückschlag, nachdem sie sich gerade erst von den direkten Kriegszerstörungen, den Demontagen und dem allgemeinen Rohstoffmangel erholt hatten. In einigen Bereichen der Wirtschaft, wie dem Wohnungsbau, konnte West-Berlin diesen Rückstand nie aufholen, und das westdeutsche »Wirtschaftswunder« fand hier mit deutlicher Verzögerung statt.

Selbst der einzige Betrieb von internationaler Bedeutung, der ununterbrochen an Berlin als Sitz der Firmenzentrale festhielt, legte blockadebedingt einen holprigen Start hin: Das Pharmaunternehmen Schering im Wedding hatte den Krieg vergleichsweise gut überstanden und produzierte fast unmittelbar nach dem Waffenstillstand wieder Medikamente und – zur Seuchenprävention – Desinfektionsmittel (wie etwa Läusepulver auf DDT-Basis).[23] Die Nachfrage war groß, denn aufgrund der äußerst beengten Wohnverhältnisse vermehrten sich Kopfläuse ebenso wie die Krätze. Dringend benötigt wurden Medikamente gegen Geschlechtskrankheiten, unter denen die beim Vormarsch der Roten Armee massenhaft vergewaltigten Frauen neben den psychischen Folgen litten. Doch obwohl Freund und Feind die Medikamente brauchten und Schering keine direkte Verwicklung in Rüstungsgeschäfte nachgewiesen werden konnte, blieb das Unternehmen nicht von Demontagen verschont: Zwischen 75 und 90 Prozent der Anlagen wurden in den Wochen ab Ende Mai 1945 demontiert. Ein bezeichnendes Licht auf Optimismus und Geschäftstüchtigkeit der Verantwortlichen wirft die Tatsache, dass diese während der laufenden Demontagen die Abteilungsleiter aufforderten, eine Liste der »ohne Bezahlung« entnommenen Güter anzulegen: Arzneimittel, Chemikalien, Laborgeräte, Fernsprechanlagen und Werkzeug im Wert von insgesamt über eine halbe Million Reichsmark wurden aus dem Werk abtransportiert.[24] Dass Schering vergleichsweise glimpflich davonkam, war dem Umstand zu verdanken, dass die Sowjets vor allem Wert auf Anlagen der Elektro- und Maschinenbauindustrie legten und die pharmazeutische Industrie weniger im Blick hatten. Dass später dennoch von einer »Orgie der Totaldemontage« (Gustav Klingelhöfer, 1955) die Rede war, entsprach also eher dem Zeitgeist als den Tatsachen.[25]

Nicht erst in den Monaten der Blockade machte sich Unfriede in der »Schering-Familie« breit: Anhänger von SED und dem Freien Deutschen Gewerkschaftsbund (FDGB) aus dem sowjetisch besetzten Sektor Berlins trafen im Betriebsrat auf die Unabhängige Gewerkschaftsorganisation (UGO) und Sozialdemokraten. Im Winter 1948 prallten die Gegensätze hart aufeinander – selbst wenn einfache Belegschaftsmitglieder vor allem daran interessiert waren, dass ihre Lohnzulagen und Heizkostenzuschüsse möglichst hoch ausfielen. Vorerst konnte sich der Betriebsratsvorsitzende Fritz Lorenz, der dem FDGB angehörte, im Amt behaupten, im Frühjahr 1949 wurde er jedoch nicht wiedergewählt und verlor im Sommer 1950 nach wiederholten, »bisweilen bösartigen Kampagnen« seinen Arbeitsplatz. Dass er als Sozialist sich trotz seiner exponierten Stellung so lange halten konnte, ist erstaunlich: Der öffentliche Dienst des Bezirks Wedding hatte die meisten SED-Mitglieder schon Anfang 1947 entlassen.[26] Allem Anschein nach nutzte die Geschäftsleitung nicht einmal die Gelegenheit, Lorenz im Frühjahr 1949 zu entlassen, als sie infolge der Blockade Kurzarbeit anordnete und im Juni darauf Hunderte von Beschäftigten entließ.

## Neuanfang 1949

Als am 12. Mai 1949 die Schlagbäume gehoben werden und die ersten Lkw die Sektorengrenze passieren dürfen, ist auch in West-Berlin an einen wirtschaftlichen Aufschwung zu denken. In den Läden sind nun wieder besonders vermisste frische Lebensmittel wie Obst, Gemüse und Fleisch zu haben, wenn auch noch zu deutlich höheren Preisen als in Westdeutschland. Das Ende der Blockade kommt für die Stadtverwaltung überraschend. Sie bleibt auf den letzten Tonnen getrockneter Kartoffeln, die kurz vor Ende der Blockade eingeflogen wurden, sitzen. Der spätere Wirtschaftssenator Gustav Klingelhöfer (SPD) äußert sich halb ironisch: »Jetzt können wir mit dem teuren Zeug die Schweine füttern.«[27]

Sehr ärgerlich für die vor kurzem Befreiten und ihre Wirtschaftsbetriebe ist, dass ihnen die Verantwortlichen in der Trizone am liebsten nur Fertigprodukte liefern würden, was der ohnehin blockadegeschwächten Berliner Industrie den Rest geben würde. Selbst wenn die Bürger murren, weil sie so bald wie möglich die neu gewonnene Konsumfreiheit nutzen wollen, setzen sich

Unternehmen und Politiker durch, wenn auch nicht ohne Einbußen: Schering etwa hat nicht nur große Probleme, seine Produkte in West-Berlin abzusetzen, den Weddingern macht außerdem zu schaffen, dass der Absatz im Umland - also in der SBZ und dem sowjetischen Sektor - nur unter erheblichen Auflagen möglich ist und zudem nur wenig Gewinn verspricht. Erst im Spätsommer 1949 wendet sich das Blatt, ein Neubau an der Müllerstraße wird geplant und im Dezember die Kurzarbeit aufgehoben. Schering hat neue Kundschaft gefunden: in Ägypten, dem Libanon und der Türkei.[28]

Auch für die Industrie entsteht in den kommenden Jahren eine spezifische West-Berliner Infrastruktur: eine Vorratshaltung für die ganz schlechten Tage und für den denkbaren Fall einer erneuten Abschließung - die Senatsreserve. In eigens angemieteten Lagerhäusern werden Kohle und Treibstoff, Butter, Toilettenpapier, Konserven, aber auch Fahrräder für den Notfall vorgehalten und in bestimmten Abständen erneuert. Spätestens in den 1980er-Jahren wirkt diese Praxis zwar reichlich angestaubt, beglückt aber Menschen, die ansonsten den »Kalten Kriegern« kritisch gegenüberstehen - in den Wohngemeinschaften der 1980er-Jahre erfreuen sich die Verkäufe der kurz vor dem Ablauf des Haltbarkeitsdatums stehenden Waren großer Beliebtheit.

Von solchen »Kleinigkeiten« abgesehen, bleibt West-Berlin bis zum Mauerbau im August 1961 eine freie Stadt, deren Anziehungskraft weit über die Sektorengrenzen hinaus in die gesamte sowjetische Zone beziehungsweise die Deutsche Demokratische Republik strahlt. Viele Geschäfte leben von dieser Strahlkraft, denn entlang der Grenze zum Ostsektor haben sich zum Beispiel Kinos angesiedelt, in denen DDR-Bürger für Ostmark ein meist nicht ganz aktuelles Programm ansehen können. Kaufhäuser wie »Kajot« an der Karl-Marx-Straße unweit des S-Bahnhofes Neukölln kleiden auch Ost-Berliner Kunden für kleines Geld ein, und die Badstraße wird wegen der vielen Besucher aus der DDR gar zum »Sachsendamm«.[29]

Ähnlich beliebt sind Sportereignisse: Im berühmt-berüchtigten Sportpalast an der Potsdamer Straße fiebern stets etliche

Kurfürstendamm, Juni 1950 - zwar sind Kriegsschäden sichtbar, aber der Wohlstand kehrt zurück.

Pankower und Treptower mit den Athleten mit, und die Fußballer von Hertha BSC haben viele Anhänger in den Ostbezirken. Aber dieser kleine Grenzverkehr ist keine Einbahnstraße, denn auch die West-Berliner profitieren von den (vor allem nach dem Schwarztauschen) wesentlich günstigeren Lebensmitteln im Ostteil. Die Waren im eigentlichen Schaufenster des Westens, am Kurfürstendamm, sind für die meisten Ost- *und* West-Berliner unerschwinglich - aber immerhin kann man sich hier eine Auszeit vom Anblick der Trümmerwüsten gönnen, die das Stadtbild noch immer prägen.

## »Vorposten der freien Welt«

Für viele Menschen aus Ost-Berlin ist es in den 1950er-Jahren mit einem Blick oder auch einem Kinobesuch nicht getan: Schon vor der Gründung der DDR flüchteten sie dorthin, wo sie sich vor politischer Verfolgung sicher fühlen oder wo sie für sich und ihre Familien bessere Zukunftschancen sehen. Die Konjunkturen der Fluchtbewegung bilden die Phasen verstärkten politischen Drucks ab, das wird im Zusammenhang mit dem »beschleunigten Aufbau des Sozialismus« (1952) und der Zwangskollektivierung im landwirtschaftlichen Bereich (etwa im »sozialistischen Frühling« 1960) besonders deutlich. Tausende von selbständigen Bauern, die durch erhöhte Abgaben und Strafandrohungen gefügig gemacht werden sollen, flüchten gen Westen beziehungsweise nachdem die bis dahin »grüne Grenze« Richtung Bundesrepublik abgeriegelt und verstärkt kontrolliert wurde, zunächst nach West-Berlin. Bis zum August 1953 müssen sie sich zum Messegelände unter dem Funkturm beziehungsweise zur Kuno-Fischer-Straße am Lietzensee in Charlottenburg durchfragen, wo sich die Erstanmeldung für DDR-Flüchtlinge befindet. Tage-, ja wochenlanges Warten vor den verschiedenen Dienststellen des Notaufnahmeverfahrens steht ihnen bevor, mit ungewissem Ausgang.[30] Gerade für die meist im Umgang mit Behörden unbeholfene Landbevölkerung endet das Verfahren nicht selten mit dem Diktum, dass es sich in ihrem Fall nicht um eine politisch, sondern um eine wirtschaftlich motivierte Flucht handele. Eine Weitervermittlung ins Bundesgebiet kommt also nicht infrage. Die betroffenen »Illegalen« werden zwar nicht in die DDR abgeschoben, aber richtig ankommen können (und sollen) sie im Westen auch nicht. Bis auf weiteres leben sie mehr schlecht als recht von Fürsorgeleistungen in Notunterkünften, die sich in ehemaligen Bunkern, in Lager- und Fabrikhallen befinden.[31]

Für den West-Berliner Senat stellen diese Menschen insoweit ein Problem dar, als sie die Konkurrenz um knappe Arbeitsplätze und Wohnungen verschärfen und man zudem Angst hat, in den Lagern einen Nährboden für verfassungsfeindliche Gesinnungen

Andrang vor der Flüchtlingsmeldestelle in der Kuno-Fischer-Straße am Lietzensee, Mai 1953

zu schaffen – wobei man unterstellt, dass sich die Neuankömmlinge zu Spitzeldiensten für das 1950 gegründete Ministerium für Staatssicherheit der DDR (MfS, Stasi) verleiten lassen. Tatsächlich sind die Zustände in den Notunterkünften alles andere als erquicklich, wie ein zeitgenössischer Beobachter beschreibt: »Auf dem Fußboden lagen Strohschütten, durch nichts voneinander getrennt. Da wurde gegessen, geschlafen, gelesen, wurden Formulare ausgefüllt und Briefe geschrieben. Die Luft war dick, dunstig vom Staub, das Atmen fiel schwer. Zumal auch noch Desinfektionsmittel gesprüht worden war. Zusammen mit den Ausdünstungen der vielen Menschen und dem scharfen Geruch ostzonaler Schuhcreme kam es zu jenem eigentümlichen Lagermief, der sich auch in der Kleidung der Lagerinsassen festsetzte.«[32] Selbst wenn die hier beschriebenen Strohlager um 1953 der Vergangenheit angehören, ändert sich an der beklemmenden Enge und an der fehlenden Privatsphäre in den Unterkünften wenig. Hinzu kommt häufig ein sehr hoher Geräuschpegel durch spielende Kinder, quengelnde Säuglinge, hustende Kranke und familiäre Auseinandersetzungen. Vielfach werden Familien auseinandergerissen, müssen die Ehepartner sogar in verschiedenen Lagern schlafen. Dass es unter diesen Bedingungen immer wieder zu handgreiflichen Konflikten zwischen den Flüchtlingen kommt – zumal wenn Alkohol im Spiel ist –, überrascht nicht, ebenso wenig wie die Befürchtung von Politikern, die Aggressionen könnten nach außen übergreifen. Zugleich lassen Geschichten und Gerüchte über das Lagergeschehen bei der angestammten Bevölkerung den Eindruck entstehen, unter den Flüchtlingen gebe es ungeheuer viele »Asoziale«.

Es gibt zwar einen kontinuierlichen Zustrom aus dem Osten, aber – abgesehen von wenigen Einzelmaßnahmen – keine entsprechende Entlastung durch Abwanderung in das Bundesgebiet. Und selbst die Aufnahme der »echten« Flüchtlinge läuft nicht reibungslos. Die zwischenzeitliche Privilegierung von »legalen« politischen Flüchtlingen aus der DDR – dort wurden sie »Republikflüchtige« genannt – sorgt für Unruhe bei der angestammten Bevölkerung, die teilweise ebenfalls in extrem schlechten Wohnverhältnissen lebt. Hinzu kommt, dass viele junge Flüchtlinge alleinstehend und jung (oder sehr jung) sind. Ihnen schlagen Vorurteile und Verständnislosigkeit entgegen, die sich einerseits aus der Angst vor einer in totalitären Systemen aufgewachsenen Jugend speisen, andererseits den fehlenden Halt dieser Jugendlichen im Westen als Gefährdung betrachten. Während die jungen Männer als Diebe, Trinker und Spieler wahrgenommen werden, gelten die Mädchen als moralisch zweifelhaft, als »Taxi-Girls«, die sich für ein paar Mark prostituieren.[33] Sind solche Vorurteile von Anwohnern und Nachbarn schon verletzend und ausgrenzend, werden sie dann im Alltag wirksam, wenn sie auch von Sozialarbeitern vertreten werden. Die sind beispielsweise für die Ausgabe von Kleidermarken zuständig - wie genau sie indes überprüfen, ob ein Jugendlicher neue Schuhe braucht (oder nicht), liegt in ihrem Ermessensspielraum. Unangekündigte Kontrollen in den Lagern, die für die dort Lebenden sehr unangenehm sind, sind normal.[34] Angesichts dieser Begleitumstände überrascht es nicht, dass viele Zuwanderer aus der DDR sich nicht offiziell anmelden und stattdessen versuchen, sich allein durchzuschlagen oder bei Freunden und Verwandten unterzukommen. Andere scheitern im Westen: Nicht wenige jugendliche Flüchtlinge kehren - obschon anerkannt - nach einigen Wochen oder Monaten in die DDR zurück, weil sie sich ohne das gewohnte soziale Umfeld verloren fühlen. Vergleichsweise gut kommen Familien mit der ungewissen Situation klar.

## Ein Bauer in der Stadt

Unter den »Republikflüchtigen« des Jahres 1953 ist auch die Familie Lade* aus Zossen:[35] Die jungen Eheleute hatten 1946/47 die Chance ergriffen und im Zuge der Bodenreform in der Sowjetischen Besatzungszone (SBZ) wenige Hektar Land zur Bewirtschaftung übernommen. Wie andere Kleinbauern Ende der 1940er-, Anfang der 1950er-Jahre mussten sie ein ums andere Mal erfahren, dass es ihnen nicht nur am Know-how mangelte, einen Hof zu bewirtschaften, sondern auch die Rahmenbedingungen alles andere als gut waren. Angefangen bei den unzureichenden Wohnverhältnissen bis hin zu fehlenden Tieren und Maschinen lebten viele Kleinbauern mehr schlecht als recht von dem, was sie erwirtschafteten. Und selbst wenn die SED-Regierung sich zunächst gegenüber den »werktätigen Bauern« (im Gegensatz zu den als »kapitalistisch« geltenden Großbauern) relativ großzügig zeigte, was das Ablieferungssoll anbelangte, wuchs der Druck von Jahr zu Jahr. Und mit der Ankündigung des »planmäßigen Aufbaus des Sozialismus« im Juli 1952 begann auch für die Kleinbauern die erste Phase der Zwangskollektivierung.

Die Lades hatten ihre Pflichten dem Staat gegenüber stets erfüllt, sahen sich aber im Sommer des Jahres 1953 in einer Zwangslage: Sie versuchten, wenigstens einen Teil des »geschenkten« Bodens zurückzugeben - vergeblich. Auch ein zweiter Versuch, das Bodenreformland offiziell abzugeben, weil es an Pferden und Arbeitsgeräten fehlte, misslang am 25. August 1953. Die Lades sahen - wie viele Landwirte - keinen anderen Ausweg als die Flucht in den Westen. Bis 1961 ging die Fluchtbewegung zwischenzeitlich zurück, sie riss aber nie ganz ab.

Die Familie Lade - Gertrud Lade ist in diesen Wochen gerade mit dem zweiten Kind hochschwanger - kommt Ende August 1953 mit der S-Bahn nach Marienfelde, in das neu eröffnete Notaufnahmelager. Die Eltern durchlaufen die üblichen Lagerroutinen: ärztliche Untersuchungen, geheimdienstliche Durchleuchtungen und schließlich die eingehende mündliche Befragung vor dem Notaufnahmeausschuss. Unterbrochen werden diese Routinen für die Lades durch die Geburt der Tochter. Am 15. Oktober 1953 kommt der Leiter des Notaufnahmeverfahrens zu der für die Familie unfassbaren Feststellung, dass sie sich nicht in einer wirklichen »Bedrängnis« befunden hätten, ihre Flucht also aus wirtschaftlichen Motiven erfolgt sei. Die Zurückgewiesenen legen Beschwerde ein. Aber der Beschwerdeausschuss schließt sich dem Urteil der vorangegangenen Instanz an. Zudem weist er darauf hin, dass Erwin Lades Erläuterungen zu einem Anwerbeversuch seitens des MfS wenig glaubhaft seien. Damit sind die Rechtsmittel innerhalb des Notaufnahmeverfahrens ausgeschöpft, aber die Lades versuchen weiter, zu ihrem Recht zu kommen, und ziehen vor das Verwaltungsgericht. Im Juni 1954 entscheidet dieses unter Berücksichtigung eines Gutachtens der antikommunistischen »Kampfgruppe gegen Unmenschlichkeit« (KgU) ebenfalls gegen die Lades: Sie werden als »erfolglose Neubauern« oder Wirtschaftsflüchtlinge eingestuft und haben so kaum eine Chance, den »Flüchtlingsausweis C« zu erhalten.

Dieser Ausweis ist bedeutend, weil er bei allen anderen Ämtern helfen würde – wie etwa beim Wohnungsamt. Wegen des großen Bedarfs werden auch Mitte der 1950er-Jahre noch viele Wohnungen über das Amt vergeben. Auf dem freien Markt haben Familien wie die Lades erst recht keine Chance. Die Absage des Wohnungsamtes bedeutet, weitere Wochen und Monate in einer überfüllten Massenunterkunft zu verbringen, mit Verpflegung aus einer Großküche, für die die Zuwanderer Lebensmittelmarken erhalten. Schwerer noch wiegt, dass Erwin Lade keine reguläre (und damit bezahlte) Arbeit annehmen darf, die Behörden wollen verhindern, dass der ohnehin angespannte Arbeitsmarkt durch die Zuwandernden weiter belastet wird. Nur wer einen »Mangelberuf« beherrscht, also beispielsweise Metallfacharbeiter oder Maßschneider ist, hat Aussicht auf einen Arbeitsplatz. Erwin Lade wird lediglich zu gemeinnützigen Aufgaben – dazu gehören Laubharken oder Schneekehren, die Pflege öffentlicher Grünanlagen oder Straßenreinigung – herangezogen, die kaum etwas einbringen und mit schlechter oder ungeeigneter Kleidung sehr unangenehm sind. Noch eine Folge hat die Verweigerung des »Flüchtlingsausweises C«: Empfangene Fürsorgeleistungen müssen auf Heller und Pfennig zurückgezahlt werden, sobald die Zuwanderer dazu in der Lage sind – der Start ins »freie Leben« ist also mit einer riesigen Hypothek belastet.

Familie Lade braucht viel Geduld: Erst Anfang der 1960er-Jahre kann sie ihre erste »richtige« Wohnung beziehen, und Erwin Lade findet einen Job als Hausmeister. Andere Familien leben noch länger in provisorischen Unterkünften. Die Jahre in Armut prägen die Eheleute Lade und ihr Empfinden für soziale

Gerechtigkeit noch lange nach dem Fall der Mauer. Sobald sie es sich leisten können, versorgen sie Obdachlose zumindest in der Weihnachtszeit mit warmen Mahlzeiten.

## Die Feinde sind unter uns

Tausende von Familien kommen in den Jahren vor dem Mauerbau aus der DDR in den Westen, manchmal gar Hunderte von Menschen täglich, und soweit es angesichts des Massenandrangs möglich ist, überprüfen die Polizei, westliche Alliierte und Verfassungsschutz die Neuankömmlinge. In Zeiten des »Kalten Krieges« befürchtet man, dass sich Spione unter die Flüchtlinge mischen. Gerade in West-Berlin ist diese Angst alles andere als unbegründet: In der »Hauptstadt der Spione« treffen Agenten ost- und westdeutscher Geheimdienste ebenso aufeinander wie die der Supermächte Sowjetunion und USA. Von Briten, Franzosen und anderen, eher kleinen »Playern« ganz zu schweigen. Die Ziele der ostdeutschen Spione sind so vielfältig wie die mutmaßlichen oder tatsächlichen Feinde der DDR: »Linke Sektierer« und Sozialdemokraten stehen ebenso wie alte und neue Rechte, die antikommunistische »Kampfgruppe gegen Unmenschlichkeit« oder Liberale im Verdacht, die ostdeutsche Souveränität zu untergraben. Als besonders gefährlich gelten jene, die sich aus der DDR in den Westen abgesetzt haben, sowie jene, die über Insiderwissen aus den kommunistischen Diktaturen verfügen. West-Berlin ist der östlichste Vorposten des Kapitalismus und der »freien Welt«, aber durch die zum Umland und zu Ost-Berlin offenen Grenzen sind die Menschen in West-Berlin zumindest theoretisch »leichte Beute« für Angreifer aus dem Osten.

Alle Kontrollen helfen indes nichts, wenn die Agenten schon im Westen sind, wie der Charlottenburger Architekt Heinz Gläske, der seit Ende 1950 für das DDR-Ministerium für Staatssicherheit arbeitet. Gläske, der 1913 als Sohn eines Berliner Beamten geboren wurde und im Berliner Westen aufwuchs, schloss sich als 20-Jähriger kurzzeitig den Schlägertrupps der SA an und arbeitete

Dieses Passfoto von Heinz Gläske war an seinen Lebenslauf von 1951 angeheftet.

ab Mitte der 1930er-Jahre als Architekt für den Reichsarbeitsdienst (RAD), in dessen Auftrag er Großbauten projektierte. Kurz vor dem deutschen Überfall auf Polen, am 10. August 1939, trat Gläske seinen Dienst bei der Wehrmacht an, die ihn unter anderem in Lettland einsetzte. Gegen Kriegsende geriet Gläske in sowjetische Gefangenschaft und wurde erst Anfang 1949, nunmehr 36 Jahre alt, nach Hause entlassen. Er trat anscheinend umgehend in die SED ein und baute zunächst »Kulturhäuser usw.« für die Gesellschaft für Deutsch-Sowjetische Freundschaft (DSF).[36]

Später arbeitet er wie seine Frau für den West-Berliner Senat, den er als Gutachter berät. Anscheinend aus Überzeugung, der richtigen Sache zu dienen, beginnt Gläske seine Arbeit für das MfS: Im Sommer 1951 tritt er in den späteren Verband der Heimkehrer ein und übernimmt gar, nachdem er seine finanziellen Probleme durchblicken ließ, die Leitung des Bezirksverbands Wilmersdorf. Vorsichtshalber tritt er aus der SED aus, legt aber großen Wert auf einen Vermerk in den Unterlagen, dass er dies im Dienste der DDR mache und im Geiste Genosse bleibe. Mitte 1953 gibt er seine Anstellung beim Senat auf, da er mehr Zeit für seine Tätigkeit als geheimer Mitarbeiter (GM) der Stasi benötigt. Die Stasi notiert resümierend im Dezember 1953: »Trotz seiner vielen Verbindungen leistete ›Hegl‹ nur eine mangelhafte Arbeit, was darauf zurückzuführen war, daß er in einem regulären Arbeitsverhältnis stand und wenig Freizeit hatte, um seine Verbindungen auszunützen.«[37] Gläske arbeitet nun als freier Architekt und nimmt im Interesse seiner Tarnung kleine Aufträge an. Seinen Lebensunterhalt bestreitet er auf Kosten der Stasi, die an ihrem Zuträger von nun an durchaus Freude hat.

Gläske berichtet etwa zweimal wöchentlich an das MfS und trifft sich regelmäßig mit seinem Führungsoffizier. Wie in dem erwähnten Bericht vom Dezember 1953 zu lesen ist, verdanke man ihm Kenntnisse über »Gehlen-Agenten«[38] und Wissen über Interna der British Broadcasting Company (BBC). »Hegl« erstellt eine Liste, die ihm bekannte ostdeutsche Hörer des in der DDR verbotenen Senders verzeichnet, und er berichtet aus dem Innenleben der Organisation Gehlen in West-Berlin – den Weg dorthin hat ihm die Arbeit im Heimkehrerverband geebnet. Ebenso wichtig sind seine Kontakte in die Szene der russischen Exilanten, vor allem zum Führer der einflussreichen Oppositionellengruppe

Demonstration für die Freilassung von Alexander Truschnowitsch vor der sowjetischen Militärmission in Frankfurt am Main, 17. April 1954

»Bund der russischen Solidaristen« (Narodno-Trudowoj Sojus rossiskich solidaristow, NTS), Alexander Truschnowitsch. Dieser gilt seit langem als gefährdet, weil seine Tätigkeit der Regierung der DDR und mehr noch der der UdSSR ein Dorn im Auge ist und Entführungen von missliebigen Personen aus West-Berlin in diesen Tagen nicht selten sind. Mal steckt der KGB direkt dahinter, mal übernimmt das MfS diese Aufgabe von den sowjetischen Kollegen. Am 13. April 1954 verschwindet Truschnowitsch spurlos aus West-Berlin. Das letzte Mal wurde er im Haus Heilbronner Straße 11 in Berlin-Charlottenburg in Begleitung von Heinz Gläske gesehen. Gläske und seine Frau Frieda haben hier ihre Wohnung. Eine Nachbarin traf den anscheinend schwer angeschlagenen Truschnowitsch in Begleitung des Architekten im Treppenhaus. Gemeinsam mit dem Russen verschwand Gläske. Erst Jahre später wird man wissen, dass der Architekt die Entführung im Auftrag der Stasi (die wiederum für den KGB agierte) plante.

Der verschleppte Russe meldet sich angeblich wenige Tage später aus Ost-Berlin mit einer Presseerklärung, die unter anderem in der *Berliner Zeitung* abgedruckt wird. Deren Überschrift lautet: »Warum ich mit meiner Vergangenheit brach«.[39] Der angebliche Truschnowitsch beschreibt die NTS als Helfershelfer amerikanischer Geheimdienste mit faschistischen Tendenzen, deren Tun er nicht länger habe unterstützen wollen. Der Text findet sich wörtlich in der IM-Akte von »Hegl« alias Gläske – Truschnowitsch war zu diesem Zeitpunkt, wie man seit 1990 weiß, bereits tot.[40] Seine Entführer hatten ihn anscheinend so brutal zusammengeschlagen, dass er schon bei seiner Verschleppung in den Ostteil (oder kurz danach) starb. Unabhängig davon schenken Truschnowitschs Freunde der Erklärung ohnehin keinen Glauben. In einer Reihe von Protesten verlangen sie die Freilassung des Russen. Mehr Gehör findet die Stasi mit dem angeblichen »Geständnis« beim *Spiegel:* Der Exilant habe seit längerem Geldprobleme gehabt, von deutscher, aber auch von amerikanischer Seite habe man das Vertrauen in ihn verloren, möglicherweise sei er gar ein sowjetischer Spion.[41]

Heinz Gläskes Rolle bei der Verschleppung ist für die Zeitgenossen undurchsichtig. Zunächst sieht es so aus, als sei auch er – immerhin Funktionär in einer Interessenvertretung von Kriegsheimkehrern – ein Opfer östlicher Geheimdienste. Die West-Berliner Presse zitiert seine Frau, die aus dem Kino kommend nur ihren »winselnden« Pudel in einer völlig verwüsteten Wohnung vorgefunden haben will. Überall seien zudem Blutspuren gewesen. Die ostdeutsche Presse unterstützt diese Version. So berichtet die *Neue Zeit* am 6. Mai 1954, dass die Staatssicherheit Gläske am 13. April festgenommen habe: Mittlerweile sei der Architekt geständig. Er habe zugegeben, dass er für die Organisation Gehlen Dienststellen des britischen Geheimdienstes ausspioniert habe. Außerdem habe er die NTS mit Interna aus dieser Quelle beliefert – Truschnowitsch habe dies bestätigt.[42] Schon wenige Tage später tauchen Zweifel an dieser Version auf, unter anderem wird bekannt, dass Gläske Mitglied der SED war und für die ostdeutsche DSF gearbeitet hat. Auch ein Schreiben, das der Architekt angeblich aus der Haft an seine Frau geschickt hat (und das umgehend veröffentlicht wird), ändert daran nichts. Demnach habe Truschnowitsch ihn (also Gläske) verraten und in den Osten verschleppt![43] Als Frieda Gläske kurze Zeit später von einem Besuch in Ost-Berlin nicht in den Westen zurückkehrt, mutmaßt die Presse nur kurz, dass ein weiteres Opfer zu beklagen sei. Recht bald scheint klar, dass die Gläskes eher Täter denn Opfer sind. So nehmen die Klagen über die Unfähigkeit der West-Berliner Kripo zu, die es nicht verhindert habe, dass sich mit Frau Gläske eine weitere mutmaßliche Tatbeteiligte in den Osten abgesetzt hat.

Der Entführungsfall Truschnowitsch ist auch wegen der Person des Entführers bemerkenswert: Heinz Gläske wird in der DDR, nicht zuletzt weil er sich als absolut zuverlässig erwiesen hat, zunächst Architekt für den Stasi-Fußballclub Dynamo. Ab 1958 ist er maßgeblich an einem der geheimsten Bauvorhaben der DDR beteiligt: Als Bauleiter für die Waldsiedlung Wandlitz gehört er zu den wenigen, die wissen, wo und wie die SED-Elite lebt. Die Stasi beschäftigt den Architekten als hauptamtlichen

Mitarbeiter und entlohnt ihn für seine Loyalität nach DDR-Maßstäben fürstlich – immer mit Verweis auf seinen und den Einsatz seiner Frau im April 1954.

In West-Berlin hat die neuerliche brutale Verschleppung Diskussionen darüber zur Folge, ob und wie es gefährdeten Persönlichkeiten gestattet werden soll, sich zu ihrem Schutz zu bewaffnen.[44] Das in der Teilstadt geltende Besatzungsstatut untersagt Privatpersonen den Waffenbesitz und erlaubt diesen selbst der Schutzpolizei nur eingeschränkt – daran ändert sich auch nach der Truschnowitsch-Entführung nichts. Überdies sind die zahlreichen Übergänge nach Ost-Berlin weiterhin unzureichend geschützt, sodass keine Chance besteht, Verschleppungen quasi in letzter Sekunde zu verhindern. Die Gefährdung von Personen auch innerhalb der »freien« Stadt West-Berlin bleibt ein Dauerthema. Schon 1967 geht die West-Berliner Polizei von annähernd 300 Entführungsopfern zwischen 1950 und 1962 aus, die in West-Berlin von der Staatssicherheit gekidnappt wurden. Selbst nach dem Mauerbau bildet die von Ost nach West für die meisten Menschen unüberwindliche Grenze für die Stasi und ihre Helfershelfer kein größeres Hindernis.[45]

## Auf verlorenem Posten?

Während Gläske quasi unter falscher Flagge fährt, machen andere aus ihrer abweichenden Gesinnung kein Hehl, sondern vertreten diese offensiv. Von Anfang an ist die SED auch in West-Berlin vertreten (und nicht, wie bis zu ihrem Verbot 1956 im Bundesgebiet, die Kommunistische Partei Deutschlands). Allerdings führt sie eine eher randständige Existenz. Die Parteimitglieder sind im Westen der geteilten Stadt alles andere als wohlgelitten: Vielen gelten sie als im öffentlichen Dienst nicht tragbar. Auch entlädt sich der aufgestaute Frust über die angeblichen kommunistischen Verräter immer wieder, und nicht erst nach dem Mauerbau, bei denen, die im Westen leben. Selbst in relativ ruhigen Zeiten sind Wahlveranstaltungen der SED im Westen unerwünscht. So geht etwa die West-Berliner Polizei anlässlich einer Werbeveranstaltung am 5. Februar 1950 im Wedding gegen die Teilnehmer vor.[46] Stärker noch entladen sich die Aggressionen, wann immer die ostdeutsche Obrigkeit die eigene Bevölkerung drangsaliert. So protestieren am 17. Juni 1953 während des Aufstands in der DDR und in Ost-Berlin »Tausende vor dem Haus« in der Steglitzer Schlossstraße, in dem sich das Büro der SED-Kreisleitung befindet - einige Menschen verschaffen sich sogar Zutritt zum Parteibüro und werfen »rote Fahnen, kommunistische Hetzschriften und Bücher aus dem Fenster«, die anschließend auf der Straße verbrannt werden.[47]

Doch so unbeliebt die SED in West-Berlin auch sein mag - sie wird, anders als die Kommunistische Partei im Bundesgebiet, nicht verboten. Der Sonderstatus West-Berlins verhindert die Übernahme des Verfassungsgerichtsurteils vom 17. August 1956, demzufolge die KPD mit ihrer Arbeit die Bundesrepublik gefährde.[48] So entsteht die absurde Situation, dass ausgerechnet die Stadt, die am direktesten mit den Folgen der Teilung konfrontiert ist, eine Partei in ihren Grenzen dulden muss, die ihre Existenz zutiefst ablehnt. Versuche, wenigstens deren praktische Arbeit einzudämmen, misslingen (auf lange Sicht) ebenfalls: So muss die ab November 1955 erscheinende Parteizeitung *Die Wahrheit* nach einer kurz zuvor angeordneten Beschlagnahme in der Spandauer Druckerei vorübergehend in Ost-Berlin produziert werden. Ein Jahr darauf wird der Herausgeber Albert Grohmann sogar zu einer dreimonatigen Gefängnisstrafe verurteilt, und 1957 ermittelt die Staatsanwaltschaft gegen die Zeitungsverteiler wegen Verbreitung von illegaler Propaganda - insgesamt müssen die *Wahrheit*-Macher sich allein bis 1958 angeblich »Hunderte« Male vor Gericht verantworten.[49] Aber selbst als die Zeitung - wiederum mit massiver »Unterstützung« aus Ost-Berlin - täglich erscheinen kann: Eine wirkliche politische Macht sind die West-Berliner Einheitssozialisten nie. Sie kommen nicht einmal Anfang der 1950er-Jahre über die Fünfprozenthürde - bei den Wahlen zum Abgeordnetenhaus 1958 wählen nur 30 000 Menschen die Partei.[50] Nach dem Mauerbau sinken die Zustimmungswerte weiter.

West-Berlin hatte vor 1961 mit vielerlei Problemen zu kämpfen, insbesondere mit der anhaltend schwierigen wirtschaftlichen Lage und der unsicheren geografischen Position. Daraus resultierte nicht nur eine Art Pfeifen im Walde, eine Großmäuligkeit, mit der sich die West-Berliner selbst Mut zusprachen. Eine weitere Konsequenz, insbesondere der Insellage, war ein Misstrauen gegenüber politischen Experimenten und allem, was nach Kommunismus roch und als Gefahr von außen wahrgenommen wurde. Wenn jemandem dagegen der eigene »Stallgeruch« anhaftete – wie etwa dem Architekten Gläske –, dann genoss er zunächst erheblichen Vertrauensvorschuss. Dass diese Engstirnigkeit nicht so ganz zum eigenen Anspruch auf Weltläufigkeit passte, störte anscheinend niemanden.

»Es wurde Ulbricht erlaubt, der Hauptmacht des Westens einen bösen Tritt vors Schienbein zu versetzen – und die Vereinigten Staaten verzogen nur verstimmt das Gesicht.«[1]

*Willy Brandt, SPD-Politiker, 1976*

»Während hier ein Volk in hoffnungsloser Ohnmacht, verzweifelt und schutzlos, preisgegeben der Willkür, führt man jenseits der Elbe einen Wahlkampf, in dem den Rentnern Fernsehapparate, den Heiratslustigen Ehestandshilfen und der Ruhrbevölkerung ein blauer Himmel versprochen wird.«[2]

*Artur Kersten aus Charlottenburg, 20. August 1961*

# Nach dem Mauerbau
## 1961 bis 1967/68

In den Wochen vor dem 13. August 1961 erlebte West-Berlin einen unruhigen Sommer. Auf internationaler Ebene, zwischen dem amerikanischen Präsidenten John F. Kennedy und dem sowjetischen Staatschef Nikita Chruschtschow, wurde erneut über das Schicksal Berlins verhandelt. Kennedy machte deutlich, dass er nicht bereit sei, auf die »three essentials« zu verzichten – diese bezogen sich vor allem auf die Anwesenheit der West-Alliierten in Berlin und die von diesen garantierte Freiheit West-Berlins. Die West-Berliner Medien brachten fast täglich Meldungen über Truppenverlegungen und Manöverübungen im Bundesgebiet beziehungsweise über die tatsächliche Stärke der in West-Berlin stationierten Einheiten von Amerikanern, Briten und Franzosen.

Mehr noch prägten den Alltag der Stadt Tausende von Flüchtlingen aus Ost-Berlin und der DDR. Die meisten, die kamen, gaben an, ihre Heimat vor allem deshalb verlassen zu haben, weil sie Angst vor einer vollständigen Abriegelung hatten: Das neuerliche Ultimatum der Sowjets, die für West-Berlin den Status einer »freien Stadt« forderten, ließ sie das Schlimmste befürchten. Die ab Ende Juli 1961 verschärften Volkspolizei-Kontrollen an den Straßen nach Berlin taten ein Übriges.[3] Hinzu kam, dass jene, deren Nachbarn »nach dem Westen« gegangen waren, schnell in den Verdacht der Mitwisserschaft gerieten, und diese wurde strafrechtlich verfolgt. Also traten auch von ihnen etliche den Weg in Richtung West-Berlin an.[4] Mehr als 30000 Menschen meldeten sich allein im Juli 1961 in Berlin-Marienfelde,[5] und in den ersten acht Augusttagen folgten weitere fast 11000.[6]

Jugendliche Flüchtlinge im Lager Marienfelde, 13. Juli 1961

Die Notaufnahmelager waren schon Mitte Juli ausgelastet, neue Unterkünfte wurden ad hoc bereitgestellt, und der Senat bemühte sich erfolgreich, die Neuankommenden möglichst sofort ins Bundesgebiet auszufliegen.[7] Augenscheinlich rechnete niemand mit einem baldigen Ende der Massenflucht.[8] Unter den Flüchtlingen waren viele junge, gut ausgebildete Facharbeiter und Akademiker, aber auch Grenzgänger - Menschen, die in Ost-Berlin lebten, aber in West-Berlin arbeiteten. Diese wurden von der politischen Führung und den DDR-Behörden zunehmend unter Druck gesetzt.[9] Ab Anfang August sollten sie ihre Steuern und Wohnungsmieten in Westmark bezahlen, selbst wenn nur ein Familienmitglied im Westen beschäftigt war. Menschen, die nur gelegentlich in West-Berlin arbeiteten, fielen ebenso unter die Neuregelung wie solche, die ab und an im Westen einkauften, und auch die »Grenzgänger mit Schulmappen« - Jugendliche, die West-Berliner Schulen oder Universitäten besuchten. An den Übergangsstellen kontrollierten Volkspolizisten die Pendler

**Absender:** ☐ Frau ☐ Herr

________________________________

________________________________

________________________________

E-Mail: ________________________

Alter: ____ Beruf: ____________________

**Ich wünsche mir folgende Informationen:**

Gesamtverzeichnis Sachbuch

☐ Druckausgabe ☐ digital (E-Mail)

Verzeichnis der Wissenschaftstitel

☐ Druckausgabe ☐ digital (E-Mail)

☐ Über Veranstaltungen und Neuigkeiten des Verlages möchte ich per E-Mail informiert werden.

**Selbstverständlich behandeln wir alle Ihre Angaben vertraulich und nutzen sie ausschließlich für unsere interne Statistik.**

08/16

Bitte ausreichend frankieren

Antwort

**Ch. Links Verlag**
**Schönhauser Allee 36**
**KulturBrauerei / Haus 2**

**D-10435 Berlin**

## Liebe Leserin, lieber Leser,

wir danken Ihnen für Ihr Interesse an unseren Büchern. Wenn Sie diese Karte ausgefüllt zurücksenden, erhalten Sie kostenlos einmal im Jahr unser aktuelles Gesamtverzeichnis mit allen Neuerscheinungen. Unter den Einsendungen verlosen wir zudem regelmäßig Bücher unseres Verlages. Gern informieren wir Sie auch per E-Mail, oder besuchen Sie uns unter **www.christoph-links-verlag.de** im Internet.

**Ich interessiere mich für folgende Reihen:**

- ❐ Politik und Zeitgeschichte
- ❐ Historische Reiseführer/Orte der Geschichte
- ❐ Geschichte in Bild und Text
- ❐ Länderporträts
- ❐ Lebenswelten/Lebenshilfe
- ❐ DDR-Forschung und -Militärgeschichte

**Aufmerksam wurde ich auf das Buch**

- ❐ in einer Buchhandlung
- ❐ durch eine Besprechung in den Medien
- ❐ durch die Verlagswebsite
- ❐ durch das Internet (google-Buchsuche/libreka!)
- ❐ durch ein Werbemittel des Verlages
- ❐ durch eine persönliche Empfehlung

**Ich habe dieses Buch gekauft**

- ❐ Buchhandlung
- ❐ Verlag
- ❐ Onlinehandel
- ❐ Versandbuchhandel
- ❐ ____________________
- ❐ geschenkt bekommen

Diese Karte fand ich im Buch: ____________________

Kommentare, Hinweise, Kritik: ____________________

____________________

____________________

**Ch.Links**

**Absender:** ❐ Frau ❐ Herr

______________________________

______________________________

______________________________

E-Mail: __________________________

Alter: ____ Beruf: ____________________

**Ich wünsche mir folgende Informationen:**

Gesamtverzeichnis Sachbuch

❐ Druckausgabe ❐ digital (E-Mail)

Verzeichnis der Wissenschaftstitel

❐ Druckausgabe ❐ digital (E-Mail)

❐ Über Veranstaltungen und Neuigkeiten des Verlages möchte ich per E-Mail informiert werden.

**Selbstverständlich behandeln wir alle Ihre Angaben vertraulich und nutzen sie ausschließlich für unsere interne Statistik.**

08/16

Bitte ausreichend frankieren

**Antwort**

**Ch. Links Verlag**
**Schönhauser Allee 36**
**KulturBrauerei / Haus 2**

**D-10435 Berlin**

genauestens. Es kursierten Listen, auf denen die Grenzgänger erfasst waren. West-Berliner Betriebe berichteten, dass einzelne, teilweise langjährige Mitarbeiter aus dem Ostteil der Stadt von heute auf morgen nicht mehr zur Arbeit erschienen, offensichtlich ließen sie sich von den Drohungen einschüchtern. Die *Morgenpost* berichtete sogar, dass ein junger Mann in Ost-Berlin festgenommen und erst nach erfolgter Kündigung durch die in Kreuzberg ansässigen Deutschen Telefonwerke (DeTeWe) wieder freigelassen worden sei.[10] Die Gerichte in Ost-Berlin verhängten in Einzelfällen drakonische Strafen. So etwa gegen den 24-jährigen Bruno Killat aus Prenzlauer Berg, der bei der West-Berliner Firma Gebrüder Koppe angestellt war. Angeblich arbeitete diese Firma für die Rüstungsindustrie – aber fast noch schlimmer war, dass Killat versucht haben sollte, seine ehemaligen Ost-Berliner Kollegen nach West-Berlin abzuwerben.[11] Die Staatsanwaltschaft forderte eine Strafe von zweieinhalb Jahren, die wenige Tage später verhängt wurde.[12] Die *Berliner Zeitung* notierte dazu, dass der Verteidiger von Killat ganz richtig bemerkt habe, dass die West-Berlin-Frage dringend »gelöst« werden müsse: »Ohne den Sumpf, ohne die Verhältnisse in Westberlin wäre es zu diesem Verfahren nicht gekommen.«[13] Für die West-Berliner Presse war der Fall Killat ein weiterer untrüglicher Beweis dafür, dass das Strafrecht »im Osten« den politischen Erfordernissen angepasst werde.

Der West-Berliner Senat beschloss umgehend Hilfsleistungen für die betroffenen Ost-Berliner – und erwog ein härteres Vorgehen gegen West-Ost-Pendler: »Keine Westmark für SED-Grenzgänger«, überschrieb der *Tagesspiegel* den Absatz. Die Lohnausgleichskasse in West-Berlin sei beauftragt worden, »den Kreis der in Ost-Berlin arbeitenden West-Berliner zu überprüfen und sicherzustellen, daß Personen, die mit ihrer Arbeit im Ostsektor die freiheitliche Ordnung in West-Berlin bekämpfen, keine Westmarkbeträge im Umtausch mehr erhalten«.[14] Augenscheinlich wollte man damit vor allem SED-Funktionäre treffen, die im Westteil der Stadt wohnten. Aber in die Kritik gerieten auch jene, die sich für eine Verständigung zwischen Ost und West einsetzten, wie der evangelische Pfarrer und Widerstandskämpfer gegen den Nationalsozialismus Martin Niemöller, der in den ersten Augusttagen 1961 in die DDR reiste und dort auch mit SED-Spitzenpolitikern sprach. Ein *Tagesspiegel*-Leser aus Steglitz riet dem »roten Kirchenfürsten«, sich lieber in den Flüchtlingslagern in Marienfelde und Lankwitz umzuhören, was vom SED-Regime zu halten sei. Einzig »politische Unkenntnis« wollte der Schreiber als Entschuldigung gelten lassen.[15]

Immer wieder kam es im Alltag zu Zusammenstößen an den Sektorengrenzen. Der *Tagesspiegel* berichtete von einem Anwohner der Bernauer Straße, der beim Abschied von seinen Besuchern zwar sehr auf die Grenze nach Ost-Berlin achtete, diese aber versehentlich übertreten hatte und von drei Volkspolizisten aufgefordert wurde, seinen Ausweis zu zeigen, diesen hatte er aber nicht dabei. Auf seine Weigerung hin sei er von den Vopos zusammengeschlagen worden und habe sich nur mühsam losreißen und in den französischen Sektor flüchten können: »Dabei wurde er von einem Vopo verfolgt, der etwa vier Meter in den Westsektor lief.«[16] Nur das Auftauchen eines West-Berliner Polizisten habe Schlimmeres verhindert.

Gerüchte, dass »etwas« passieren werde, wurden – gewollt oder ungewollt – auch von offizieller Seite befeuert: »Kommunistische Funktionäre« behaupteten, »daß es von September an keine Möglichkeit zur Flucht mehr geben werde«, berichtete die *Morgenpost*.[17] »Vor Höhepunkt des Terrors?«, fragte das Blatt zwei Tage später: Die »sogenannte Volkskammer« wolle die Fluchtwege nach West-Berlin verriegeln.[18] Solche Berichte basierten augenscheinlich auf einer Meldung der DDR-Nachrichtenagentur ADN, der zufolge »Angehörige aller Schichten der Bevölkerung« forderten, die Volkskammer möge noch »wirksamere und schlagkräftigere Maßnahmen gegen die Bonner Menschenhändler und die Grenzgänger« beschließen.[19] Erwartungsgemäß »reagierte« die Volkskammer, und DDR-Ministerpräsident Willi Stoph kündigte für die kommenden Wochen verstärkte »Schutzmaßnahmen« an, ohne jedoch Details zu verraten.[20] Die *Morgenpost* vermutete, man werde Fahrten nach West-Berlin weiter einschränken oder gar völlig verhindern.[21] Tatsächlich nahmen die Kontrollen auf

**Grenzgänger zu bedienen ist unter unserer Würde**

**Sie werden erst dann wieder zuvorkommend bedient, wenn sie eine Arbeit in unserer Republik aufgenommen haben**

Anfang August 1961: Der DDR-Nachrichtenagentur ADN zufolge wurde dieses Plakat im Kreis Königs Wusterhausen ausgehängt.

den Zufahrtswegen nach West-Berlin noch einmal zu: Jugendlichen und jungen Erwachsenen etwa wurden ohne Angabe von Gründen Verwandtschaftsbesuche in West-Berlin verweigert - relativ unbehelligt reisten in diesen Tagen nur die Alten.[22] Dennoch gab es allein am 12. August mehr als 2500 Neuanmeldungen im Notaufnahmelager Marienfelde - ein trauriger Rekord.[23] Der Regierende Bürgermeister Willy Brandt befürchtete Schlimmstes: »Man will Maßnahmen vorbereiten, die so sind, daß man sie nicht einmal offen anzukündigen wagt.«[24]

## Sonntag, 13. August 1961

Entgegen den unheilvollen Vorahnungen und den allerorten geäußerten Befürchtungen: Letztlich gehen in diesen Tagen die meisten davon aus, dass es noch schärfere Kontrollen geben werde, dass die Maßnahmen des SED-Regimes sich aber im bislang bekannten Rahmen bewegen würden. Selbst aufmerksame

Mauerbau in der Kreuzberger Sebastianstraße, August 1961

Zeitgenossen wie Willy Brandt rechneten nicht mit dem, was tatsächlich geschieht. Die komplette Abriegelung einer Großstadt liegt bis zum 13. August nicht nur für den Regierenden Bürgermeister außerhalb des Vorstellbaren. Auch rückblickend meint er, es sei unverständlich, dass in einer Stadt wie Berlin, wo die Agentendichte so hoch wie nirgends sonst gewesen sei, keinem die Vorbereitungen zur Abriegelung aufgefallen seien:[25] Von einem Moment auf den anderen, ab Mitternacht am 13. August 1961, gibt es keinen Weg mehr von Ost nach West, der nicht lebensgefährlich ist, fahren die S-Bahnen nicht mehr über die innerstädtische Grenze. Die Bilder aus den ersten Tagen nach dem Beginn des Mauerbaus am 13. August verraten viel vom unmittelbaren Schock derer, die ihn miterlebt haben; vielfach sprechen aus ihnen Fassungslosigkeit, Unglaube und Wut. Viele Bilder zeigen die Menschen auf der westlichen Seite der in diesen Stunden aufgebauten Sperranlagen. Von dem Moment an, in dem sie am sonntäglichen Frühstückstisch von den Arbeiten an den

Sektorengrenzen erfahren haben, machen sich »Tausende und Zehntausende« in West- und in Ost-Berlin auf den Weg, um das Unfassbare mit eigenen Augen zu sehen. Am Brandenburger Tor und am Potsdamer Platz stehen sie sich gegenüber, »nur getrennt durch Stacheldrahtverhaue, Spanische Reiter, Barrikaden und jene immerhin deutschsprechenden Uniformierten, die mit umgehängter Maschinenpistole und aufgepflanztem Bajonett davor bangten, von den maßlos erregten Menschenmengen zu beiden Seiten überrannt zu werden«.[26] Immer wieder finden Einzelne den Mut, in einem unbewachten Augenblick durch oder über den Stacheldraht oder schwimmend in den Westen zu flüchten.[27]

Viele West-Berliner sehen sich ein weiteres Mal in der Rolle des Vorpostens der »freien Welt« und hoffen auf Unterstützung aus dem Bundesgebiet und von den »Schutzmächten«. In diesen Wochen sehen sie sich in einer Rolle, die die *Morgenpost* auf den Punkt bringt: Man wolle 16 Millionen Menschen im »Konzentrationslager ›DDR‹« endgültig das Recht auf Selbstbestimmung nehmen, aber die »Bewohner West-Berlins werden nicht aufhören, dieses Recht zu fordern. Sie werden es immer wieder tun. Stellvertretend für jene sechzehn Millionen, die nun nicht einmal mehr mit den Füßen wählen können.«[28] Wann immer in den kommenden Jahren das Thema West-Berlin heißt, geht es – zumindest in dieser Lesart – um ganz Deutschland, und darauf verweisen Politiker und andere West-Berliner mehr als einmal. Dass der Wahlkampf für den Bundestag uneingeschränkt fortgesetzt wird, ist für sie ein Schlag ins Gesicht.[29] Umgekehrt kommt damit eine Selbstgewissheit über die eigene Lage zum Ausdruck, die angesichts der geografischen Lage West-Berlins alles andere als selbstverständlich scheint. Die Mehrheit der West-Berliner vertraut auf ihre Schutzmächte, allen voran die USA. Selbst die Tatsache, dass die unmittelbaren Reaktionen auf den Mauerbau verhalten waren, untergräbt dieses Gefühl nicht.[30]

Die meisten Menschen sind zunächst auf privater Ebene getroffen, viele haben familiäre und berufliche Verbindungen nach Ost-Berlin. Ab dem 15. August müssen sie ihre Personalausweise bei der »Einreise« nach Ost-Berlin abgeben und erhalten diese erst bei der »Ausreise« am selben Kontrollpunkt zurück.[31] Davon abgesehen können die meisten noch einige Tage lang ungehindert passieren. Am 23. August schließt sich auch für sie die Grenze, ausgenommen sind nur jene, die weiterhin in Ost-Berlin arbeiten.[32] Briefe, Postkarten und Päckchen sind vorerst die einzige Möglichkeit, den Kontakt zu Verwandten und Freunden aufrechtzuerhalten, denn auch die Telefonleitungen zwischen Ost- und West-Berlin wurden gekappt. Den meisten bleibt vorerst nur das hilflose Winken über die Mauer.

Wirtschaftlich schwierig wird die Lage für Kioske, Kaufhäuser und Kinos, deren Geschäftsmodell darin bestand, der Ost-Berliner Kundschaft zu bieten, was es in Pankow oder Mitte nicht gab: von Westzigaretten bis zu preiswerter, modischer Kleidung, von Schokolade und Süßigkeiten bis zum *Spiegel,* vom Western bis zu amerikanischen Jeans. Schon am Montag nach dem Mauerbau bleiben diese Läden leer, ein *Morgenpost*-Reporter berichtet von verzweifelten Geschäftsleuten, deren Tageseinnahmen gegen null gehen.[33] Die Bezirkspolitiker sind sich einig, dass die öffentlichen Kassen den Bedrängten helfen müssen.

Besondere Aufmerksamkeit genießt in diesen Tagen die S-Bahn. Sie ist bis 1984 in ganz Berlin im Besitz der ostdeutschen Reichsbahn und bleibt als grenzüberschreitendes Verkehrsmittel auch nach dem Mauerbau erhalten. Allerdings gibt es nur eine Schnittstelle in Ost-Berlin: den Bahnhof Friedrichstraße. Das einst wichtigste Verkehrsmittel der Hauptstadt gerät ins (politisch gewollte und faktische) Abseits: In den Tagen nach dem 13. August verkehren die Züge in West-Berlin nur unregelmäßig. Zudem wird S-Bahn-Fahren zum politischen Statement. Prominentester Initiator des S-Bahn-Boykotts ist Willy Brandt. Am 16. August 1961 erklärt er vor dem Schöneberger Rathaus: »Es ist unzumutbar, daß die Westgeldeinnahmen für den Einkauf des Stacheldrahtes verwendet werden.«[34] Der Deutsche Gewerkschaftsbund (DGB) schließt sich dem Boykottaufruf ebenso an wie der *Tagesspiegel:* Man werde so zwar nicht die Rücknahme der Maßnahmen erreichen, wohl aber könne man »unsere Solidarität mit der unter Zwang und Terror lebenden mitteldeutschen

Gewerkschafter fordern zum S-Bahn-Boykott auf, Hardenbergplatz, 17. August 1961.

Bevölkerung manifestieren (...)«.[35] Auf den Vorplätzen der Bahnhöfe stehen Demonstranten mit Plakaten und versuchen diejenigen, die zu den Zügen wollen, zurückzuhalten. »Keinen Pfennig mehr für Ulbricht!«, lautet eine Parole.[36] Argumente *für* die S-Bahn-Nutzung gibt es in den Augen der Demonstranten nicht, »Verrätern« und »Kommunistenschweinen« rät man, doch gleich drüben zu bleiben.[37]

Einige West-Berliner meiden die S-Bahn wohl auch, weil ihnen bei dem Gedanken mulmig ist, sich quasi auf fremdem Terrain zu befinden – auch die U-Bahn-Linien, die Ost-Berlin unterqueren, sind unbeliebt.[38] Die Zahl der S-Bahn-Fahrgäste in West-Berlin bricht ein, statt 600000 sind es jetzt nur noch 100000 täglich.[39] Aus der S- wird eine »Geisterbahn«. Die U-Bahnen haben Probleme, den sprunghaften Anstieg an Nutzern zu verkraften. Eigens aus dem Bundesgebiet georderte Busse schaffen Abhilfe. Einige, die weiter S-Bahn fahren, tun dies nur, um ihrer Wut freien Lauf zu lassen, und randalieren in den Wagen. In den ersten Wochen und Monaten nach dem Mauerbau toben sich in den Zügen West-Berliner Jugendliche aus und zertrümmern, was immer sich zertrümmern lässt. Eisenbahner (zumal wenn sie uniformiert sind) und Fahrgäste werden attackiert, und an verschiedenen Stellen werden sogar Sprengsätze gezündet. Erschreckt über so viel Gewalt, appellieren Brandt und der DGB am 24. August an die Berliner, auf solche Ausschreitungen zu verzichten.

Unter den Augen der Polizei machen andere ihrer Erbitterung Luft. In der ansonsten beschaulichen Friedenauer Niedstraße demolieren aufgebrachte West-Berliner die Einrichtung der Schöneberger SED-Kreisleitung. Im Wedding bestreiken Arbeiter die Druckerei, in der die SED-Zeitung *Wahrheit* hergestellt wird. Aus Ost-Berlin anreisende Streikbrecher werden von der Polizei abgewiesen.[40] Sympathisanten des Mauerbaus – und als solche gelten auch die SED-Mitglieder in West-Berlin – müssen überdies mit ihrer Kündigung rechnen: Bei den Siemens-Werken gehen protestierende Arbeiter erst wieder an ihre Arbeitsplätze, nachdem bekannte SED-Anhänger gefeuert worden sind.[41] Solche Entlassungen sind insofern bemerkenswert, als in der Industrie wegen des Mauerbaus bereits 60000 Ost-West-Pendler als Arbeitskräfte fehlen. Besonders für kleinere Unternehmen und für das Baugewerbe sind die Grenzgänger schwer zu ersetzen.[42]

Von den über 50000 Menschen, die in West-Berlin leben und bislang in Ost-Berlin arbeiteten, sind allein 7000 Reichsbahner. Von diesen wechseln 2000 in den 13 Monaten bis Ende September 1962 in West-Berliner Industrieunternehmen – viele aus Protest gegen den Mauerbau und wegen der Anfeindungen gegen Reichsbahner, aber auch wegen der schlechten Bezahlung.[43] Im Krankheitsfall sind sie auf die Betriebspoliklinik am U-Bahnhof Gleisdreieck angewiesen, die in der Reichsbahndirektion untergebracht ist. Solche exterritorialen DDR-Immobilien gelten »normalen« West-Berlinern als potenzieller Gefahrenherd. Einschleusungen von Agenten scheinen hier ein Leichtes, zumal die über ganz West-Berlin verstreuten Grundstücke – insgesamt umfassen sie eine Fläche von der Größe des Bezirks Kreuzberg – kaum zu kontrollieren sind. Eine einseitige »feindliche« Übernahme dieser Gebäude und Anlagen kommt dennoch nicht infrage, denn die DDR droht für diesen Fall damit, den Bahnverkehr zwischen West-Berlin und dem Bundesgebiet einzustellen – und das möchte kein politisch Verantwortlicher in West-Berlin riskieren. Stattdessen setzt man bis in die 1980er-Jahre alles daran, die S-Bahn überflüssig zu machen, zunächst durch Busse, später durch parallel zu den S-Bahn-Trassen ausgebaute U-Bahn-Linien. Die S-Bahnen und ihre Gleisanlagen hingegen verfallen. Und je mehr die Stadt modernisiert wird, desto schäbiger erscheinen die Züge.[44] Noch in den 1980er-Jahren sind Waggons aus der 1930ern im Einsatz. Einige West-Berlin-Besucher entwickeln spontan nostalgische Gefühle: Ungewollt wird die S-Bahn zu einem Medium, das den aus der Zeit gefallenen Eindruck, den West-Berlin an vielen Ecken macht, unterstreicht.[45] Nicht wenige Berliner stimmt der Verfall melancholisch, wie etwa die Autorin Ingeborg Drewitz: »Und die S-Bahn heute, die stillgelegten Strecken, der gestörte Service. Alles nachweisbar, warum. Und doch so beklemmend. Ideologie statt Politik. Das hat die Stadt Berlin nicht verdient. Aber sie lebt damit. (...) Das gehörte doch zu Berlin, das war jeder Morgen, jeder Abend: der zugige Bahnsteig, die verglaste Treppe, die Schalter (...).«[46]

Die von der antikommunistischen Stimmung der West-Berliner getriebenen Mutmaßungen über den Missbrauch der S-Bahn erhalten neue Nahrung, als Ost-Berlin für kurze Zeit die S-Bahnhöfe auch als Zugangstor zum Ostteil der Stadt nutzt. Ab dem 23. August 1961 sollen auch West-Berliner nicht mehr uneingeschränkt die Grenzübergänge passieren dürfen. Nur wer zuvor im Bahnhof Zoo oder am Westkreuz einen Passierschein für den Aufenthalt in der Hauptstadt der DDR erworben hat, darf nach Ost-Berlin. »Eintritt zum KZ – eine Westmark«, machen vor den Ausgabestellen aufgehängte Plakate Stimmung gegen einen Ost-Berlin-Besuch.[47] Schon am 26. August schreitet der Senat ein und verbietet diese exterritorialen Ausgabestellen, die in seinen Augen einer Anerkennung der Mauer und auch der DDR als zweitem deutschen Staat gleichkommen.

Aber nicht nur wer mit »Ulbrichts« S-Bahn fährt, muss sich von teils fanatischen Antikommunisten Verrat vorwerfen lassen. Angegriffen werden all jene, die im Verdacht stehen, nicht ohne Wenn und Aber zum Westen zu stehen – Kritik gilt als »Nestbeschmutzung«. Anneliese Groscurth ist eine von denen, die gleichsam zwischen die Fronten geraten. Die Ärztin und Witwe des im Widerstand gegen das NS-Regime aktiven Arztes Georg Groscurth arbeitet in Ost-Berlin und hat zusätzlich eine Praxis in der Nähe ihrer Wohnung in Charlottenburg. Ihre linksliberale Haltung ist für die West-Berliner Behörden ebenso anstößig wie

Anneliese Groscurth engagierte sich schon in den 1950er-Jahren für die Friedensbewegung. Das Plakat von 1954 gehört zu einer Kampagne gegen die Wiederbewaffnung.

ihre Kritik an der bundesdeutschen Justiz, die ihr eine Opfer- beziehungsweise Hinterbliebenenrente verweigert. Dass es sich dabei mitunter um dieselben Juristen handelt, die bereits den Nazis treue Dienste leisteten, ist für die Ärztin, die sich einer Boykottpropaganda ausgesetzt sieht, unfassbar und unerträglich. In der aufgeheizten Atmosphäre der Mauerstadt bleiben Menschen, die sich um ein abgewogenes Urteil bemühen und nicht bereit sind, den Osten in Bausch und Bogen zu verdammen, fast zwangsläufig auf der Strecke.[48]

Auch einen Kapitalisten kann der antikommunistische Furor treffen. Im Herbst 1963 wird in Rudow ein neuer Grenzübergang nach Ost-Berlin eröffnet, der den Transit zum Flughafen Schönefeld erleichtern und beschleunigen soll. Schönefeld könnte damit zum wichtigsten Drehkreuz für Flüge in Richtung Osten (und Naher Osten) auch für die West-Berliner werden - und die ostdeutsche Fluggesellschaft Interflug dringend benötigte Devisen verdienen. Die West-Berliner Presse läutet Sturm - und nun sind es nicht die Volkspolizisten, sondern die West-Berliner Polizei, die die schnelle Abfertigung am Grenzübergang in Rudow blockiert. Zusätzlich beschimpfen Demonstranten die Fluggäste. Otto Haffner, der Inhaber des Helios-Reisebüros und Anbieter günstiger Flugreisen ab Schönefeld, erhält gar Morddrohungen.[49] In den ersten sechs Wochen nach Eröffnung des neuen Grenzübergangs kommt der Verkehr nur stockend voran. Erst als die Proteste abnehmen, nutzen immer mehr Reisende den neuen Weg.[50] In späteren Jahren ist für viele West-Berliner der Abflug ab Schönefeld normal.

## Wege von West nach Ost

Einige West-Berliner haben sich in den Monaten nach dem Mauerbau eine Art Briefkastenadresse im Bundesgebiet als Zweitwohnsitz zugelegt und umgehen so die Einreisesperre in die »Hauptstadt der DDR«, die für West-Berliner grundsätzlich bis 1972 gilt. Erst mehr als zwei Jahre nach dem Mauerbau -

von kurz vor Weihnachten 1963 bis kurz nach Neujahr – werden West-Berliner erstmals wieder »legal« Verwandte in Ost-Berlin besuchen dürfen. Die Weichen für die West-Ost-Besuche werden in zähen Verhandlungen gestellt, diese drohen immer wieder zu scheitern – bis Anfang Dezember 1963, so stellt es der damalige Regierende Bürgermeister Willy Brandt rückblickend dar, ein Angebot von SED-Politbüromitglied Alexander Abusch eintrudelt. In West-Berlin finden daraufhin nicht weniger als 165 Beratungs- und Abstimmungstermine statt, bevor sich der Senat bei Abusch zurückmeldet.[51] In Gesprächen mit Ost-Berlin gelingt es Brandt und seinen Leuten, den Kreis derer, die Passierscheine beantragen können, zu erweitern. Ost-Berlin lässt sich die »Besuchserlaubnis« teuer bezahlen mit einem ersten Millionenkredit, dem weitere folgen werden. Die Mauer wird damit, ganz im Sinne Brandts, ein wenig durchlässiger, zumindest für die Bewohner des Westteils.

Viele von ihnen verfolgen die Verhandlungen mit gemischten Gefühlen. Zwar seien sie bereit, *fast* jeden Preis zu zahlen, um ihre Angehörigen im Ostteil der Stadt wiederzusehen, aber nicht jeden. Misstrauen gegenüber »Pankow« sei stets angeraten, denn aus bloßem Humanismus handele dort niemand. Vielmehr versuche Walter Ulbricht, einen Keil zwischen Bundesregierung und Berliner Senat zu treiben. Hinzu kommt, dass die Menschen Angst haben, wieder einmal enttäuscht zu werden, und deshalb ihre Erwartungen von vornherein nach unten schrauben.[52] Versuche, Passierscheinregelungen mit Statusveränderungen zu koppeln, werden als Erpressung gewertet.[53] Mitte Dezember 1963 aber liegen bei vielen West-Berlinern die Nerven blank – das Hin und Her über das Ob und Wie eines möglichen Besuchs in Ost-Berlin werden als Zumutung empfunden. Dennoch verbreitet sich vage Hoffnung, als am 16. Dezember in insgesamt zwölf West-Berliner Schulen die Vorbereitungen für die Ausgabe von Passierscheinen getroffen werden: Noch immer ist nicht klar, ob es dazu wirklich kommen wird.[54] Als dann am 17. endlich das Okay kommt, beeilen sich die drei westlichen Stadtkommandanten zu erklären, dass die Vereinbarung lediglich humanitären

Erwägungen zu verdanken sei und statusrechtliche Fragen nicht tangiert würden, während die Verantwortlichen in der DDR die Vermutung zurückweisen, die Mauer habe »Löcher« bekommen.[55] Die West-Berliner freuen sich mehrheitlich, dass es für zwei Wochen möglich ist, die Mauer in Richtung Osten zu überqueren, um Verwandte zu besuchen.[56] In der Presse wird erklärt, wie das Prozedere genau abläuft und wo die Scheine ausgegeben werden.

Vor allem um die personelle Besetzung der Ausgabestellen ringen Senat und SED-Führung lange. Letztlich nehmen Ost-Berliner »Postbeamte« - als Postler verkleidete Stasi-Mitarbeiter in nagelneuen Uniformen - die Formulare in den West-Berliner Büros entgegen und leiten sie nach Ost-Berlin zur Überprüfung weiter. Im Regelfall einen Tag später können die Scheine - nach wiederum stundenlangem Warten - abgeholt werden. An dieser Aufgabenverteilung wird sich bei den noch folgenden drei Passierscheinabkommen bis 1966 nichts ändern.

Auch darüber, dass die Passierscheine für das »Betreten der Hauptstadt der DDR« ausgestellt werden, gibt es Auseinandersetzungen, die der »Regierende« indes cool-arrogant beiseiteschiebt: »Sollen die sich doch so nennen. Es heißt ja auch: Segeberg, die Stadt der Karl-May-Festspiele. Kein richtiger Staat setzt hinter den Namen der Hauptstadt noch mal die Betonung, daß es die Hauptstadt ist.«[57]

Schon einen Tag nachdem die Einigung erzielt worden ist, am 18. Dezember 1963, werden die ersten Passierscheine ausgegeben. Einige Menschen harren ab drei Uhr früh aus, um einen Antrag zu stellen, obwohl die Schalter erst mittags öffnen.[58] Mehr als 5000 von ihnen müssen unverrichteter Dinge nach Hause gehen, und auch an den Folgetagen sind die Ausgabestellen hoffnungslos überlastet. Zusätzliche Wartezeiten entstehen dadurch, dass einige Antragsteller keinen Kugelschreiber dabeihaben und mit Bleistift ausgefüllte Formulare abgelehnt werden. An den provisorischen Schaltern herrscht, mit anderen Worten, ziemliches Chaos, und die zur Verstärkung eingesetzten Mitarbeiter reichen bei weitem nicht. Hinzu kommen dramatische Szenen, etwa als Hunderte der Wartenden erfahren, dass ihre Papiere angeblich

Die letzten Kontrollen am Grenzübergang Friedrichstraße: Besonders für alte Menschen waren die Etappen eines Ost-Berlin-Besuchs strapaziös, Ende 1963.

wegen formaler Fehler nicht bearbeitet wurden.[59] Für die vielfach älteren Menschen ist dies teilweise kaum zu verkraften. Mehr als 1000 Mal müssen Sanitäter zu Hilfe eilen, weil jemand kollabiert. Für eine alte Frau aus Wilmersdorf kommt gar jede Hilfe zu spät, sie stirbt in der Passierscheinstelle. Dennoch bleibt es, gemessen am psychischen und physischen Stress, den die Prozedur für viele bedeutet, erstaunlich ruhig.[60] An den langen Wartezeiten und den unhaltbaren Zuständen in den provisorischen »Büros« ändert sich – trotz des offenkundigen Engagements der östlichen Seite, die fast täglich mehr »Postler« schickt – nichts, denn es kommen immer mehr West-Berliner, die ihr anfängliches Misstrauen beiseitegeschoben haben und die Gelegenheit nutzen wollen. Der *Tagesspiegel* berichtet von einer »oft fast verzweifelten Situation« und von zunehmend unerfreulichen Szenen, die sich zwischen den Wartenden abspielen. Selbst die Versorgung mit heißem Tee durch die Polizei ist nicht mehr als der sprichwörtliche Tropfen auf den heißen Stein.[61] Nicht wenige haben Angst, keinen Passierschein mehr zu erhalten. Die Versicherung des Senats, dass alle nach Ost-Berlin könnten, die dies wollten, wirken angesichts der geschilderten Zustände wenig überzeugend.[62] Erst in den letzten Tagen des Jahres entspannt sich die Lage in den Ausgabestellen. Anscheinend haben viele die ersehnten Passierscheine zu diesem Zeitpunkt bereits erhalten.[63]

In den frühen Morgenstunden des 20. Dezember 1963, einem Freitag, dürfen die ersten Besucher nach Ost-Berlin. Noch vor der vereinbarten Zeit – sieben Uhr – öffnet sich die Grenze. Zunächst sind es nur wenige Hundert, und so verläuft die Abfertigung schnell und freundlich. Allerdings rechnen die Verantwortlichen damit, dass sich das in den kommenden Tagen, an denen ein weit stärkerer Andrang zu erwarten sei, ändert.[64] Aber der große Stress an der Grenze bleibt aus: Täglich öffnen sich die Grenzen lange vor der festgelegten Zeit, und die West-Berliner werden von den Uniformierten wie lange vermisste Gäste begrüßt. Anscheinend bemüht sich die Ost-Berliner Seite erfolgreich, dramatische Szenen und endlose Wartezeiten an der Mauer zu verhindern. Die West-Berliner Presse (und wohl auch die Besucher) wundern sich ein ums andere Mal über die Freundlichkeit des an der Grenze eingesetzten Personals. Probleme gibt es erst am 29. Dezember, als sich viele West-Berliner im Auto auf den Weg machen und sowohl bei der Ein- als auch bei der Ausreise Staus verursachen.[65]

Die Besucher treffen meist vollbepackt mit Geschenken aller Art im Osten ein, wo sie schon erwartet werden. Hunderttausende von West-Berlinern gehen mehrmals »rüber« – die Sehnsucht nach den Verwandten im anderen Teil der Stadt ist groß. Auf den

Karikatur von »Oskar« in der *Berliner Morgenpost* vom 5. Januar 1964: Nur kurz habe Walter Ulbricht sich als Friedensengel getarnt, nun zeige er wieder sein wahres Gesicht.

Straßen nahe den Grenzübergängen herrscht ein Riesengedrängel – ganz Ost-Berlin scheint auf den Beinen zu sein. Bis in die frühen Morgenstunden des 6. Januar 1964 kommen Hunderttausende zusammen. Glaubt man der *Morgenpost,* lassen sich nicht einmal überzeugte SED-Funktionäre das Treiben entgehen. Noch lange nach Mitternacht werden West-Berliner an den Grenzübergängen abgefertigt. Der Abschied fällt schwer, weil keiner weiß, ob und wann ein erneuter Besuch möglich sein wird.[66]

In den Leserbriefen dieser Zeit kommt eine ungeheure Dankbarkeit vieler Bürger ihrem Bürgermeister Willy Brandt gegenüber zum Ausdruck. Der Besuch im Osten bedeute keinesfalls eine Anerkennung des SED-Regimes, schreiben sie, auch in Gefängnissen gebe es schließlich Besuchsregelungen.[67] Die Gegner der Brandt'schen »Politik der Annäherung« sehen darin indes »kleine Schritte auf der schiefen Ebene« – so der Titel einer Broschüre, die der CDU-Politiker Heinrich Lummer 1966 veröffentlicht.[68] Der Senat habe sich erpressen lassen und blende die Verbrechen der SED – bewusst oder unbewusst – aus, dazu passe es, dass Pressesprecher Egon Bahr nur noch von der »anderen Seite« spreche.[69] Dass auch in diesen Tagen die Mauer kein bisschen durchlässiger geworden ist, zeigt der Tod des 18-jährigen Paul Schultz, den Grenzer Weihnachten 1963 bei einem Fluchtversuch erschießen. Das Entsetzen über diese Tat ist auch deshalb groß, weil man im Westen langsam wieder bereit war, auf »der anderen Seite« Menschliches zu sehen.

Willy Brandt äußert sich auch rückblickend verärgert über jene »juristisch getarnte(n) Kleinkariertheiten und ideologisch übertünchte(n) Eifersüchteleien, die uns von Bonn aus die Arbeit erschwerten«.[70] Ihm sei es stets darum gegangen, das Beste für die Menschen in West-Berlin und Deutschland zu erreichen – dazu sei Politik da. Wenn sie das nicht könne, sei sie in seinen Augen schlicht überflüssig.

Bis 1966 finden noch mehrfach erfolgreich Verhandlungen für weitere Passierscheinabkommen statt. Doch in diesem Jahr können sich Ost und West auch in zähen Verhandlungen nicht einigen. Zunächst stehen Kleinigkeiten im Weg, dann verlangt die Ost-Berliner Führung, ausschließlich mit dem West-Berliner Senat zu verhandeln, was der faktischen Anerkennung West-Berlins als »selbständiger politischer Einheit« gleichkäme und für die Bundesrepublik unannehmbar ist. Erst das Viermächteabkommen zwischen der Sowjetunion, den USA, Großbritannien und Frankreich im September 1971 und das Transitabkommen zwischen den beiden deutschen Staaten 1972 schaffen eine verbindliche Basis für Ost-Berlin-Besuche von West-Berliner Bürgern. Es ist zugleich die Geburtsstunde der Besucherbüros.

## Der »Regierende«

Der entscheidende Protagonist für die Politik der Annäherung ist Willy Brandt. Er kam 1947 als Major der norwegischen Armee nach Berlin und wurde schnell der »junge Mann« neben Ernst Reuter. Seit dem 3. Oktober 1957 hielt er als Regierungschef im Schöneberger Rathaus die Fäden in der Hand. Seinen politischen Durchbruch erreichte er im Herbst 1956, als er die gegen die Niederschlagung des ungarischen Aufstands Protestierenden davon abhielt, durch das noch offene Brandenburger Tor nach Ost-Berlin zu ziehen – dort stand die Volkspolizei bereit, um die Demonstranten zu verhaften.

Die Nachricht vom Mauerbau erreicht Brandt, den seine Parteifreunde im Sommer 1961 als Kanzlerkandidaten nominiert haben, im Schlafwagen von Nürnberg nach Kiel. Brandt verlässt den Zug morgens um fünf in Hannover und fliegt von dort nach Berlin-Tempelhof. Nachdem er sich am Potsdamer Platz selbst von den Geschehnissen überzeugt hat, kommt der Senat zu einer Sondersitzung zusammen. Dann macht sich der Regierende Bürgermeister auf den Weg zum Alliierten Kontrollrat – wo ebenfalls Ratlosigkeit herrscht: Ohne Anweisung aus ihren jeweiligen Hauptstädten dürfen die Abgesandten nicht einmal Protest einlegen. Und an einem Sonntag ist es kaum möglich, eine offizielle Stellungnahme zu erhalten.

Brandt erinnert sich 1976 an seinen verzweifelten Appell: »Protestieren Sie doch wenigstens, nicht nur in Moskau, sondern auch in den anderen Hauptstädten der Staaten des Warschauer Paktes. (...) Schickt mindestens sofort Patrouillen an die Sektorengrenze, um dem Gefühl der Unsicherheit zu begegnen und den West-Berlinern zu zeigen, daß sie nicht gefährdet sind.«[71] Leider, so meint Brandt, hätten die Schutzmächte nur zögernd und zu spät und auch zu milde im Ton protestiert. Noch im Rückblick 1988 äußert sich Brandt enttäuscht von den ersten Reaktionen der Alliierten auf den Mauerbau: »Es war, als würde ein Vorhang weggezogen, und die Bühne war leer.«[72]

»Schrecklich schlecht vorbereitet« seien die Verantwortlichen in West-Berlin gewesen. Zunächst »haben wir nicht viel Besseres gewußt, als zu rufen, die Mauer müsse weg«. Gravierend sei neben der Tatsache der betonierten Teilung der »ernste Vertrauensbruch« gegenüber den Westmächten gewesen, »denn was für die Berliner ein Tag des Entsetzens und der tiefen Erschütterung war, wurde für die Regierung der Schutzmächte zu einem Datum der Erleichterung. Ich sage es so hart, wie es der wirklichen Lage entspricht. Ihre Rechte, auf *West*-Berlin bezogen, waren nicht berührt und die gefürchtete Kriegsgefahr abgewendet worden. Im offiziellen Bonn herrschte plötzlich auch Funkstille, die Worte flossen nur noch spärlich.«[73] Erst langsam dämmert den (West-) Berlinern und auch Brandt, dass sich die Garantien der Verbündeten nicht auf ganz Berlin beziehen. Der Regierende erhält diese Nachricht direkt aus dem Weißen Haus, und ihm bleibt – wie den meisten West-Berlinern – nichts anderes übrig, als dies wohl oder übel zu akzeptieren. Brandt richtet den Blick auf das, was machbar und erforderlich ist.

Die Anforderungen an den Regierenden Bürgermeister sind in diesen Wochen widersprüchlich: Er muss der Empörung der West-Berliner Ausdruck verleihen, will er deren Rückhalt nicht verlieren. Man habe geglaubt, dass die Abriegelung West-Berlins nicht geduldet würde – und nun geschieht genau dies, ohne dass angemessene Reaktionen darauf folgen. Viele haben an der Einheit Berlins (und Deutschlands) festgehalten, und diese scheint nun für lange Zeit passé zu sein. Trotz des eigenen »ohnmächtigen Zorns« obliegt Brandt auch die Aufgabe, seine Mitbürger zu zügeln und sie von gewaltsamen Protesten abzuhalten.

Die ersten Maßnahmen sind, wie Brandt später selbstkritisch anmerkt, »impotent«: Der Senat ruft außer zum Boykott der S-Bahn zu dem der Leipziger Messe auf. Deutsch-deutsche Sportbegegnungen sollen abgesagt werden, und einige fordern sogar (erfolglos) den Handel mit der »Zone« ganz einzustellen.[74] Delegationen des Deutschen Bundestags besuchen West-Berlin, um sich selbst ein Bild zu machen. Bundeskanzler Konrad Adenauer zögert lange – für die West-Berliner deutlich zu lange – mit diesem Schritt. Willy Brandt zeigt den Besuchern häufig persönlich die Sperranlagen. Positiv erwähnt er, dass während eines solchen Besuchs an der Mauer einem jungen Mann die Flucht gelungen sei – in Richtung der Parlamentarier würden die Grenzer nicht schießen, habe dieser ganz richtig vermutet.[75]

Willy Brandt wird in diesen Jahren von West-Berlin aus zur dominierenden Figur in seiner Partei, selbst wenn er auf Bundesebene noch zweimal als Kanzlerkandidat unterliegt. Ausgehend von klaren Prinzipien, aber auch mit dem klaren Willen, Erleichterungen für die Menschen östlich *und* westlich der Mauer zu erreichen, setzt er auf Annäherung statt auf Konfrontation und prägt damit den Kurs der SPD. Die SED-Spitze um ihren Ersten Sekretär Walter Ulbricht erkennt, dass diese Politik wesentlich gefährlicher für sie ist als das halsstarrige und politisch überholte Festhalten der Konservativen an der Hallstein-Doktrin. Der Regierende Bürgermeister wird in diesen Jahren intensiv sowohl von der Stasi als auch vom bundesrepublikanischen Bundesnachrichtendienst (BND) bespitzelt. Hardlinern in beiden Lagern ist seine Politik suspekt.[76] Daran ändert sich wenig, als Brandt am 1. Dezember 1966 als Außenminister und Vizekanzler der ersten Großen Koalition nach Bonn wechselt.

In der Zeit direkt nach dem Mauerbau müssen zunächst symbolische Gesten wie der Besuch des amerikanischen Vizepräsidenten Lyndon B. Johnson (der damit auf den verzweifelten Hilferuf Willy Brandts an John F. Kennedy reagiert) helfen, das angeschlagene Selbstbewusstsein der West-Berliner aufzurichten. Brandt berichtet rückblickend, dass er nach dem Moment des Entsetzens begonnen habe, zu überlegen, wie die städtischen Aufgaben nach dem 13. August 1961 wahrgenommen werden können: Welche wirtschaftsstützenden Maßnahmen müssen ergriffen werden, wie kann mit der Sanierung der städtischen Bauten fortgefahren und mehr Wohnraum geschaffen werden? Mauer hin oder her – auch Berlin soll schließlich endlich (sichtbar) vom wirtschaftlichen Aufschwung profitieren. Und die Vorzeigbarkeit der Stadt ist nicht weniger wichtig geworden, sondern nun mehr denn je Ausdruck des Selbstbehauptungswillens auch unter schwierigen Bedingungen. Gilt es doch, den (angeblichen)

Willy Brandt (Mitte) begrüßt Konrad Adenauer im Notaufnahmelager Marienfelde. Erst am 22. August 1961 besuchte der Bundeskanzler die Mauerstadt.

Ausspruch des sowjetischen Regierungschefs Nikita Chruschtschow zu widerlegen, demzufolge sich das »Problem« West-Berlin von selbst, nämlich durch den Wegzug seiner Bevölkerung, lösen werde. Überlegungen, gleich die ganze Halbstadt samt ihren Bewohnern in die Lüneburger Heide umzusiedeln, mögen als Gedankenspiel attraktiv gewesen sein, Aussichten auf Umsetzung hatten sie wohl nie.[77] Dennoch können viele Menschen nicht mit dem Bewusstsein leben, dass sie durch eine Mauer von ihnen nahestehenden Menschen getrennt sind, dass diese nicht weit entfernt, aber dennoch kaum erreichbar leben. Hinzu kam das Gefühl einer individuellen Gefährdung. Tausende Menschen verlassen in den kommenden Jahrzehnten West-Berlin in Richtung Westdeutschland. Und wer immer es sich leisten kann, verlässt insbesondere den Wedding und Kreuzberg – hier schrumpft die Wohnbevölkerung bis 1989 auf unter 80 Prozent des Standes von

1961, während Spandau und Tempelhof sich erheblich vergrößern.[78] Insgesamt macht sich die Abwanderung aus der Halbstadt vor allem ab 1970 bemerkbar.

## Illegal von Ost nach West

Die Passivität der Mehrheit ist Anfang der 1960er-Jahre unfassbar für jene, die es gerade noch geschafft haben, in den Westen zu kommen, die relativ ungehindert von Ost nach West gegangen sind oder über die noch provisorischen Sperranlagen geflüchtet sind. Anderen ist es ein Bedürfnis, der Ungeheuerlichkeit des Mauerbaus ihre eigene Intelligenz, Kraft und Mut entgegenzusetzen. Sie tun dies häufig, weil sie persönlich durch die Teilung betroffen sind, beispielsweise weil sie nahe Angehörige im Ostteil der Stadt haben. Diesen Menschen den Weg nach Westen zu bahnen, ist das Ziel, dem sie häufig ihre gesamte Existenz in den kommenden Jahren unterordnen. Einer von ihnen ist der im Dezember 1961 geflüchtete Student Hasso Herschel. Unmittelbar nach seiner Ankunft in West-Berlin beginnt er, sich in der studentischen Fluchthilfe zu engagieren, und baut mit Freunden und Kommilitonen verschiedene Tunnel in den Osten. Insgesamt wird er etwa 1000 Menschen zur Flucht verhelfen.

Die meisten Tunnel werden von West nach Ost gegraben, und als besonders geeignete Gegend kristallisiert sich das Umfeld der Bernauer Straße heraus: Hier ist der Grenzstreifen relativ schmal, und Bodenbeschaffenheit und Grundwasserspiegel erlauben es, einerseits einen stabilen Gang zu graben (also unterhalb der in Berlin allenthalben anzutreffenden Sandschicht) und andererseits keinen Wassereinbruch zu erleiden – zumindest wenn nichts schiefgeht. An anderen Stellen, wie etwa an der Heidelberger Straße zwischen Neukölln und Treptow, scheitern Tunnelbauten meist am hohen Grundwasserspiegel – zumal als die Staatssicherheit nach einem erfolgreichen Tunnelbau im Grenzstreifen einen tiefen Graben aushebt und so den Handlungsspielraum der Fluchthelfer weiter verringert.[79]

Hasso Herschel wurde 1935 in Dresden geboren. Als 18-Jähriger musste er die Oberschule verlassen, weil er sich am 17. Juni 1953 den Demonstrierenden angeschlossen hatte. Er begann eine Lehre und holte auf der Abendschule das Abitur nach. Studieren durfte er in der DDR nicht, aber er erhielt die Erlaubnis, an der Freien Universität (FU) in Berlin-Dahlem ein Psychologiestudium zu beginnen. Seine häufigen Besuche in Dresden finanzierte er, indem er seine wenigen wertvolleren Besitztümer wie etwa einen Fotoapparat im Westen verkaufte. Genau dies wurde ihm zum Verhängnis: Während einer Reise in die DDR wurde er festgenommen und wegen angeblicher »Wirtschaftsvergehen« zu sechs Jahren Haft verurteilt. Nach seiner vorzeitigen Entlassung 1959 begann er ein Ingenieurstudium in Dresden, bevor er Ende 1961 mit einem gefälschten Pass nach West-Berlin flüchtete. »Danach habe ich sofort angefangen zu graben – für meine Bekannten und für meine Schwester.«[80]

Bevor seine Familie nicht im Westen ist, so sein Schwur, werde er sich nicht rasieren: Der immer üppigere schwarze Vollbart wird in den kommenden Monaten zu seinem Markenzei-

Hasso Herschel
Mitte der 1960er-Jahre

chen. Der Student gräbt nicht nur mit den anderen, er ist auch für die unverzichtbare Logistik zuständig, die ein solches Projekt erfordert: Studenten und Fluchtwillige müssen informiert und gegebenenfalls gewarnt werden. Die anderen Helfer müssen in mehreren Schichten rund um die Uhr arbeiten. Treffpunkte und Kennwörter müssen eingeübt werden, da Fehler das ganze Vorhaben gefährden würden. Neben dem Antikommunismus als Antriebskraft gehören eine gehörige Portion Abenteuerlust und Risikobereitschaft sowie körperliche Fitness dazu, denn die (meist) jungen Männer gefährden bei den Unternehmen nicht zuletzt das eigene Leben.

Herschel besorgt Holzständer zum Abstützen des Tunnels und kümmert sich um den anfallenden Aushub. Weiter brauchen die Tunnelbauer Experten, die einen Gang so berechnen können, dass er nicht einbricht und der Ausstieg an der richtigen Stelle liegt. Nicht zuletzt müssen sie schon im Laufe der 1960er-Jahre mit Lauschangriffen der Staatssicherheit rechnen, die gerade entlang der Bernauer Straße auf Geräusche im Boden achtet und (oft genug erfolgreich) versucht, ihre Spitzel in die Gruppen einzuschleusen.

Herschels spektakulärstes Projekt ist der Tunnel 29, der von der Bernauer in die Schönholzer Straße in Berlin-Mitte führt. (Der Zusatz 29 bezieht sich auf die Anzahl von Personen, die auf diesem Weg in den Westen gelangten.) Am 14. und 15. September 1962 wird der Ausgang im Keller eines Hauses geöffnet. Herschel selbst übernimmt diesen sehr gefährlichen Part. Kurz zuvor ist Siegfried Noffke, ein 22-jähriger Maurer, bei dieser Aktion erschossen worden, als er seine Verlobte auf ähnlichem Wege in den Westen holen wollte.[81] Zu den Menschen, überwiegend Angehörigen und Freunden der Tunnelbauer, die durch den halb unter Wasser stehenden Tunnel in Richtung Wedding kriechen, gehört Herschels Schwester. Möglichst unauffällig verlassen die Geflüchteten anschließend das Fabrikgebäude westlich der Mauer: Sie konnten sich nur notdürftig säubern, und die Grenzer überwachen auch das vorgelagerte Gebiet an der Bernauer Straße.

Das Projekt gehört zu den erfolgreichsten in der Geschichte der Fluchthilfe und löst dennoch heftige Kritik aus: Ohne Herschels Wissen hatten die Hauptorganisatoren, zwei italienische und ein deutscher Student, dem amerikanischen Fernsehsender NBC die Bildrechte an dem Fluchthilfeprojekt eingeräumt, um die während der Bauarbeiten entstehenden Kosten aufzufangen. Herschel kann für sich eine Beteiligung an den Einnahmen durchsetzen. Andere Studenten sind reine »Überzeugungstäter« und legen keinen Wert auf das NBC-Geld, stören sich aber auch nicht an den Aufnahmen.[82] Etwa 15 studentische Tunnelgräber distanzieren sich indes von dem Organisationsteam. Nicht nur birgt die mediale Verwertung Gefahren für die Helfer, deren Bilder um die Welt gehen, auch dass die Flüchtlinge ausgerechnet in dem Moment, in dem der Druck von ihnen abfällt, gefilmt werden, stößt auf Ablehnung. Es bleibt ein schlechter Beigeschmack, der dem positiven Image der idealistischen studentischen Fluchthelfer nachhaltig schadet, zumal die Medien zwar großes Interesse an den Fotos zeigen, aber fast im selben Atemzug die »Geschäftstüchtigkeit« der Studenten kritisieren, die sich angeblich auf Kosten der »subalternen Tunnelgräber« bereichert haben.[83] Sie rücken sie damit in die Nähe jener kriminellen Schlepper, die Menschen aus rein geschäftlichem Interesse in den Westen bringen. Dass die ungeheuer aufwendigen Tunnelbauten häufig ein Vollzeitjob sind, der wenig Zeit für einen regulären Gelderwerb lässt, interessiert die Kritiker nicht.

Hasso Herschel schrecken weder die ablehnende Haltung Dritter noch die objektiven Gefahren der Schleuserarbeit. Er hat schon im Sommer 1962 Tunnelprojekte scheitern sehen, aber er hat auch Erfahrungen mit erfolgreichen Vorhaben. Er nutzt das NBC-Honorar, um sofort mit dem nächsten Tunnelbau zu beginnen, dieses Mal unterstützt von seinem Schwager, der gerade erst durch den Tunnel 29 in den Westen gekommen ist. Alles scheint glattzugehen, und schon im Februar 1963 wagen die Tunnelbauer den Durchbruch, müssen aber feststellen, dass sie ihr Ziel um wenige Meter verfehlt haben. Das eigentliche Problem aber ist ein anderes: Der Tunnel ist an die Staatssicherheit verraten worden. Einige Kuriere werden verhaftet, andere nur vorübergehend festgehalten. Herschel selbst ist sich rückblickend sicher, dass er Anzeichen gesehen hat, diese aber nicht wahrhaben wollte: »Ich hab gedacht, ich probiere es trotzdem.« Der Weg zum zweiten, diesmal richtigen Ausstieg in den Keller wird gegraben, und Herschel bohrt zunächst ein kleines Loch, um zu schauen, ob er bereits von der Stasi erwartet wird. »Wenn ich mit den Augen unter das Loch ging, konnte ich im schrägen Winkel den Keller ab einem Meter Höhe übersehen. (...) Ich habe dann lange, lange noch unter diesem Loch gehangen und immer nur geguckt und ganz leise geatmet. Dann habe ich mal so was gehört, ein Knistern wie so ein Mantelrascheln, wie das Rascheln von Kleidern. Das war ja kalt in diesem Keller, es waren Minusgrade. Ich meine, da stand einer hinter dieser Mauer. Ich habe nur einen gesehen. Dann habe ich gesehen, wie einer ganz, ganz langsam vorkam und dann so rüberguckte zu meinem Loch. Dann zog er sich so ganz, ganz langsam zurück. (...) Da bin ich ganz, ganz langsam, ganz leise wieder sieben Meter zurückgeklettert und dann auch ganz leise noch mal zehn, zwanzig Meter. Erst dann bin ich wie eine Rakete zurückgedüst. Unterwegs saßen dann schon welche, und ich sagte nur: ›Ab, ab, ab, ab.‹«[84] Herschel entging der Stasi dieses Mal nur sehr knapp.

Hasso Herschel beteiligt sich auch an anderen Formen der Fluchthilfe, die teils kriminelle Praktiken wie Passfälschung und Schmuggel einschließen – letztlich geht es ihm darum, ein als menschenfeindlich angesehenes System mit allen möglichen Mitteln auszutricksen. Die Staatssicherheit ist den Fluchthelfern stets auf den Fersen. Die Wege in den Westen müssen auch vor den westlichen Diensten geheim gehalten werden, um die Routen nicht zu gefährden.

Aber nicht nur die Staatssicherheit bereitet den Fluchthelfern immer öfter Probleme: Im Laufe der 1960er-Jahre richtet sich auch die öffentliche Meinung gegen sie, kritisieren Medien und Einzelpersonen die waghalsigen Unternehmungen. Zuvor schon war der Senat wenig begeistert davon, dass sich die Fluchthelfer das Passierscheinabkommen zunutze machten, um Ost-Berliner mit gefälschten Papieren in den Westen zu bringen. Immer weniger scheint es gerechtfertigt, die Erleichterungen für die Mehrheit aufs Spiel zu setzen, um einigen wenigen in die Freiheit zu verhelfen.

Exemplarisch für die gewandelte Haltung zur Fluchthilfe stehen die Reaktionen auf zwei Todesfälle an der Grenze: Nachdem der Grenzsoldat Reinhold Huhn 1962 bei einem Schusswechsel ums Leben kam, meldet der *Tagesspiegel* umgehend, dass der junge Mann von seinen Kollegen getötet worden sei. Weder Fluchthelfer noch West-Berliner Polizei hätten Schüsse abgegeben.[85] Wesentlich zurückhaltender reagiert neben der ostdeutschen die West-Berliner Presse auf den Tod von Egon Schultz im Oktober 1964. Der Grenzer Schultz wurde, wie die ostdeutsche Presseagentur ADN meldet, angeblich von einem der Gräber des »Tunnels 57« getötet – eine Version, die die West-Berliner Presse durch die Bank übernimmt, selbst wenn sie für den Täter Notwehr in Anspruch nimmt.[86] In Ost-Berlin startet eine weit in die West-Berliner Bevölkerung hineinreichende Rufmordkampagne: Das Image der Helden von gestern leidet darunter erheblich, zumal erst nach 1990 bekannt wird, dass Schultz durch »friendly fire« starb.

Für viele studentische Fluchthelfer ist dies der letzte Anlass, sich aus dem Milieu zu verabschieden. Sie tun sich sowieso schwer mit dem Waffengebrauch und den wachsenden Kosten, die sie zwingen, sich um eine Finanzierung zu kümmern und nicht selten von den Fluchtwilligen Geld zu verlangen. Aber nicht alle wechseln ins »bürgerliche Leben« – Herschel bleibt noch bis Anfang der 1970er-Jahre in der Fluchthilfe aktiv. Er sucht stets nach dem sichersten Weg für die Fluchtwilligen, macht aber auch keinen Hehl daraus, dass er mangels anderer Einkünfte davon leben muss, dass er »Menschenhändler« ist.[87] Einige seiner »Kunden« kommen auf Vermittlung des Leiters der »Arbeitsgemeinschaft 13. August«, Rainer Hildebrandt, zu ihm. Dieser hält Herschel lange Jahre für den Besten seines Fachs, ein Urteil, dem sich das Bundesministerium für innerdeutsche Beziehungen 1973 anschließt.[88] Seine Skrupellosigkeit gegenüber der

Wolfgang Fuchs, der gemeinsam mit Herschel am »Tunnel 57« gebaut hat, stellt sich den Fragen der Presse wegen des Todes von Egon Schultz, 30. November 1964. Im Hintergrund ist eine Tatortskizze zu erkennen.

DDR bei gleichzeitiger Loyalität gegenüber Freunden macht ihn zu einem zuverlässigen Partner anderer Fluchthelfer – anfangs der studentischen Girrmann-Gruppe, später auch von Burkhart Veigel. Herschel benutzt fast alle gängigen Methoden der Fluchthilfe: Er gräbt Tunnel, setzt gefälschte Pässe ein, er nutzt die Passierscheinabkommen,[89] organisiert präparierte Autos und überredet amerikanische Soldaten, in ihren Autos Flüchtlinge aus Ost-Berlin in den Westen zu schmuggeln. Die Angehörigen der »Schutzmächte« dürfen die Grenzen (im Regelfall) unkontrolliert passieren. Nach 1972 stellt Herschel – mit dem Inkrafttreten des Transitabkommens – seine Arbeit ein: »Es wurde nicht mehr kontrolliert, wer über die Autobahn fuhr, und da konnte ja nun jeder seine Freundin in den Kofferraum tun und sie selber holen.«[90] Seine Hilfe sei da nicht mehr notwendig gewesen. Möglicherweise spielte auch eine Rolle, dass seine letzten Fluchthilfemanöver sehr zeitaufwendig, aber nicht immer erfolgreich waren. Er verkauft das »Unternehmen« für mehr als 100 000 Mark an zwei seiner Mitarbeiter, »Kundenkartei« und Fluchtwege inklusive. Ungeachtet dessen ermittelt die Staatsanwaltschaft Berlin 1973 wegen unerlaubten Waffenbesitzes gegen ihn, stellt das Verfahren jedoch bald ein, da Herschel keine Straftaten nachgewiesen werden können.[91]

## Leben mit der Mauer

Ruinengrundstücke, Brachen und verlassene Häuser entlang der Westseite der Mauer begünstigen Fluchttunnel – aber in West-Berlin sind auch andernorts noch Mitte der 1960er-Jahre die Spuren des Zweiten Weltkriegs gegenwärtig. Ihre Beseitigung ist eine der notwendigen Maßnahmen, denen Willy Brandts Engagement als Regierender Bürgermeister gilt. Auch an den Hauptstraßen sind vielfach nur die Erdgeschosse als Ladengeschäfte hergerichtet, darüber sind leere Fensterhöhlen und daneben Ruinengrundstücke, die im besseren Fall bereits von Trümmern (und Munition) geräumt wurden. Für die Bewohner scheint es normal zu sein, in ruinösen Häusern zu leben. So schildert etwa ein *Tagesspiegel*-Leser im August 1961 seine sommerliche Schlaflosigkeit, die dadurch verursacht sei, dass er in einem Haus wohne, dessen obere Stockwerke ausgebrannt und deshalb ideale Taubenbrutplätze seien. Er werde allmorgendlich um vier von den gurrenden Tauben geweckt – kein Wort davon, dass solche Wohnverhältnisse auch ohne die Tauben eine Zumutung sind.[92]

Bemerkenswert ist der »erbarmungswürdige Zustand« der »Stadtruine« augenscheinlich nur für diejenigen, die aus dem Bundesgebiet zuziehen. Wie Ulrich Enzensberger, der kurz nach dem Mauerbau zum Studium nach West-Berlin kam: »Überall noch Ruinen, Trümmergrundstücke, Notdächer. Der Putz fiel von den zerschlagenen Fassaden. Nürnberg hatte 1956 schon ordentlicher ausgesehen.«[93] Nicht immer sollen diese Trümmer mahnend an den Krieg erinnern wie die im November 1943 schwer beschädigte, als Ruine erhaltene und zwischen 1959 und 1963 in den Eiermann-Neubau einbezogene Kaiser-Wilhelm-Gedächtniskirche am Breitscheidplatz. Als Gegenpol zur Kirche entsteht in deren unmittelbarer Nachbarschaft das Europa-Center (1963–1965) als weithin sichtbares und zukunftsorientiertes Wahrzeichen der City West. Obenauf prangt der Mercedes-Stern, der die Überlegenheit des kapitalistischen Wirtschaftssystems demonstrieren soll – New York City stand Pate.

Auch die Stadtplanung orientierte sich seit den 1950er-Jahren an den USA, insbesondere was das Ziel der autogerechten Stadt anbelangt, das im Flächennutzungsplan von 1965 festgelegt wird. Schon 1957 hat der Senat seine Prioritäten klar formuliert: »Wer ein Ziel hat, soll im Auto sitzen, und wer keines hat, ist ein Spaziergänger und gehört schleunigst in den nächsten Park.«[94] Die Teilung der Stadt wird im Planwerk von 1965 nicht berücksichtigt, ebenso wenig wie die vorhandene städtische Struktur – eine Westtangente zerschneidet Schöneberg, eine Südtangente sollte von Kreuzberg 36 fast nichts übrig lassen: Hier liegt eine Ursache für die jahrelang ausbleibenden Investitionen in Wohn- und Geschäftshäuser – denn wozu sanieren, was sowieso für die Abrissbirne bestimmt ist? Nach dem Willen der Planer sollen in

Fotos aus einer MfS-Dokumentation, um 1970: Die Staatssicherheit der DDR fotografierte ganze Straßenzüge in West-Berlin wie hier den Kottbusser Damm und hielt dabei den teils katastrophalen Zustand der Häuser fest.

Das Telefunken-Hochhaus am Ernst-Reuter-Platz, August 1967: So modern und aufgeräumt liebten die West-Berliner ihre Stadt.

ganz West-Berlin zeitgemäß-praktische Wohnmaschinen entstehen, die sich in die autogerechte Stadt einfügen, alles soll weitläufig, modern und gleichzeitig urban sein. Individuelle Mobilität ist in der eingemauerten Stadt für viele ein Ausdruck von Freiheit. Und mit dem steigenden Lohnniveau ist ein (kleines) Auto auch für Arbeiter und andere Geringverdienende nicht mehr unerschwinglich (und sei es aus zweiter Hand). West-Berlin ist damit in guter Gesellschaft, denkt man an Städte wie Stuttgart, das ebenfalls in diesen Jahren seinen autogerechten Zuschnitt erhält.

Die 1960er-Jahre sind auch die Zeit, in der die Straßenbahnen aus dem West-Berliner Stadtbild verschwinden. Die letzten Oberleitungsbusse fahren 1965.[95] Aber der geplante Stadtumbau ist nicht unumstritten, und in der »Bürgerinitiative Westtangente« finden sich Menschen unterschiedlicher Herkunft zusammen, die schließlich verhindern können, dass das Projekt umgesetzt wird. Es dauert noch bis 1972, dass sich - im Zuge der Ölpreiskrise - auch auf Senatsebene ein Umdenken abzeichnet und die Förderung des öffentlichen Nahverkehrs wieder in den Fokus der Verkehrspolitiker rückt. Ungefähr in dieser Zeit entstehen auch die letzten Großwohnsiedlungen.

Schon die sich wandelnde Haltung gegenüber der Fluchthilfe zeigt, dass sich die meisten Menschen an das Leben in der geteilten Stadt gewöhnten, dass sie in erster Linie nach pragmatischen Lösungen für ihren Alltag suchten. Sie konnten dies tun, weil die halbe Stadt alles in allem funktionierte, wenn auch mit Abstrichen. So sah die Industrie die Insellage West-Berlins schon vor dem Mauerbau als Problem und reagierte spätestens in den 1950ern mit Betriebsverlagerungen. Berlin war traditionell ein Zentrum der Elektroindustrie, aber viele Anlagen, die unbeschadet durch den Krieg gekommen waren, hatten die sowjetischen Soldaten in den Wochen nach Kriegsende nahezu vollständig demontiert. Wegen der unsicheren politischen Lage in den 1950er-Jahren kehrten viele (auch während des Krieges ausgelagerte) Betriebe nicht zurück - selbst Milliardeninvestitionen, unter anderem aus dem Marshall-Plan, vermochten die Unternehmer nicht zum Ausharren zu bewegen. Deshalb sollten Steuererleichterungen, Bevorzugungen bei der Auftragsvergabe, zinsgünstige Kredite aus dem europäischen Wiederaufbauprogramm und bessere Abschreibungsmöglichkeiten den Standort West-Berlin attraktiver machen. Angesichts der wesentlich steileren Erfolgskurve im Bundesgebiet waren solche Hilfen schon vor 1961 bitter nötig. Siemens, Telefunken und AEG holten tatsächlich auf – zwischen 1950 und 1960 gelang auf diesem Sektor eine Steigerung der Produktion um mehr als 130 Prozent, und mindestens 100 000 Menschen fanden hier Arbeit.[96] Der Mauerbau am 13. August 1961 aber war ein Einschnitt, der auch mit verstärkter Subventionierung nicht abzumildern war – schlechte Marktanbindung, die stets präsente Blockadegefahr und zunehmend der Mangel an qualifizierten Arbeitskräften waren nicht wettzumachen. Hinzu kommt, dass der besonders einträgliche Bereich der Rüstungsforschung in West-Berlin per Kontrollratsgesetz von 1946 verboten war.

Dabei ließ sich der Senat die Anwerbung von Fachkräften für die ins Bundesgebiet Abgewanderten beziehungsweise in Rente Gegangenen durchaus etwas kosten. Ab 1962 gab es mit der Berlinzulage eine »Zitterprämie«: Jeder Arbeitnehmer erhielt sechs Prozent Aufschlag auf sein Gehalt. Die wirtschaftlichen Anreize blieben nicht wirkungslos, so machte die Zigarettenindustrie West-Berlin zu ihrem wichtigsten deutschen Standort. Wie auch in der Elektroindustrie entstanden jedoch kaum Arbeitsplätze für qualifizierte Beschäftigte – mehr und mehr wurde West-Berlin zur (stark subventionierten) verlängerten Werkbank der westdeutschen Industrie. Andere, wie AEG-Telefunken, setzten kurz vor dem Mauerbau ein deutliches Signal für ein langfristiges Engagement in West-Berlin: Das Telefunkenhochhaus am Ernst-Reuter-Platz stand an einem der großen Plätze in der West-City, aber auch dieser Konzern verlagerte ab 1961 nach und nach seine strategisch wichtigen Betriebsteile ins Bundesgebiet.

Zwar traf die Abwanderung von Facharbeitern die Industrie unmittelbar und schmerzhaft, noch schlimmer aber war es für die

Halbstadt als Gemeinwesen, dass vor allem junge Leute ihr den Rücken kehrten. So konstatierte der *Spiegel* 1966 wie üblich zugespitzt: »Diese neue Gefährdung greift die lebendige Substanz der Stadt an. Sie hat heute schon eine Überalterung der Einwohnerschaft verursacht, die nur von den amerikanischen Pensionärskolonien in Florida übertroffen wird. 20 Prozent der West-Berliner sind 65 Jahre und älter – gegen nur 8,9 Prozent Seniorbürger im Groß-Berlin von 1939 und 11,8 Prozent in der Bundesrepublik heute.«[97] Wegen der zunehmenden Überalterung, die nicht wie in den Jahren zuvor durch Zuwanderung aus der DDR abgefedert wurde, zahlte der West-Berliner Senat Kredite an Jungverheiratete, die »abgekindert« werden konnten – vergleichbar denen, die es später, mit Erich Honeckers »Einheit von Wirtschafts- und Sozialpolitik«, auf der anderen Seite der Mauer gab.

## Neu-West-Berliner

Noch Mitte der 1960er-Jahre ist der Gedanke, der Überalterung mithilfe der zuwandernden Arbeitskräfte aus Jugoslawien, Italien und der Türkei entgegenzuwirken, für die meisten Politiker abwegig. Die Zuwanderer sollen in West-Berlin arbeiten, mehr nicht. Die Anwerbeabkommen mit südeuropäischen beziehungsweise südosteuropäischen Staaten wurden teilweise schon in den 1950er-Jahren geschlossen, mit der Türkei gibt es ab 1961 einen solchen Vertrag, der die deutsche Industrie mit Arbeitern versorgen soll. Darin ist unter anderem festgelegt, dass die ausländischen Arbeitnehmer nicht schlechtergestellt sein dürfen als die einheimischen, schließlich möchte man Lohndumping verhindern. Faktisch aber zahlen Arbeitgeber Ausländern meist nur den tariflich festgesetzten Mindestlohn.[98] Und selbst diese Regelung bezieht sich nur auf den bereits im Herkunftsland vermittelten Arbeitsplatz, nicht auf spätere Beschäftigungsverhältnisse.[99] In der Praxis sind ausländische Arbeitnehmer schon durch das Aufenthaltsrecht benachteiligt, das an den Arbeitsvertrag – häufig für die Dauer von einem Jahr – geknüpft ist. In Einzelfällen drohen

Arbeitgeber erkrankten Angestellten mit Kündigung und stellen damit das Bleiberecht des Betreffenden infrage.[100] Von schwangeren »Gastarbeiterinnen« wird erwartet, dass sie nach der Geburt so rasch wie möglich ans Fließband zurückkehren. Die Kinder wachsen nicht selten bei den Großeltern im Herkunftsland auf. Zumindest vereinzelt rufen Arbeitgeberverbände sogar dazu auf, mit türkischen Frauen nur Jahresverträge abzuschließen, um sich so gegen Ungemach mit dem Mutterschutz abzusichern.[101] Selbst wenn nicht alle Arbeitgeber so handeln, wird doch deutlich, dass zugewanderte weitaus geringere Rechte haben als deutsche Arbeitskräfte. Unabhängig vom Arbeitsplatz gilt: Zwar braucht man die Verstärkung aus dem Ausland dringend – 1970 leben mehr als 60000 Menschen aus dem europäischen Ausland und der Türkei allein in West-Berlin –, aber man wird sich noch lange sträuben, sie im Alltag den »eingeborenen« Berlinern rechtlich gleichzustellen. Stattdessen setzen deutsche »Verwaltungsfachleute« lange auf »Rotation statt Integration«. Ausländische Arbeitskräfte sollen für maximal drei Jahre in Deutschland leben, bevor sie durch »frische« ersetzt werden.[102] Und die Aufforderung des 1970 amtierenden Bundespräsidenten Gustav Heinemann, »Mehr Respekt vor den Anderen!«, scheint lange Zeit wenig Gehör zu finden.[103]

Einer von denen, denen Heinemanns Aufruf helfen soll, ist Hasan K., ein junger Dreher aus Istanbul, der seit Anfang der 1960er-Jahre in Deutschland arbeitet und lebt.[104] In seiner Heimat gab es kaum Arbeit für ausgebildete Leute wie ihn. Sein Weg führte ihn von Frankfurt am Main nach West-Berlin. Sein hessischer Chef hat die Akkordsätze willkürlich angehoben und die daraus resultierende schlechtere Qualität der Produkte den Arbeitern angelastet. West-Berlin gilt 1962 in der türkischen Community als verhältnismäßig gutes Pflaster für die »Gastarbeiter«. Aber der Anfang ist enttäuschend. Während er in Frankfurt relativ komfortabel gewohnt hat, muss Hasan K. in West-Berlin mit fünf, sechs Männern in einem Zimmer schlafen: »Jeder hat ein Bett und einen Schrank – mehr nicht.« Für diesen »Luxus« sind

»Gastarbeiter« in der Bundesrepublik: Auch in West-Berlin gab es außerhalb der Arbeit wenig Berührungspunkte mit Einwanderern. *Spiegel*-Titel 41/1964

60 Mark monatlich zu zahlen. Die Arbeitgeber sind zwar vertraglich verpflichtet, für ihre ausländischen Arbeitnehmer »angemessene« Unterkünfte bereitzustellen – was genau das ist, wird nicht definiert. Vielfach sind die Arbeiterwohnheime überbelegt und außerdem teurer als vertraglich vereinbart.[105]

Hasan K. sieht seine Geschichte trotzdem positiv: Als zunächst einziger türkischer Kollege unter Deutschen musste er rasch Deutsch lernen und profitiert später von seinen Sprachkenntnissen. Viele Türken kommen, anders als er, aus der Provinz, haben nie eine Schule besucht und können weder lesen noch schreiben. Sie erledigen in Deutschland fast ausschließlich Hilfsarbeiten und befinden sich damit dauerhaft am unteren Ende der Lohnskala.[106]

Problematisch sind für Hasan K. vor allem die Wohnverhältnisse: »Als meine Frau nach Berlin kam, waren wir gleich auf dem Wohnungsamt. Da haben sie gesagt, für Ausländer gibt es keine Wohnungen. Natürlich, viele kommen vom Dorf in der Türkei und sind vielleicht zu laut. Aber ich habe schon Deutsche gesehen, die sind genauso laut und bohren in der Nase (...).«[107] Die meisten Türken leben deshalb in – gemessen am Standard – völlig überteuerten Nullkomfortwohnungen oder in Zimmern zur Untermiete, häufig in Kreuzberg, Wedding oder Neukölln, in Häusern, die abgerissen werden sollen. Hasan K. ärgert sich manchmal über die Arroganz, die ihm entgegenschlägt, aber mehr noch über seine Landsleute. Wenn diese Vorarbeiter werden, verhielten sie sich diktatorisch wie »kleine Chefs«. Im Vergleich zu den Arbeitsbedingungen in der Türkei schätzt er es, dass er seine Arbeitnehmerrechte ungefährdet wahrnehmen kann und von seinen Kollegen unterstützt wird. Auch seine Frau profitiere vom deutschen Arbeitsrecht: Während der Schwangerschaft sei sie selbst in der derzeit schwierigen Situation bei Telefunken nicht kündbar.

Welche Rechte er und seine Frau haben, das hat Hasan K. erst peu à peu erfahren. Niemand klärte die Türken bei ihrer Anwerbung auf – diese Aufgabe bleibt denen überlassen, die bereits länger in der Bundesrepublik sind. Bei ihrer Ankunft wissen seine Landsleute – das belegen Studien aus den 1970er-Jahren – kaum etwas über Deutschland, obschon in der Anwerbevereinbarung festgehalten ist, dass »die Arbeitnehmer alle erforderlichen Auskünfte erhalten, die mit der Beschäftigung und Aufnahme im Zusammenhang stehen«.[108] Die Bundesanstalt für Arbeit unterhält zu diesem Zweck eine Außenstelle in der Türkei, deren Mitarbeiter den Interessenten von den Arbeits- und Lebensbedingungen erzählen, ihnen Gehaltsbeispiele vorstellen und sie über die Höhe von Lohnabzügen informieren sollen. Mit mäßigem Erfolg – mehr als die Hälfte der Männer und Frauen aus der Türkei fühlt sich nicht ausreichend informiert: eine Ausgangslage, die die Basis für Unzufriedenheit im Ankunftsland bildet, insbesondere, wenn es um Arbeitslosigkeit in Deutschland oder einen geringer als erwartet ausfallenden Verdienst geht.[109] Die Arbeitgeber machen sich die mangelnde Informiertheit der ausländischen Arbeitskräfte zunutze, indem sie diesen im schlimmsten Fall einen Teil des Lohns vorenthalten. Wer sich wehrt, dem wird mit Abschiebung gedroht.

Sieht es außerdem schon am Arbeitsplatz schlecht aus mit Kontakten zwischen einheimischen und zugewanderten Beschäftigten, so gehen beide Gruppen in ihrer Freizeit erst recht getrennte Wege. Gastarbeiter sehen in den deutschen Kollegen oftmals die »Landser« von einst. Und die Deutschen bezeichnen Italiener, Griechen und Türken nicht nur hinter deren Rücken als »Kanaken« und »Kameltreiber«. Vorurteile schürt nicht nur die Boulevardpresse, auch der *Spiegel* scheut sich nicht, die Geschichte eines türkischen Arbeiters zu erzählen, der angeblich Kindergeld für 33 Töchter und Söhne in der Heimat verlange.[110]

Selbst die Sammelunterkünfte werden den »Fremdarbeitern« geneidet. Dabei sind die schlechten, überteuerten Wohnungen ein Thema, das alle »Gastarbeiter« bewegt – die ihnen aufgezwungene Enge verhindere es beispielsweise, dass sie die ohnehin seltene Gastfreundschaft von deutschen Kollegen annehme beziehungsweise erwidern können. Wie soll man in einer Einzimmerwohnung Gäste empfangen, wenn schon der Platz für die eigene Familie kaum reicht? Die miserable Wohnsituation ist auch der zuständigen Senatsverwaltung bekannt, obwohl es »bisher kaum Informationen« gibt. »Es ist jedoch sicher, daß die Wohnverhältnisse z. T. als katastrophal bezeichnet werden müssen: zu viele Personen in einer Wohnung, unmögliche hygienische Verhältnisse, keine Kinderbetreuung, Mietwucher.«[111] Wenn dennoch viele Türken mit ihrer Wohnsituation nicht völlig unglücklich sind, hängt das mit den Bedingungen zusammen, die sie aus ihrem Herkunftsland kennen. Andere nehmen eine zu kleine oder sehr schlechte Wohnung in Kauf, um für die Familie daheim zu sparen.[112]

Größere Probleme haben diejenigen, die mit ihren Arbeitgebern aneinandergeraten. Nur die wenigsten können sich zur Wehr setzen, und im schlimmsten Fall droht ihnen tatsächlich die Abschiebung ins Herkunftsland. Der Türkisch-Deutsch-Dolmetscher Kazim U., der im Auftrag der Firmenleitung zwischen Arbeitnehmern und Vorgesetzten vermitteln soll, berichtet von einem Fall, in dem ein Landsmann beschuldigt wurde, seinen Vorarbeiter mit einem Werkzeug angegriffen zu haben. Nur den Dolmetscher interessiert, wie es überhaupt zu diesem Angriff kam: »Er sagt, weil er etwas falsch gemacht hat, wurde er von dem wütenden Vorarbeiter in den Hintern getreten und beschimpft. Da erst habe er zu dem Montiereisen gegriffen und dem Mann damit gedroht. Der deutsche Vorarbeiter streitet den Fußtritt ab. Personalchef und Betriebsrat glauben ihm.«[113] Die Vermittlungsbemühungen des Dolmetschers werden als einseitige Beeinflussung angesehen, der Arbeiter ist chancenlos.

Die Episode verdeutlicht die Herrenmenschenattitüde, mit der einige Vorgesetzte ihre türkischen Mitarbeiter behandeln, aber auch ein statistisch erfasstes Problem dieser Zeit. Ausländische Werktätige, die häufig mehr schlecht als recht in ihre Aufgaben eingewiesen werden (und aufgrund der mangelnden Sprachkenntnisse kaum in der Lage sind, nachzufragen), verursachen viele Unfälle. Statt einen Dolmetscher wie Kazim U. zu rufen, versprechen sich viele Anleiter Erfolg davon, die »Gastarbeiter« anzubrüllen: »Man glaubt immer, wenn man sehr laut spricht, muß es auch ein Türke verstehen.«[114]

Der Senat wünscht sich zwar ein besseres Miteinander der Kulturen, setzt dabei aber auf meist wirkungslose Instrumente, wie den einmal jährlich veranstalteten »Ball der Nationen« im Palais unterm Funkturm auf dem Messegelände. Tatsächlich ist diese Veranstaltung eher trist. Die Angehörigen der einzelnen Nationen bleiben unter sich, Deutsche nehmen sowieso kaum teil, und das Showprogramm mache, so ein zeitgenössischer Beobachter, »nicht einmal einer Kleinstadt Ehre«.[115] Wer kann, verlässt die gruselige Veranstaltung rasch, andere bleiben sitzen, um sich ein wenig über Mieten und den Verdienst auszutauschen - alle aber vergessen den »bescheidenen« Abend möglichst schnell. Ein vernichtendes Urteil, gerade angesichts des selbst formulierten Anspruchs der Mauerstadt, ein kulturelles Zentrum zu sein - aber insofern bezeichnend, als wieder einmal Anspruch und Wirklichkeit auseinanderklaffen. Und möglicherweise sind die »Grüne Woche« und das Polizeisportfest im Olympiastadion nur deshalb erträglich, weil dort mehr Alkohol fließt als auf dem »Ball der Nationen«. Wie schon in den 1950er-Jahren bleiben die West-Berliner auch nach dem Mauerbau und obwohl sie Hilfe und Zuwanderung von außen bitter nötig haben, am liebsten unter sich - darin sind sie den »Westdeutschen« im Bundesgebiet ähnlicher, als ihnen lieb ist.

»Und wenn die Welt voll Teufel, Dutschke und Konsorten wär, wir werden doch gewinnen. Die Berliner lassen sich das, was sie aufgebaut haben, nicht wieder nehmen oder zerstören, das laßt Euch gesagt sein, Ihr Verbrecher.«[1]

*Anonyme Zuschrift an Rudi Dutschke, April 1968*

»Passanten an der Joachimsthaler/Ecke Kurfürstendamm zeigten mit'm Finger auf mich. ›Der Neuss, guck an, der darf ja nirgendwo fehlen!‹ Eine ziemlich hysterische Frau packte mich am Arm vom Bürgersteig aus: ›Geh doch nach Ostberlin demonstrieren‹, schrie sie, nicht ohne Spucke zu verlieren.
›Dort darf ich das nicht‹, sagte ich.
›Ebend‹, sagte sie, ›und hier machste es!‹
›Ja‹, sagte ich, ›hier darf ich!‹
Dachte ich damals.«[2]

*Wolfgang Neuss, Kabarettist, 1981*

# Hauptstadt der Unzufriedenen
## 1968 bis 1975

Viele alteingesessene West-Berliner rückten in den Jahren nach dem Mauerbau zu einer Durchhaltegemeinschaft mit ausgeprägter »Wagenburgmentalität« zusammen. Nicht nur von außen drohte Gefahr – auch Abwanderung und Überalterung schwächten die eigene Stellung. Es war kaum vorstellbar, dass die »Insel« sich jahrzehntelang würde behaupten können.

Nicht wenige blendeten Mitte der 1960er-Jahre die große Politik aus und beschränkten sich auf den überschaubaren Alltag. Den meisten ging es ein wenig besser, das zeigten schon die Sperrmülltage – vorbei waren die Zeiten, in denen man am alten Mobiliar festhalten musste. Nun konnte man sich Neues leisten und Altes wegwerfen.[3] Politik wurde in diesen Jahren am sichtbarsten an den Staatsbesuchen. Diese galten Ende der 1960er-Jahre immer auch als Sympathiebekundung für die geteilte Stadt. Die West-Berliner waren selbstverständlich stolz auf ihren Sonderstatus, immerhin war ihre Stadt einmalig (und Bescheidenheit gehörte nicht zu den Kerntugenden der Einheimischen).

Sowohl im Alltäglichen als auch im Repräsentativen war jedoch klar: Der Status quo, das innere Gleichgewicht der Halbstadt, war extrem wackelig. Zuziehende trafen auf eine Bevölkerung, die sich im Alltag mit der Mauer weitgehend eingerichtet hatte, ohne dass dies an die große Glocke gehängt wurde. Wer es sich leisten konnte, hatte eine Laube in einer der zahlreichen Schrebergartenkolonien oder gar ein Wochenendhaus im Harz oder dem Fichtelgebirge, direkt hinter der deutsch-deutschen Grenze. Die dazwischenliegende DDR wurde ausgeblendet: Fernsehserien wie *Jedermannstraße 11* zeigten eine weitgehend intakte

West-Berliner Gesellschaft, für die die Mauer kaum ein Thema war. Hier unternahmen selbst Halbwüchsige eine Radtour in die Lüneburger Heide.[4] Fahrten durch die DDR – per Bahn oder mit dem Auto – waren zwar wegen der manchmal stundenlangen Wartezeit am Grenzübergang und des miserablen Zustands der Autobahnen lästig, für die meisten jedoch ungefährlich. Ausgenommen waren diejenigen, die vor oder nach 1961 in den Westen geflüchtet waren: Da sie Gefahr liefen, unterwegs verhaftet zu werden, nutzten sie ausschließlich den Luftweg, um ins Bundesgebiet zu gelangen.[5]

Das mediale Bild von West-Berlin war provinziell und unterschied sich darin bedauerlicherweise nicht immer von der realen Gesellschaft in der Mauerstadt. Der *Spiegel* bemerkte schon im Oktober 1966 erstaunt, dass mitten in Schöneberg schwule Paare oder asiatische Touristen angegafft würden.[6] Was und vor allem *wer* außerhalb der Ordnung stand, wurde schnell als »Spalter« angesehen, denn auch nach dem Mauerbau fürchtete man die Unterwanderung und das Wirken kommunistischer Spione. Man igelte sich ein, schaffte sich eine eigene spießig-moderne Stadt, die das alte, vollständige Berlin bewusst oder unbewusst negierte.

## Unruhige Jugend

Spätestens ab Mitte der 1960er-Jahre kollidiert diese »heile« Welt mit der in Bewegung geratenen Jugend. Erstmals wird ein Krieg fast ungeschönt im Fernsehen übertragen: Das Vorgehen der Amerikaner gegen »den Vietcong« und die vietnamesische Zivilbevölkerung ist tagtäglich in den Nachrichten zu sehen. Gleichzeitig findet die schwarze Bürgerrechtsbewegung in den USA viele Bewunderer. Obwohl die Kritik an der US-Politik wächst, begrüßt die deutsche Bundesregierung Anfang 1966 das Eingreifen der Amerikaner in Vietnam. Besonders in West-Berlin mit seiner »traditionellen« Bindung an die Schutzmacht wird Kritik an dieser als Problem gesehen, selbst wenn sich die Kritiker auf Vorbilder aus den USA berufen.

Quasi zwangsläufig geraten die Protestierenden in Gegensatz zu den »echten« West-Berlinern. Die jungen Leute leben bewusst anders: Statt zur Untermiete oder in möblierten Zimmern bei alleinstehenden älteren Damen, in Studentenwohnheimen oder in den neuen Großwohnsiedlungen ziehen sie gemeinsam mit Gleichaltrigen in reichlich vorhandene Altbauwohnungen, die viel Raum für alternative Lebensplanungen bieten. Diese Wohnungen sind nicht unbedingt komfortabel, aber preiswert. Beliebt sind die Bezirke, welche die »Spießbürger« wegen der Mauernähe links liegen lassen: Kreuzberg und Wedding, aber auch Schöneberg und Charlottenburg sind in diesen Jahren noch bezahlbar. Ins Bewusstsein der »normalen« West-Berliner geraten diese Lebensmodelle, weil die jungen Leute aus dem Unvermeidlichen eine Tugend machen. Da sie ohnehin auffallen und angefeindet werden, machen sie ihr Anderssein und Andersleben zum Politikum, zur Absage an das »Establishment«. Beide Gruppen stehen sich feindselig und häufig stumm gegenüber, wenn sie sich nicht aus dem Weg gehen können. Symbol dafür ist die berühmt-berüchtigte Kommune I, deren tatsächliche oder angebliche Orgien die Fantasien der Außenstehenden beschäftigen.[7]

Von amerikanischen Universitäten werden Protestformen wie Sitzblockaden und Teach-ins übernommen, und statt Alkohol avancieren Haschisch und LSD zu den bevorzugten, weil angeblich »bewusstseinserweiternden« Drogen. Verbunden ist dies mit der Begeisterung für eine neue, wilde Musik (die den Aufruhr schon in sich trägt), mit einem »wilden« Äußeren sowie der Lust auf ein freies Leben abseits der üblichen Gängelungen durch Eltern, Lehrer, Vorgesetzte und Vermieter und mit einem neuen politischen Selbstbewusstsein. Konflikte gehören diesem Verständnis zufolge auf die Straße, nicht unter den Teppich gekehrt; die »braune« Vergangenheit von Politikern und Wirtschaftsbossen soll nicht länger stillschweigend toleriert werden. In West-Berlin, so meint der Verleger Klaus Wagenbach rückblickend, seien die Konflikte auch deswegen besonders heftig gewesen, weil hier durch das Fehlen der mittleren Generation – »die war im Westen und machte Karriere« – Alt-Nazis und Wehrdienstverweigerer direkt aufeinandertrafen.[8] Ganz so eindeutig sind die Konfliktlinien indes nicht. Selbst in der *Morgenpost* – jeder Sympathie für Linke unverdächtig – äußerten sich viele Leser kritisch zur NS-Vergangenheit des designierten Bundeskanzlers Georg Kiesinger: Ob es denn niemanden mit Format gebe, der keine »braunen Flecken« auf der Weste habe?[9]

Unter denen, die sich für eine Erneuerung der Gesellschaft einsetzen, sind viele Studenten, die sich den akademischen Gepflogenheiten verweigern und mit Sitzblockaden den Lehrbetrieb behindern: Der Präsident der Freien Universität (FU) in Dahlem Hans-Joachim Lieber unterstellt solchen Sit-ins wenig später »faschistische Züge«.[10] Dass die Studenten überdies nicht an der Universität im cityfernen Dahlem bleiben, sondern gegen die Einschränkung des Grundgesetzes durch die Notstandsgesetze auf den Kurfürstendamm ziehen, bringt die »Bürger« endgültig gegen sie auf. Zumal der Verdacht hinzukommt, hier verweigerten sich ganze Seminare dem für alle anderen Berliner geltenden Leistungsprinzip und blockierten knappe Studienplätze – auf Kosten der Steuerzahler.[11] Denn, so eine Zuschrift an den *Tagesspiegel:* »Bei der Häufigkeit der Aufmärsche liegt die Vermutung nahe, daß die ›Studenten‹ für ihr Studium wenig Zeit haben, so daß also die Möglichkeit vorhanden ist, diese Menschen von der Teilnahme am Unterricht auszuschließen. Sie sollten denen Platz machen, die bestrebt sind, an der Universität etwas zu lernen.«[12]

Am »Tag der Menschenrechte« 1966, dem 10. Dezember und damit mitten in der Zeit der großen Weihnachtseinkäufe, wählen einige Demonstranten ausgerechnet den Bürgersteig vor dem populären Café Kranzler, um dort einen Weihnachtsbaum aufzustellen, den sie später anzünden. Zuvor haben sie diesen mit Gipsköpfen drapiert, die Lyndon B. Johnson, den amerikanischen Präsidenten, und Walter Ulbricht, den Ersten Sekretär des SED-Zentralkomitees, darstellen. Ein massives Polizeiaufgebot treibt die Demonstrierenden schließlich auseinander; unter den Festgenommenen sind etliche Passanten. Die West-Berliner SPD zeigt ebenso wenig Verständnis für derartige Aktionen wie die *Berliner Morgenpost,* die gar dazu auffordert, solche Stören-

Kurfürstendamm, 2. April 1966: Noch halten sich die Ostermarschierer an die Regeln. Interessierte können zum Informationsstand gehen, Passanten schlendern ungehindert vorbei. Belästigt wird niemand.

friede »auszumerzen«.[13] Ob ausgesprochen oder nicht, vermutet man hinter solchem Treiben stets »die« Kommunisten oder die »Hilfstruppen der SED«.[14] Berlin, so konstatiert Klaus Wagenbach, »war beherrscht von diesem Gebrüll«, in das neben der Springer-Presse auch RIAS und SFB einstimmten.[15] Obwohl der SPD-Senat wenig Sympathie für die Proteste zeigt, verlangen dessen Kritiker schärfere Maßnahmen gegen »den kaum noch erträglichen Terror«, den die Studenten durch ihr »pöbelhaftes« Auftreten ausübten.[16]

Die Ostermärsche in West-Berlin 1967 werden reflexartig als »ostgesteuert« interpretiert. Die Abschlusskundgebung findet erneut vor dem Kranzler statt.[17] Ein Café-Besucher aus Leverkusen wendet sich im Frühjahr 1967 empört an Heinrich Albertz, der Willy Brandt als Regierender Bürgermeister im Amt gefolgt ist: »Meine Frau, geborene Berlinerin, wollte zu Ostern mal bei

›Kranzler‹ Kaffee trinken am 1. Feiertag nachmittags und den Kurfürstendamm-Bummel beobachten, aus Sehnsucht heraus! Daraus wurde nichts! Vor dem Café stand eine Horde von Gestalten, teils wie Penner, teils aber sauber aussehend, und verbauten jede Aussicht zur Strasse. Dass sich das das ›Kranzler‹ gefallen lässt?! Meine Frau bekam Angst, da ihr diese Lumpen wie Verbrecher erschienen. Nie wieder Berlin, sagte sie – und wir flohen in den Tiergarten!« Dem Brief beigefügt ist ein Flugblatt mit einem ironischen Gedicht, das mit den Zeilen »Wer den Spießer nicht enteignet, bleibt es selbst, auch wenn er's leugnet« endet.[18] Tatsächlich erstattet Innensenator Otto Theuner (SPD) kurz darauf Strafanzeige gegen unbekannt. Später kann man die anstößigen Zeilen dem »Kommunarden«, Bürgerschreck und Spaßguerilla Fritz Teufel zuordnen.

Schon im April gibt es neuen Anlass zur Empörung: Die zu diesem Zeitpunkt in der Wohnung des Schriftstellers Uwe Johnson lebende Kommune I, der auch Teufel angehört, plant im April 1967 für den bevorstehenden Besuch des amerikanischen Vizepräsidenten Hubert H. Humphrey ein »Puddingattentat«: Rauchbomben, Schlagsahne, Kuchen und Bälle sollen abgefeuert werden. Die Springer-Presse macht daraus Bomben aus »Maos Botschaft in Ostberlin«[19] oder »Sprengstoff aus Peking«.[20] Als Humphrey kommt, sind die Kommunarden in Polizeigewahrsam.[21] Die Staatsanwaltschaft verlangt Untersuchungshaft, da sich die Verdächtigen angeblich jederzeit in die »sowjetisch besetzte Zone« absetzen können, und scheitert nur, weil der »Sprengsatz« nach Aussage des hinzugezogenen Sachverständigen völlig harmlos war. Dessen ungeachtet bleiben die jungen Leute im Fokus der publizistischen Aufmerksamkeit, und sie verstehen es, aus ihrer Popularität Kapital zu schlagen. So posieren sie beispielsweise für Fotos der Illustrierten *Stern*.

## Der Polizeistaatsbesuch

Zu einem erneuten heftigen Aufeinandertreffen von Polizei und Demonstrierenden kommt es Anfang Juni 1967. Unter bis dahin einmaliger Absicherung durch die Polizei besucht der Schah von Persien Reza Pahlavi mit seiner Frau Farah Diba die Bundesrepublik und West-Berlin - es wird ein »Polizeistaatsbesuch«.[22] In den Frauenillustrierten (»Soraya-Presse«) ist die dritte Frau des iranischen Herrschers zwar nicht ganz so beliebt wie ihre deutsch-persische Vorgängerin Soraya, aber auch sie bietet genügend Stoff für seicht-exotische Klatschgeschichten. Die politische Realität im Iran wird dagegen meist ausgeblendet, wie selbst der *Abend* in einem dreiteiligen Hintergrundbericht zum »Mann auf dem Pfauenthron« kritisch anmerkt.[23] Den meisten Deutschen reicht es, dass es sich bei Reza Pahlavi um einen modernen, antikommunistischen und traditionsbewussten Herrscher handelt.[24] Nur die außerparlamentarische Linke thematisiert die Verfolgung Oppositioneller durch den Autokraten, ansonsten gilt der Schah - ein durch die USA ins Amt gehievter, zuverlässiger Verbündeter in der Region - als sakrosankt. Während sich also die Mehrheit über den Besuch des glamourösen Paares freut, bereiten Studentinnen und Studenten Protestaktionen vor.

Die Tagespresse beschreibt den Besuch, der in Köln-Bonn beginnt, fast minutiös, selbst die Qualität des kalten Buffets (das durch 25 Kilogramm persischen Kaviar aufgewertet wird) findet Erwähnung. Und natürlich: Sicherheitsvorkehrungen und Proteste von Exilpersern, die schon zuvor mit Anschlägen gedroht haben.[25] Zunächst läuft alles normal, »von den schon gewohnten Randdemonstrationen abgesehen«, wie der *Abend* lakonisch bemerkt.[26] 5000 Polizisten sollen den reibungslosen Ablauf des Besuchs sicherstellen,[27] an der FU organisieren Studenten die Veranstaltung »Persien - Modell eines Entwicklungslandes«, und die Kommune I verteilt Papiertüten mit den Konterfeis des Kaiserpaares für 10 Pfennig das Stück, die angeblich den »Ku-Klux-Klan-Kapuzen« ähneln und die man sich über den Kopf stülpen soll.[28]

Eine Papiertüte mit dem Porträt des Schahs von Persien, wie sie 1967 an der Freien Universität verkauft wurde. Die Zeichnung stammt von Rainer Hachfeld.

Am 2. Juni 1967 ist es dann so weit: Gegen Mittag landen die Pahlavis auf dem Flughafen Berlin-Tempelhof und besuchen nach kurzem Aufenthalt im Hotel Hilton am Nachmittag das Schöneberger Rathaus, wo sie von Protestierenden und zahlreichen »Jubelpersern« erwartet werden. Bei Letzteren handelt es sich um eigens engagierte Pro-Schah-Demonstranten, die ihre Plakatstangen nach dem Abzug der Prominenz flugs zu Prügelstöcken umwidmen – die Polizei schaut zu beziehungsweise verhaftet später einige Demonstranten. Das wiederholt sich in den Abendstunden vor der Deutschen Oper an der Bismarckstraße, wo eine Vorstellung von Mozarts *Zauberflöte* gegeben wird. Dieses Mal werden die Demonstranten zusätzlich von Polizisten in die Enge getrieben. Einer der eingesetzten Beamten, der Kriminalpolizist Karl-Heinz Kurras, erschießt den Studenten Benno Ohnesorg – angeblich aus einer Notwehrsituation heraus. Die genauen

Tatumstände werden, wie schon die zeitgenössische Presse kritisiert, von den Ermittlungsbehörden vertuscht.[29] Diese bis dahin beispiellose Eskalation verändert die Sichtweise vieler bislang friedlicher studentischer Demonstranten. Sie wähnen sich nun im Recht, dem Staat, der ihre Rechte anscheinend mit Füßen tritt, mit Gewalt zu begegnen.

Verstärkt wird diese Empfindung dadurch, dass sich die öffentliche Meinung nach der Tötung von Ohnesorg nicht auf die Seite des Opfers stellt: Ein Leserbrief im *Abend* etwa endet mit

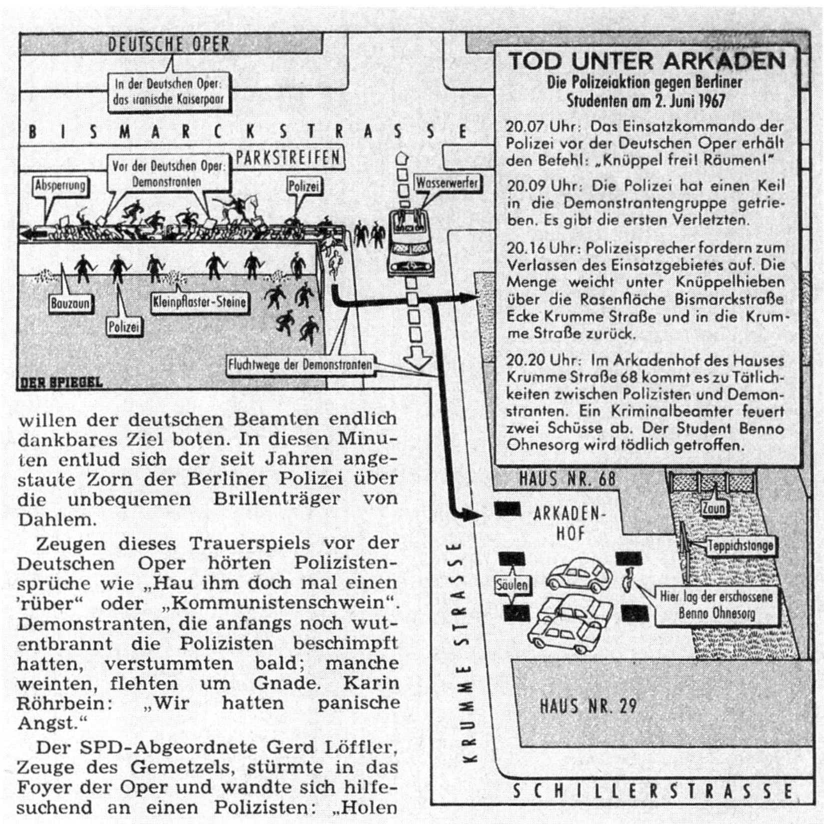


**TOD UNTER ARKADEN**

**Die Polizeiaktion gegen Berliner Studenten am 2. Juni 1967**

20.07 Uhr: Das Einsatzkommando der Polizei vor der Deutschen Oper erhält den Befehl: „Knüppel frei! Räumen!"

20.09 Uhr: Die Polizei hat einen Keil in die Demonstrantengruppe getrieben. Es gibt die ersten Verletzten.

20.16 Uhr: Polizeisprecher fordern zum Verlassen des Einsatzgebietes auf. Die Menge weicht unter Knüppelhieben über die Rasenfläche Bismarckstraße Ecke Krumme Straße und in die Krumme Straße zurück.

20.20 Uhr: Im Arkadenhof des Hauses Krumme Straße 68 kommt es zu Tätlichkeiten zwischen Polizisten und Demonstranten. Ein Kriminalbeamter feuert zwei Schüsse ab. Der Student Benno Ohnesorg wird tödlich getroffen.

willen der deutschen Beamten endlich dankbares Ziel boten. In diesen Minuten entlud sich der seit Jahren angestaute Zorn der Berliner Polizei über die unbequemen Brillenträger von Dahlem.

Zeugen dieses Trauerspiels vor der Deutschen Oper hörten Polizistensprüche wie „Hau ihm doch mal einen 'rüber" oder „Kommunistenschwein". Demonstranten, die anfangs noch wutentbrannt die Polizisten beschimpft hatten, verstummten bald; manche weinten, flehten um Gnade. Karin Röhrbein: „Wir hatten panische Angst."

Der SPD-Abgeordnete Gerd Löffler, Zeuge des Gemetzels, stürmte in das Foyer der Oper und wandte sich hilfesuchend an einen Polizisten: „Holen

Tatortskizze aus dem *Spiegel* vom 12. Juni 1967

dem Satz: »Wer sich in Gefahr begibt, kommt darin um.«[30] Noch härter urteilt ein »G. S.« aus Charlottenburg: »Nun greinen Sie, die Herren Studenten, und sind noch zu naß hinter den Ohren, um erkennen zu können, daß sie ihren Kommilitonen auf dem Gewissen haben. Gegen was alles sie ihre unausgegorenen Aktionen starten! Und das meiste davon geht sie gar nichts an!« Viele Leserbriefschreiber fühlen sich an das Ende der Weimarer Republik erinnert und sehen die Studenten als zeitgenössische Wiederkehr der SA, der Schlägertruppe der Nazis.[31] Auch der Kommentator des *Tagesspiegels* sieht die »Rädelsführer« der Protestierer in der Verantwortung: Sie hätten erst eine derart erhitzte Atmosphäre geschaffen, die Verzweiflungstaten wie die des Polizisten begünstige – und dennoch ließen sie selbst jetzt nicht von ihrem Tun ab. Allerdings habe auch die politische Führung der Stadt um den Regierenden Bürgermeister Albertz versagt, weil er keinen klaren politischen Kurs gegen die Extremisten gefunden habe.[32] Aber selbst wenig regierungskritische Berichterstatter stören der undurchsichtige Kurs der Polizei unter dem neuen Innensenator Wolfgang Büsch (SPD)[33] sowie die schlampig geführten Ermittlungen zum Tod Ohnesorgs. Dass die Berliner Polizei extrem hart gegen die Demonstranten vorging, wie der Hamburger *Spiegel* am 12. Juni feststellt, wird in der West-Berliner Presse nicht thematisiert.[34]

Im Abgeordnetenhaus fordern SPD- und CDU-Politiker gleichermaßen harte Maßnahmen gegen die Protestierenden, notfalls sogar deren Abschiebung in den Osten, zu den angeblichen »Drahtziehern«. Einen ähnlichen Tenor haben die anonymen Briefe, die der Allgemeine Studentenausschuss (AStA) an der FU erhält. Nicht wenige sehnen sich nach schärferen Maßnahmen – bis hin zur Internierung der Unruhestifter – oder trauern gar den brutalen Methoden von NS-Innenminister Hermann Göring nach.[35]

# Ostern 1968

West-Berlin kommt in diesen Tagen bestenfalls zeitweise zur Ruhe. Der Vietnamkrieg und der Konflikt im Nahen Osten rufen immer wieder Proteste hervor. Obendrein beschäftigt sich mittlerweile die Justiz mit den Ereignissen der vergangenen Monate, stehen Fritz Teufel und andere vor Gericht und nutzen ihre öffentlichen Auftritte für PR in eigener Sache. Die Anhänger sind begeistert, das angegriffene »Establishment« jedoch bestraft jede verweigerte Respektsbekundung hart. Aus der Stimmung die-

Fritz Teufel (Mitte) wurde am 22. Dezember 1967 von der Anklage der »Rädelsführerschaft« am 2. Juni desselben Jahres freigesprochen. Links neben ihm: Rudi Dutschke

Nach dem Anschlag auf Rudi Dutschke, 11. April 1968: Hinter der Polizeiabsperrung sammeln sich Schaulustige, auf der Straße liegen Dutschkes Schuhe, sein Fahrrad auf dem Bordstein.

ser Tage und Wochen entstehen die »Bewegung 2. Juni« und die Rote Armee Fraktion (RAF). Als »Volksfeind Nr. 1«,[36] als einer der »Rädelsführer« der studentischen Proteste, erscheint der kurz vor dem Mauerbau aus dem brandenburgischen Luckenwalde nach West-Berlin geflüchtete Rudi Dutschke, der in diesen Monaten wegen der Stimmungsmache gegen ihn häufig die Wohnung wechseln muss. Kurz vor Ostern 1968 eskaliert die Situation, als er am helllichten Tage von einem jungen Mann aus dem niedersächsischen Peine angeschossen und lebensgefährlich verletzt wird. Der Zorn der Studenten richtet sich gegen den Springer-Konzern, dessen Zeitungen (*Bild, BZ* und *Berliner Morgenpost*) zu den wichtigsten populistisch-antikommunistischen Sprachrohren gehören. Sie haben Dutschke teils unverblümt diffamiert. Aus Sicht des Zeitungsmoguls Axel Cäsar Springer besorgten die Studenten unter der seit 1964 lautenden Parole »Enteignet Springer!« das »Werk Moskaus«.[37] Nun zünden die Protestierenden Autos des Springer-Verlags an und randalieren vor dem Gebäude an der Kochstraße.

Im Frühjahr 1968 erreichen den schwer verletzten Dutschke Hunderte von Briefen und Zuschriften, viele davon aus West-Berlin und aus nachvollziehbaren Gründen anonym, denn um Genesungswünsche handelt es sich nicht: »Schade, daß Du eingeschleustes Agentenschwein nicht krepiert bist. Du hast geerntet, was Du gesät hast. Eines Tages schlägt man Dich Ungeziefer sowieso tot (...)«, »Wir alle sind sehr betrübt darüber, daß die Ärzte Sie langsam wieder hochbringen (...) Man hätte Ihnen doch eine Spritze geben sollen und Sie ins Jenseits befördern, dann könnte die Welt aufatmen (...)«, und: »(...) Ist es nicht traurig, alles ist mühsam und schön aufgebaut, und dann kommen Ihre Randalierer und trampeln alles in den Boden.«[38] Neben dem ungezügelten Hass, der sich in diesen Briefen Luft macht, äußern die Schreiber immer wieder Stolz auf das Erreichte, darauf, dass »ihre« Stadt sich trotz der schweren Umstände wieder aufgerappelt habe und »etwas darstellt«.[39] Dieser Geist, diese besondere Art von Lokalpatriotismus, der jede Kritik als Nestbeschmutzung begreift, wird in der Mauerstadt bis zum Mauerfall überdauern. Besonders übel nimmt man solche Kritik all jenen, die keine eingeborenen (also »echten«) West-Berliner sind. Da unterscheidet sich (West-)Berlin kaum von jedem x-beliebigen Dorf in Schwaben oder Ostfriesland. Und in einem nicht geringen Maß unterstützt Springers Presse diese provinzielle Attitüde.

Auch wenn die meisten West-Berliner keine derart widerwärtigen Briefe schreiben: Sie solidarisieren sich auch nicht mit den jungen Anhängern und Wortführern der sich formierenden außerparlamentarischen Opposition (APO). So äußert sich der Entertainer Hans Rosenthal auch rückblickend noch entsetzt über die von den Studenten ausgehende Gewalt, die unter anderem dazu geführt habe, dass der Polizist Kurras »die Nerven verloren« habe.[40] Aber Rosenthal bemerkt auch, dass sich einige Kollegen vom RIAS an den Protesten nach dem Attentat auf Dutschke beteiligt haben, was sich in seinen Augen nicht mit der Philosophie des Senders vertrage: »Kommunismus und die ›freie Stimme der freien Welt‹ – das paßte nicht zusammen.« Er habe dies auch der betreffenden Kollegin gesagt und daraufhin einen schriftlichen

Verweis erhalten. So unpolitisch sich Rosenthal selbst im Allgemeinen sehen mag, angesichts der »Zustände«, die in West-Berlin herrschten, will er das nicht auf sich sitzen lassen. Gemeinsam mit seinem Freund, dem Kabarettisten Günter Neumann, produziert er einen neuen »Insulaner«, jener Verse, die sich in den 1950er-Jahren großer Beliebtheit erfreuten.

»O du alte Burschenherrlichkeit,
wohin bist du entschwunden?
Heut macht sie sich auf Straßen breit
in kriegerischen Überstunden ...
Der Herrenmensch geht nicht mehr zur Mensur –
heut will er die Studentendiktatur.
Er will die Freiheit feiern
mit Steinen und mit faulen Eiern ...
Auch ich war einst ein Jüngling im lockigen Haar
und wollt' die Welt mal verbessern –
doch deshalb zerschlug ich noch kein Mobiliar
und hielt nichts von Steinen und Messern.
Der Geist sollte siegen und nicht der Radau.
Ich denk', wenn ich mir eure Kristallnacht beschau',
das gab's schon einmal, nun kommt es wieder ...«[41]

Viele RIAS-Kollegen und sogar Freunde distanzieren sich von Rosenthal. Die Vorwürfe, er habe sich »faschistoid« verhalten, treffen ihn hart – und er sieht sich im Recht, weil ja nicht er seinen Standpunkt geändert habe, sondern seine Kritiker, die »ihre Mäntel nach dem Winde« gehängt hätten. Er sei kein »kalter Krieger«, er habe lediglich die westdeutsche Demokratie verteidigt.[42] Diese Haltung ist der vieler West-Berliner nicht fern. Ebenso im Einklang mit der öffentlichen Meinung weiß sich die West-Berliner Polizei und ihre Führung. Manchmal schleifen aufgebrachte Bürger junge Leute gar eigenhändig in die zur ostdeutschen Reichsbahn gehörende S-Bahn. Die »Roten« sollen doch »nach drüben« gehen, wenn es ihnen hier nicht passe. Zwischen autonomen Linken und Altstalinisten von der SED wird nicht unterschieden.

In dieser Zeit radikalisieren sich einige in der Berliner Szene, andere ziehen sich aus der Politik zurück oder versuchen ihre Vorstellungen in einem anderen Umfeld zu realisieren. Trotz der Entfernung zum Bundesgebiet, trotz der Insellage: West-Berlin wird in diesen Jahren noch stärker zum Anziehungspunkt für viele, die nach alternativen Lebensweisen suchen, ohne indes sagen zu können, was *genau sie* sich vorstellen.

## Ein Weg in den Untergrund

Zu ihnen gehört eine junge Norddeutsche: Aus Hamburg kommend, gelangte die 24-jährige Inge Viett Ende der 1960er-Jahre nach West-Berlin, angesprochen von der aufrührerischen Stimmung, wie sie rückblickend feststellt. »Seit Jahren bin ich ziellos und zufällig herumgestolpert, wollte einerseits noch auf verschiedenen Wegen und Weisen mein Glück machen, wanderte andererseits mit den Fragen nach Sinn und Ziel ständig am Abgrund der Empfindung von Sinnlosigkeit und Leere. (…) Meine Wünsche sind nicht ausgereift, sie sind stumm und versteckt in Abneigung gegen die Hierarchie, gegen die Anpassung und Einordnung in ihre Lebensvorgaben, die mich erdrückten (…).«[43] Wo fast alle Straßen an der Mauer enden, fühlt sie sich heimisch: in Berlin-Kreuzberg. Fabriketagen und Ladenwohnungen, Wohnen auf Zeit in unterschiedlichen Konstellationen entsprechen ihrem Lebensgefühl wesentlich mehr als langfristige Mietverhältnisse. Inge Viett zieht in die Eisenbahnstraße.

In ihrer Erinnerung ging es weniger um große Politik als um das Ausprobieren, den spielerischen Umgang mit Drogen, Liebe, das Gefühl, dazuzugehören, vielleicht auch bei etwas Neuem dabei zu sein. Che Guevara ist Pop-Ikone *und* politisches Vorbild gleichermaßen. Der schwule Filmemacher Rosa von Praunheim verkehrt in den WGs ebenso selbstverständlich wie die »Anarchos«, die bei einem »kreisenden Joint Berichte von der letzten Straßenschlacht«[44] zum Besten geben.

Wie die meisten jungen Menschen, die neu in der großen

Stadt sind, lässt Inge Viett zunächst keine Party und nur wenige Demonstrationen aus. Marihuana und LSD gehören zum Alltag. Zum endgültigen Bruch mit diesem Leben kommt es erst auf einer Reise nach Nordafrika: Hier sind Ungerechtigkeiten kein politisch interessantes Diskussionsthema, sondern entscheiden über Leben und Tod. Sie will sich mit den als unfair empfundenen Verhältnissen nicht abfinden, will gegen die weißen Kolonialisten und für die unterdrückten Völker kämpfen. Sie macht diesen Befreiungskampf zu ihrer Aufgabe. Nach der Rückkehr aus Afrika werden alle Erinnerungen an ihr altes Leben aus der Wohnung verbannt. In dieser Zeit, Anfang der 1970er-Jahre, kollidieren ihre persönlichen Eindrücke, die nach gesellschaftlichen Veränderungen verlangen, zunehmend mit der Außenwelt der »Nach-68-Zeit«, in der Ruhe und Ordnung für viele Menschen höchste Priorität haben. Auch in West-Berlin setzen die meisten Studentinnen und Studenten nach den Straßenschlachten des Jahres 1968 ihre »Karrieren« fort. Übrig bleiben Leute, für die die Gesellschaft solche Optionen und Rückzugsgebiete nicht offenhält, etwa die überwiegend nichtstudentischen »Haschrebellen« und die »Tupamaros West-Berlin«.

Auf dem Nährboden der »West-Berliner Stimmung«, einer spezifischen »Mischung aus wachsender Angst und wachsendem Trotz«,[45] entwickelt sich eine Szene, die radikale und brutale Antworten auf offene gesellschaftliche Fragen gibt, die versucht, das mit Gewalt zu erreichen, was die überwiegend friedlichen Proteste ihrer Vorgänger nicht erreicht haben. Anfang der 1970er-Jahre entsteht eine sich zunehmend abschottende Szene, der nun auch Inge Viett angehört.

Den geeigneten Rahmen bietet Kreuzberg 36. Seit Dezember 1970 steht hier das direkt an der Mauer gelegene Haus Bethanien, ein ehemaliges Krankenhaus, in dem Mitte des 19. Jahrhunderts der Schriftsteller Theodor Fontane gearbeitet hat, leer. Im Winter 1971/72 gehört Inge Viett zu den Besetzern, die im »Rauchhaus« (benannt nach dem am 4. Dezember 1971 bei einem Schusswechsel mit der Polizei getöteten »Haschrebellen« Georg von Rauch) einen Raum für selbstbestimmtes und unangepasstes Leben sehen.

Sie bricht abermals eine Berufsausbildung ab. Sie lernt stattdessen Molotowcocktails zu bauen, richtet ihre Aggressionen allerdings zunächst nur gegen Sachen, selbst wenn ihr die Polizei als Verkörperung der Staatsmacht kaum menschlich erscheint. Viett will die »Bürger« aufschrecken: Modenschauen am noblen Tauentzien mit politischen Vorträgen aufmischen, die Auslagen von Porno- und Hochzeitsgeschäften verwüsten. Das erregt die Bewohner im feinen Charlottenburg ebenso sehr wie die im kleinbürgerlichen Buckow und findet in studentischen Kreisen und bei Jugendlichen Zustimmung. Nach und nach möchte sie nicht mehr nur »situativ militant« sein und schließt sich der 1972 gegründeten »Bewegung 2. Juni« an. Das bedeutet, im Namen des »Befreiungskampfes« komplett auf ihr bisheriges Leben zu verzichten und beispielsweise aus der Wohngemeinschaft in eine eigene Wohnung zu ziehen. Denn militante Aktionen lassen sich nur von einer unverdächtigen Basis aus organisieren.

In West-Berlin belegen in dieser Zeit amerikanische, britische und französische Armee beachtliche Areale. Die Schutzmächte garantieren – so sehen das vor allem ältere Berliner – die Freiheit diesseits der Mauer. Für viele Linke aber stehen sie für den Imperialismus des Westens, für die Unterdrückung von »Freiheitsbewegungen« wie der Irish Republican Army (IRA). Nach dem gewaltsamen Vorgehen der britischen Polizei im nordirischen Londonderry muss nach der Logik der »Revolutionäre« eine Bestrafung erfolgen. Eine Bombe, die eigentlich ein leeres Gebäude auf dem britischen Garnisonsgelände in Charlottenburg treffen soll, wird fehlgezündet, und ein Unbeteiligter stirbt. Inge Viett distanziert sich zwar von der Tat, fühlt sich indes nicht für das Opfer verantwortlich. »Die Zeitungen machten es sehr scharf auf, die Polizei sprach von Mord. Ich hatte nicht wirklich das Gefühl, diese Sache beträfe meine Person. Mich störte nur, daß mit dieser unglücklichen Bombe ein höllisches Klima angeheizt war, was wir durchaus nicht im Sinn gehabt und auch nicht vorausgesehen hatten.«[46] In der Logik der »Bewegung 2. Juni« wird dieses Opfer – wie andere, die folgen werden – gegen die durch die britischen »Imperialisten« getöteten Menschen aufgerechnet.[47]

Fahndungsplakat aus dem Jahr 1973. Ganz rechts in der mittleren Reihe: Inge Viett

Inge Viett wird wenige Monate später verhaftet und kommt das erste Mal ins Gefängnis, zunächst nach Konstanz, dann in die Lehrter Straße in Berlin-Moabit. In West-Berlin ist die »Bewegung 2. Juni« gut vernetzt, und mit dem Bahnhof Friedrichstraße existiert ein (nicht nur theoretisch) offenes Tor in die DDR, wo die Terroristen vor Strafverfolgung sicher sind. In der breiten Sympathisantenszene finden Gesuchte zumindest temporär Unterschlupf, und selbst im Gefängnis profitiert Inge Viett von diesem Milieu, obwohl sie wenig Kontakt zu Gleichgesinnten hat. Die politischen Gefangenen können sich nur heimlich austauschen; zudem sind die ideologischen Gräben in der Linken schon sehr breit. Während des Hofgangs und der »Freistunden« lernt Viett kleinkriminelle und drogenabhängige Frauen kennen – in diesen Jahren entsteht in West-Berlin eine Szene, in der Drogenkonsum beim besten Willen nichts mehr mit Bewusstseinserweiterung zu tun hat. Im Knast halten »Politische« und Süchtige zusammen.

Inge Viett verbringt fast ein Jahr in der Untersuchungshaftanstalt, bis ihr die Flucht gelingt. Sie kann einen Gitterstab im Aufenthaltsraum durchfeilen und springt auf die Lehrter Straße. Ein Taxi bringt sie in die City, an die Gedächtniskirche. Rund um den Kurfürstendamm gibt es Anfang der 1970er-Jahre eine Reihe von Kneipen, in denen sich linke Unterstützer treffen. Viett kommt in einer sympathisierenden Frauen-WG unter und erneuert umgehend ihre Kontakte in die Terroristenszene. Während ehemalige Gesinnungsgenossen nach einem Weg aus der Illegalität suchen, will sie den »Befreiungskampf« fortführen. Dieser besitzt in ihren Augen seine eigenen Gesetze, und all jene, die dagegen verstoßen, werden erbarmungslos bestraft. Wer Zweifel hat, ist für das Leben im Untergrund ebenso wenig zu gebrauchen wie »Haschrebellen« und linke Wichtigtuer.

Im Laufe des Jahres 1974 plant die Gruppe ihren ersten großen Coup: Unter einem eigens angemieteten Second-Hand-Laden in der Kreuzberger Schenkendorfstraße, unweit der Marheineke-Markthalle, wird ein Keller als »Volksgefängnis« für einen noch zu bestimmenden Prominenten hergerichtet. Das ist die Situation, als im Herbst des Jahres der RAF-Angehörige Holger Meins während eines Hungerstreiks stirbt – das Foto seines auf unter 40 Kilogramm abgemagerten Körpers geht durch die Presse.[48] Auch außerhalb der Sympathisantenkreise wird sein Bild mit den Opfern der NS-Konzentrationslager verglichen. Der Entführungsplan duldet nun in der Logik der Gruppe keinen weiteren Aufschub. Schon am folgenden Tag soll der Berliner Kammergerichtspräsident Günter von Drenkmann entführt werden. Doch der Jurist wehrt sich überraschend heftig. Statt ihn zu verschleppen, erschießt einer der Terroristen ihn am 10. November 1974.

Ungerührt versucht es die »Bewegung 2. Juni« im Frühjahr 1975 ein zweites Mal, und die Entführung des CDU-Abgeordneten und -Wahlkämpfers Peter Lorenz gelingt. Noch rückblickend verhehlt Inge Viett ihren Stolz auf die minutiös geplante Aktion nicht. Die geschilderten Szenen erinnern an einen Hollywoodthriller; die Terroristen behandeln ihren Gefangenen angeblich höflich und freundlich.[49] Sogar in Details lassen sie ihr Opfer ihre Allmacht fühlen. Während er schläft, entkleiden die Entführer Lorenz und flicken seinen Anzug: Die Kleidungsstücke hatten »bei der Gefangennahme arg gelitten. Bei konservativen Charakteren baut die innere Stabilität zu einem guten Teil auf ihrer äußeren Erscheinung auf. Wir waren nicht an einem mental desolaten Peter Lorenz interessiert, sondern an einem aktiv mitdenkenden.«[50] Dieses eine Mal lässt sich die sozialliberale Regierung unter Kanzler Helmut Schmidt auf die Forderungen der Entführer ein: Eine Reihe von inhaftierten Terroristen wird freigepresst und darf in den Nordjemen ausfliegen. Lorenz kommt unversehrt frei.

Die Berliner Presse, allen voran *BZ, Bild* und *Morgenpost,* schildern die Entführung in allen Einzelheiten. Detaillierte Tatortskizzen verdeutlichen das Geschehen. Die *Bild*-Zeitung richtet eine Leser-Hotline ein, die viele nutzen, um ihr Missfallen über die angeblich zu laxen Sicherheitsvorkehrungen zu äußern. Man traue sich kaum mehr auf die Straße, klagt eine 26-Jährige, es werde Zeit, dass den »Strolchen« von der APO ein anderer Wind entgegenschlage – denn diese oder »die« Kommunisten werden hinter dem Verbrechen vermutet. Für die bevorstehende Abgeordnetenhauswahl wünschen sich die Anrufer unisono Stimmenzuwächse für die CDU.[51] Dass die Ost-Berliner und DDR-Behörden ohne weiteres dem Ersuchen der Westmächte stattgeben, Fahndungen auf dem Reichsbahngelände zu erlauben, interessiert die Boulevardpresse und ihre Leser nicht.[52] Letztlich geht man davon aus, dass Ost-Berlin den Tätern jederzeit Unterschlupf gewähren würde. Die Fahndungsmaßnahmen sind wenig effektiv. Die *Morgenpost* bemängelt zwei Jahre später, dass die diversen Fehler der Täter nur wegen der schlampigen Ermittlungen der Kripo folgenlos geblieben seien.[53]

Der revolutionäre Elan von Inge Viett und ihren Freunden hat nach der erfolgreichen Entführung vorerst kein Ziel mehr. Banküberfälle sollen die finanzielle Lage zumindest vorübergehend verbessern. Während die Bankangestellten die Geldscheine einpacken, verteilen die bewaffneten Bankräuber Schokoküsse an die Kunden und sammeln damit Sympathie in linken Kreisen.

Schon im September 1975 werden Inge Viett und ihr Komplize Ralf Reinders in Steglitz festgenommen: keine Spur von »revolutionärer Wachsamkeit«. Sie haben Fehldrucke von Fahrzeugpapieren und Ausweisen nur flüchtig zerrissen und in den Hausmüll geworfen, wo sie ein Angestellter der Stadtreinigung fand und an die Polizei weiterreichte.[54]

Viett wird in dieselbe Zelle gebracht, aus der ihr zwei Jahre zuvor die Flucht gelang, und sie plant umgehend ihren nächsten Ausbruch. Der erste Versuch scheitert im Dezember 1975, und auch die Freipressung im Rahmen der Flugzeugentführung nach Entebbe (Uganda) misslingt.[55] Aber die Sicherheitsvorkehrungen in der Frauen-JVA stehen offensichtlich zu Recht seit langem in der öffentlichen Kritik: Gitter seien wackelig, das Bewachungspersonal gerade nachts zu knapp kalkuliert und die Überwachungskameras an den falschen Stellen montiert. Zudem sind die Wächterinnen nicht einmal mit Walkie-Talkies ausgestattet, und ein Alarmsystem existiert auch nicht. Beste Voraussetzungen für die Terroristinnen. Gemeinsam mit drei weiteren Frauen überwältigt Viett mit einer eingeschmuggelten Pistole das Wachpersonal. Sie gelangen mit einem selbstgefertigten Nachschlüssel in die Gefängnisbibliothek, von dort aus durch ein unvergittertes Dachfenster ins Freie und seilen sich anschließend auf die Straße ab, wo schon eine Sympathisantin im Mercedes auf sie wartet.

Wie mangelhaft das Sicherheitssystem ist, zeigt sich auch darin, dass die eingesperrten Wärterinnen dadurch auf sich aufmerksam machen müssen, dass sie Bücher in den Hof werfen.[56] Trotz der noch in derselben Nacht, der auf den 7. Juli 1976, eingeleiteten Großfahndung kommt Inge Viett ein weiteres Mal bei Freunden unter.[57] Der Berliner Justizsenator Hermann Oxfort (FDP) tritt kurz darauf zurück, obwohl er des Öfteren auf die unhaltbaren Zustände in der JVA aufmerksam gemacht hat und sich nicht verantwortlich fühlt.[58] Innerhalb kürzester Zeit gehen über 1000 Hinweise aus der Bevölkerung ein, aber nur eine der Geflüchteten – die RAF-Terroristin Monika Berberich – wird gefasst.[59] Die anderen Frauen gehen von Berlin aus in den Nahen Osten und durchlaufen dort eine Ausbildung im Guerillakampf.

Nach Inge Vietts zweitem Ausbruch aus dem Gefängnis leitet die West-Berliner Polizei im Juli 1976 eine Großfahndung ein - erfolglos.

Ab Mitte der 1970er-Jahre hält sich Inge Viett nur noch temporär in West-Berlin auf. Einmal wird sie als Beteiligte eines Banküberfalls am Friedenauer Südwestkorso im Februar 1977 identifiziert.[60] Ein anderes Mal hilft sie im Sommer 1978, den ebenfalls in Berlin einsitzenden Gesinnungsgenossen Till Meyer zu befreien. Meyer wird jedoch kurze Zeit später in Bulgarien verhaftet und nach West-Berlin ausgeliefert.[61] Inge Viett und zwei weitere Frauen gelangen indes unbehelligt nach Prag. Als sie dort festgenommen werden, fragen die tschechoslowakischen Sicherheitsbehörden auf ihren Wunsch beim ostdeutschen Ministerium für Staatssicherheit nach: Die Stasi bittet das »Bruderorgan«, die inhaftierten »Anarchistinnen« auf »keinen Fall« an die Bundesrepublik auszuliefern. Sie müssen die ČSSR verlassen, können aber frei entscheiden, wohin sie reisen.[62]

In diesen Jahren wird das staatliche Überwachungsnetz in West-Berlin immer dichter; die Zahl zuverlässiger Unterstützer der Terroristen sinkt. Nur wenige Stadtguerilla sind übrig geblieben. Der revolutionäre Kampf ist in der Halbstadt bis auf weiteres ausgesetzt oder er erschöpft sich in ideologischen Diskussionen an den Universitäten - Stichwort »K-Gruppen« - und in den Wohngemeinschaften. West-Berlin bietet sich immer weniger als halbwegs sicherer Aufenthaltsort für Menschen wie Viett an. Sie wird Anfang der 1980er-Jahre einen Ausweg nehmen, der angesichts der »Hinweise« an die studentischen Revolutionäre von ganz rechts (dass diese doch »nach drüben« gehen sollten) fast ironisch anmutet: Sie geht in die DDR.[63] In der Bundesrepublik und in West-Berlin ist sie bei den Anschlägen in diesen Jahren nichtsdestotrotz stets eine der Hauptverdächtigen. Die Staatssicherheit verfolgt dies ebenso wie die unzähligen vorläufigen Festnahmen vor allem in Zügen, bei denen die Beamten glauben, sie hätten Inge Viett vor sich.[64] Die letzten westdeutschen Fahndungsfotos von ihr stammen etwa von 1980, und die Personenbeschreibung ist vage - außer einer Narbe am Finger und »ungepflegten, großen Händen« ist an Viett nichts auffällig.[65]

## Revolution in den Kinderzimmern

Die Veränderungen Ende der 1960er-, Anfang der 1970er-Jahre erfassen die Kulturszene der Halbstadt grundlegend, zumal in diesen Jahren das Theater zunehmend als Ort politischer Auseinandersetzungen begriffen wird. In diesen turbulenten Jahren entsteht auch das Grips-Theater, ein stark von seinem Gründer Volker Ludwig geprägtes Haus. Ludwig, eigentlich Eckart Hachfeld junior, kommt vom politischen Kabarett. Sein Vater Eckart Hachfeld senior hat unter anderem den Kabarettisten Wolfgang Neuss mit »Pauken« (dessen spezieller Art von Sketchen) beliefert, und der Erfolg des Älteren ist ein Grund dafür, dass der jüngere Hachfeld nicht unter diesem Namen arbeiten kann.[66] Schon Mitte der 1950er-Jahre schrieb der Sohn unter dem Künstlernamen Ludwig für die Bühne, hat jedoch in den späten 1960ern immer mehr den Eindruck, dass er sich von der Bühne herab zu häufig an ein Publikum richtet, in dem sich Menschen mit derselben Gesinnung befinden. Eine Show von »Bescheidwissern« für »Bescheidwisser« – das ist ihm zu wenig.[67] Im Publikum sitzen allzu viele »Salonsozialisten«, für die links »chic« ist, die aber nichts mit gesellschaftlichem Engagement zu schaffen haben, Menschen, die sich zwar im Theater beschimpfen lassen, im richtigen Leben aber von Veränderungen und Unannehmlichkeiten verschont werden möchten.

Ludwig und seine Kollegen vom Reichskabarett sehen den sinnvollsten Weg aus der Isolierung der APO und der gesellschaftlichen Stagnation darin, einen allmählichen Wandel im Alltag anzustreben. Dazu scheint ein emanzipatorisches Theater für Kinder, das es so in Deutschland bislang nicht gibt, der beste Ausgangspunkt. Das Kinder- und Jugendtheater Grips ist ein einzigartiges Experiment, und über das Fernsehen können auch Heranwachsende in anderen, weniger reformfreudigen Regionen Deutschlands daran teilhaben. Ganz zu schweigen von den Großstädten, in denen die Stücke begeistert nachgespielt werden.

Zuvor hat es in erster Linie mehr oder weniger kitschige Märchenstücke gegeben, nun hält die Realität Einzug auf den Kin-

Probe zu *Doof bleibt doof* am Grips-Theater, 1973. Rechts oben: Volker Ludwig

derbühnen. Ohne »Schick und Tinnef« soll das neue Theater auskommen, außerdem konsequent die Perspektive wechseln. O-Ton Ludwig in einem *Spiegel*-Artikel von 1972: »In unseren Spielen geht es um den Ärger, den die Kinder mit den Erwachsenen haben.«[68] Eine zentrale Frage ist, wie sich Kinder gegen die Zumutungen und Ungerechtigkeiten des Erwachsenenalltags wehren können: Witz und Fantasie sind die besten Mittel. Gegen durchdringendes Pfeifen oder einen »Mugnog« als unsichtbaren, aber mächtigen »Chef« kommen die Erwachsenen auf der Bühne nicht an. Dabei stört es nicht (oder kaum), dass die handelnden Kinder auf der Bühne von jungen Erwachsenen dargestellt werden: Denn auch die Bühne gibt ja nicht vor, eine reale Wohnung oder ein tatsächlicher Hinterhof zu sein, sondern baut auf die Fantasie des jungen Publikums.

Die Kargheit der Bühnenbilder entspricht den notorisch leeren Kassen der Theatermacher: Zwar könnte das Grips auch ohne Subventionen durch den Senat spielen, dann allerdings ausschließlich für Bürgerskinder, deren wohlhabende Eltern die Eintrittspreise ohne weiteres bezahlen können. Volker Ludwig aber möchte vor allem Kinder aus »bildungsfernen Milieus« erreichen, die ansonsten keinen Zugang zu Kultur, geschweige denn Theater haben – Arbeiterkinder in Neukölln und dem Wedding, und deren Tickets müssen durch den Senat subventioniert werden. Die Finanzierung ist ein Dauerproblem des Grips-Theaters: Zwar sind die Aufführungen fast immer ausverkauft, zwar loben Kritiker, Pädagogen und Publikum die Stücke durch die Bank, aber die Stückentwicklung ist zeitaufwendig und teuer, und die Förderung durch den Senat fängt nur einen Teil der Kosten auf.[69]

Der pädagogische Nutzen der Aufführungen dagegen ist (fast) unumstritten, gerade weil die linken Theatermacher nicht nur Alltagsprobleme aufgreifen, sondern auch mögliche Lösungen aufzeigen. Ganz praktisch lernen die Kinder so, was es bedeutet, für die eigenen Rechte einzustehen, und welchen praktischen Wert Solidarität hat: »Da dürfen eben alle Arbeiter nicht mehr hingehen«, meint der elfjährige Uwe im Anschluss an eine Aufführung von *Trummi kaputt* – Streik als Mittel der Durchsetzung von Arbeitnehmerrechten wird in diesem Stück erlebbar.[70] Kindern und Jugendlichen eigene Handlungsspielräume aufzuzeigen ist angesichts des damals wenig ausgeprägten Bewusstseins für Kinderrechte ungeheuer wichtig. Demokratieerziehung par excellence – ganz im Sinne eines Senats, der sich die Parole »Wir mögen Kinder. In Berlin« auf die Fahnen geschrieben hat.[71]

Die West-Berliner Lehrer lieben das Grips-Theater, zumal die Programmhefte dafür sorgen, dass es nicht beim Zuschauen bleibt. Die Stücke werden im Unterricht lebhaft diskutiert, denn sie befassen sich mit dem, was die Kinder tagtäglich erleben (wenn auch nicht alle): tyrannische Väter und fiese Vermieter, Mobbing an der Schule und gesellschaftliche Ausgrenzung. West-Berlin wäre aber nicht West-Berlin, wenn sich nicht auch viele Konservative an dieser Art von antiautoritärer Bildung stören würden. In der zweiten Hälfte der 1970er-Jahre hat das Grips temporär Auftrittsverbot in den von einer CDU-Mehrheit regierten Bezirken wie Wilmersdorf und Steglitz.[72] Und in der Springer-Presse wird Volker Ludwig, wie er sich 2017 erinnert, mal als »Maoist«, mal als »Stalinist« beschimpft – immer aber als »Kinderschänder«, denn er vergifte die Seelen unschuldiger Kinder mit linkem Gedankengut.[73] Erst im Rückblick und mit dem Wissen um den internationalen Erfolg des Musicals *Linie 1* Mitte der 1980er-Jahre freunden sich auch diese Kritiker damit an, dass Kinder im Theater mehr als Wohlverhalten lernen sollten – getreu der von Ludwig für die deutsche *Sesamstraße* kreierten Parole: »Wer nicht fragt, bleibt dumm«.

## Gebaute Albträume

Herrscht im kulturellen Bereich, zumindest was die Kreise abseits der Bildungsbürger und Salonsozialisten anbelangt, ein traditionell-konservativer Geschmack vor, gibt es dennoch ein Bedürfnis nach Moderne, nach spürbarem Fortschritt. Und natürlich möchten auch die West-Berliner irgendwann den Krieg vergessen dürfen, der in ihrer Stadt noch allenthalben sichtbar ist – anders als in den westdeutschen Großstädten. Ungeachtet der durch den Mauerbau eingeschränkten wirtschaftlichen Möglichkeiten und der anhaltenden Abwanderung wird also in West-Berlin gebaut, was das Zeug hält: Bis Ende der 1960er-Jahre boomt die Bauindustrie. Viele ehrgeizige Projekte von Stadtsanierern – allen voran SPD-Bausenator Rolf Schwedler – werden in dieser Zeit realisiert.

Während sich der noble Kurfürstendamm in der Substanz wenig verändert, fallen fast alle wilhelminischen Wohnbauten am Kottbusser Tor und am Neuköllner Rollberg der Abrissbirne zum Opfer. Die maroden Häuser (nicht wenige haben Bombenschäden, und vielfach besitzen die Wohnungen keine Innentoilette, geschweige denn Bad oder Zentralheizung) müssen neuen Sozialbauten weichen, die zwar modern ausgestattet sind, denen es aber aus Sicht vieler Alteingesessener an Seele fehlt. Immer wieder kommt es zu tragischen Szenen, weil ältere Mieter ihre Wohnungen nicht verlassen wollen. Einige bringen sich sogar um. Weniger Widerstand kommt von ausländischen Mietern, die in den meist ungepflegten Vierteln noch nicht lange wohnen oder von vornherein keine dauerhafte Bleibe gesucht haben.

Was Anfang der 1960er-Jahre noch kühn gezeichnete Fantasien von Architekten waren, sind nun bestenfalls noch von Ferne gesehen gebaute Traumlandschaften. Aus der Nähe betrachtet, werden diese schnell zum Albtraum. »Etwas wie ein genormter Mensch, dem ein genormtes Glück zugedacht ist, ein optimal gemeintes, schwebte dem Gründungsgedanken dieser neuen Fremdkörper im Stadtgefüge Berlins vor. Es ist bekannt, daß dieser Gedanke von zahllosen Betroffenen, die dorthin umquartiert wurden, nicht ohne weiteres nachempfunden und als Glück erkannt werden kann.«[74] Und so hält sich die Begeisterung der Mieter in den teilweise riesigen Neubauvierteln in Grenzen. Als »graue Hölle« bezeichnet beispielsweise ein Bewohner das 1962 geplante und Mitte der 1960er-Jahre bezugsfertige Märkische Viertel im Norden West-Berlins,[75] das erste Neubaugebiet dieser Größe, das auf der »grünen Wiese« unmittelbar an der Mauer in Wittenau entsteht.

Besonders stört die Bewohner, dass die Gebäude so schlecht gepflegt werden: »Der Dreck im Haus und vor den Häusern ist katastrophal. Die Müllkästen stehen vor den Fenstern. Kinder und Erwachsene schmeißen einfach alles aus den Fenstern runter«, lauten typische Äußerungen, oder: »Unsere Kinder spielen in Schlamm und Müll wie früher auf Hinterhöfen«, oder: »An manchen Tagen ist es kaum auszuhalten im Treppenhaus vor

Gestank.«[76] Andere stört der Lärm der Nachbarskinder, und sie kritisieren, dass Junge und Alte, Kinderlose und Großfamilien in der Siedlung dicht an dicht wohnen. Zwar äußern sich fast alle zufrieden über die Bäder, über Zentralheizung, Einbauküche und Balkon, akzeptieren aber viel weniger als in den Altbauquartieren die Probleme, die das Zusammenleben mit anderen Mietern hervorruft. Die einen beklagen sich über rund um die Uhr lärmende Kinder, die anderen über die »kinderfeindlichen alten Leute« im Haus.[77] Nur wenige gehen aber so weit, ihr neues Heim als »Obdachlosenasyl« zu charakterisieren. Ein wichtiger Faktor bei den negativen Urteilen dürfte die ebenfalls von vielen beklagte Anonymität in den Wohnsilos gewesen sein: »Und wenn ick ooch bloß inner Altbau-Wohnung jewohnt habe, aber da war man doch wer jewesen«,[78] beklagt eine ältere Frau den Verlust sozialer Beziehungen. In gewachsenen Milieus war es leichter, Ruhe und Rücksichtnahme einzufordern.

Ebenfalls unweit der Mauer, auf der grünen Wiese, werden das Falkenhagener Feld in Spandau und die Gropiusstadt im Bezirk Neukölln gebaut. Letztgenannte ist jene Hochhaussiedlung, die in den 1970er-Jahren als eine Art Vorhölle gilt, weil hier die Drogenkarriere von Christiane F. ihren Anfang nahm. Der »soziale Wohnungsbau«, in dessen Rahmen die berüchtigt-berühmten Massenwohnquartiere entstehen, ist bereits in den 1960er-Jahren stark umstritten und gilt vielen Architekten als menschenverachtend. Noch aber zählt angesichts der schlechten Wohnverhältnisse in der Politik allein, wie viele Wohnungen neu errichtet werden.[79] Darin unterscheidet sich West-Berlin weder von Bremen oder Stuttgart noch von Hamburg oder Frankfurt am Main. Zwar liegen die Hochhaussiedlungen in der Halbstadt vergleichsweise zentral, aber nicht nur in den ersten Jahren fehlt eine gute Infrastruktur. Die monotonen Gebäude werden als krankmachend empfunden. Ein weiteres Problem ist, dass hier nur die einziehen, die anderswo keine Wohnung bekommen. Wer kann, zieht weg. So entstehen in Gropiusstadt, am Rollberg und am Kottbusser Tor »Ghettos«, um die viele West-Berliner einen möglichst weiten Bogen machen.

Das Märkische Viertel entwickelt sich zur Ausnahme: Als hier 1974 die letzten von etwa 50 000 Mietern ihre Wohnungen beziehen, hat sich die Stimmung gewandelt. Viele Einwohner des »MV« haben es satt, als »Schmuddelkinder« behandelt zu werden. Die städtische Wohnungsbaugesellschaft Gesobau hat aus den Anfangsfehlern gelernt und quartiert beispielsweise kinderreiche Familien bevorzugt in den unteren Stockwerken ein. Außerdem bieten Abenteuerspielplätze und ein »Spiel- und Beschäftigungshaus« Raum für Kinder – insgesamt besitzt das »MV« in dieser Zeit 80 Spielplätze.[80] Das ändert nichts daran, dass Rolf Schwedler, unter dessen Anleitung das »moderne« Berlin entstanden ist und der den Bau von Auto- und U-Bahnen entschieden vorangetrieben hat, in den letzten seiner insgesamt 17 Jahre als Bausenator (1955–1972) stärker in die Kritik gerät. Schon 1969 kommen Zweifel daran auf, dass man die Wohnungsnot mit derart »primitiven Einheitsunterkünften« bekämpfen muss. Auch die Vernichtung von Grünflächen durch schier endlose Eigenheimsiedlungen gerät in die Kritik. Ungeachtet der Mauer ist dies ein

Demo für den Erhalt des Abenteuerspielplatzes im Märkischen Viertel, 20. Juni 1971

Phänomen, von dem auch West-Berlin nicht verschont bleibt: In Buckow, Rudow und Spandau reihen sich die Einfamilienhäuser ebenso aneinander wie in jeder x-beliebigen westdeutschen Mittelstadt. Besitz gilt als bestes Bollwerk gegen die Bedrohung von jenseits der Mauer, und das eigene Häuschen soll gegen die »rote Gefahr« immunisieren. Aber diese Drohung rechtfertigt Anfang der 1970er-Jahre längst nicht mehr jede Scheußlichkeit.

Angesichts der enormen Kosten für den sozialen Wohnungsbau in Deutschland geraten diejenigen, die vom Bauboom profitieren, und ihre politischen Helfer in die Kritik. So etwa die Finanziers teils überdimensionierter Neubauprojekte in der Mauerstadt, die dafür Steuervorteile von bis zu 210 Prozent kassieren.[81] Zunehmend gerät die Maxime, dass Neubauten allemal als Fortschritt gegenüber den modernisierten innerstädtischen Altbauquartieren gelten, unter Beschuss – flächendeckender Abriss, um Platz für Neubauten zu schaffen, scheint immer mehr lediglich der Beschäftigung einer zuvor aufgeblähten Bauindustrie zu dienen.

Die engen Verflechtungen zwischen Immobilienspekulanten und Lokalpolitik werden Anfang der 1970er-Jahre erstmals akten- und gerichtskundig. Bausenator Schwedler gehört zu den Unterstützern der Architektin Sigrid Kressmann-Zschach (der dritten Frau des langjährigen Kreuzberger Bezirksbürgermeisters Willy Kressmann), die mit dem Steglitzer Kreisel Skandalgeschichte schreibt. Ihr wird das Bonmot »Männer, Häuser und Geld kann man nie genug haben« zugeschrieben. Hunderte von Anteilseignern, die auf leichte Gewinne gehofft haben (die nun ausbleiben), sind auf ihre Versprechungen hereingefallen. Betroffen sind überdies zahlreiche Baufirmen, die zwar geliefert haben, aber kaum hoffen dürfen, für ihre Leistungen bezahlt zu werden, und das Land Berlin, das für das Bauprojekt bürgte und jetzt zahlen muss. Senator Schwedler hat mitgeholfen, die Kosten des Bauprojekts für die Banken nach unten zu »korrigieren«, und ihm war es – wie den anderen Verantwortlichen auch – gleichgültig, dass der Bau an den Bedürfnissen und Wünschen der Steglitzer und der West-Berliner vorbeiging.[82] 1974 werden die Bauarbeiten am Kreisel eingestellt und erst 1977 wieder aufgenommen. Nach der Fertigstellung zieht das Bezirksamt Steglitz, das seit längerem nach größeren Büroräumen sucht, ein; weitere Mieter fehlen. Auch ein anderes Projekt von Kressmann-Zschach erweist sich als problematisch: Im parallel errichteten Charlottenburger Ku'damm-Karree stehen ebenfalls viele Räume leer.

Neben Schwedler muss sich Finanzsenator Heinz Striek (SPD) einem Untersuchungsausschuss des Abgeordnetenhauses stellen. Der Ex-Bausenator zieht sich 1976 aus der Politik zurück, Striek räumte seinen Posten ein Jahr zuvor. Bereits 1974 aber sind die Erfolge der »schönen Sigi« Kressmann-Zschach vorbei: Aus »der vielbeneideten Erfolgsarchitektin« ist eine »steil abgestürzte Karrierefrau« geworden.[83] Einiges von dem, was im Zuge der Pleite an die Öffentlichkeit kommt, wird sich in späteren Jahrzehnten wiederholen, insbesondere was enge Verbindungen einzelner Politiker mit der Bauindustrie anbelangt. In diesem Fall hatte der oberste Steuerbeamte Berlins Klaus Arlt mehr als einmal private Stunden am Pool der Architektin verbracht.

Bausünden und Bauskandale zeigen auch, dass West-Berlin Anfang der 1970er-Jahre längst nicht mehr im Ausnahmezustand funktioniert: Aus dem Provisorium von Anfang der 1960er-Jahre ist längst eine normale Stadt geworden – selbst wenn die »Verfilzung« von städtischer Bau- und Finanzaufsicht, von Beamtenapparat und Bauindustrie hier besonders dicht scheint. Darüber hinaus ist unübersehbar, dass der Bauboom der Nachkriegsjahre, der zweite »Gründerboom«, auch in West-Berlin vorbei ist. Selbst wenn im Charlottenburger Westen mit dem fast eine Milliarde Mark teuren und möglicherweise überdimensionierten Internationalen Congress Centrum (ICC) das größte Projekt noch im Entstehen ist. Dagegen scheinen die 400 Millionen Mark für den neuen (möglicherweise zu großen) Flughafen Tegel fast geschenkt.[84]

Die wirtschaftliche Entwicklung West-Berlins ist auch Ende der 1960er-Jahre schwierig. Eine Reihe von Industrieunternehmen hat sich in West-Berlin niedergelassen, um die dafür vom Bund gezahlten Subventionen zu kassieren – so manches Kleidungsstück wird hier nur mit Knöpfen versehen, so manche Fla-

Blick vom Gropius-Hochhaus über das Viertel in Richtung Osten, 1970

sche »Sprit« nur einmal um die Gedächtniskirche herumgefahren, um anschließend mit dem Etikett »Made in Berlin« versehen zu werden.[85] Tatsächlich produzieren Ende der 1960er-Jahre zwar viele Unternehmen in West-Berlin, aber die Handels- und Wirtschaftsbeziehungen ins Umland sind schwach. Nur der Pharmakonzern Schering hat seine Zentrale in West-Berlin, alle anderen Firmen haben ihren Hauptsitz längst in westdeutsche Städte verlegt und die wichtigen Forschungs- und Entwicklungsabteilungen mitgenommen. West-Berlin bleibt somit zwar Industriestandort, aber das eigentliche industrielle Zentrum liegt nicht hier, und produziert wird vor allem wegen der erheblichen Subventionen aus Bonn.

## Anlaufstellen des Ostens

West-Berlin ist auch Anfang der 1970er-Jahre eine Stadt, in der der Osten vielerorts präsent ist, und zwar nicht nur als »mitgedachte« andere Hälfte von Berlin, als unsichtbare Gefahr, sondern mitunter faktisch, zum Beispiel anlässlich der Fußball-Weltmeisterschaft 1974, als im Charlottenburger Olympiastadion die Mannschaften der DDR und Chiles aufeinandertreffen. Dauerhaft werden als ein Ergebnis der Entspannungspolitik Willy Brandts im Laufe des Jahres 1972 »Büros für Besuchs- und Reiseangelegenheiten« in West-Berlin eingerichtet. Diese wickeln ab Juni die Anträge der Ost-Berlin-Besucher ab. Damit gibt es erstmals nach dem Mauerbau wieder geregelte Abläufe, nach denen West-Berliner nach Ost-Berlin einreisen dürfen. In insgesamt fünf Büros – in Spandau, Charlottenburg, Steglitz, Kreuzberg und Wedding – arbeiten West- und Ost-Berliner gemeinsam an der Annahme von Anträgen sowie der Ausgabe von Bewilligungen, wobei die West-Berliner »Senatskräfte« vor allem für die Organisation und den Empfang der Antragsteller zuständig sind, während die eigentliche Bearbeitung (ebenso wie die Entscheidung über die Anträge) bei den Ost-Berliner Stellen liegt.

Die Ost-Berliner Mitarbeiter treten ihren Dienst in Uniformen an, die ihre Herkunft – die Arbeitsgruppe XVII der DDR-Staatssicherheit – verbergen. Häufig sind sie schon während der Passierscheinabkommen in den 1960er-Jahren zum Einsatz gekommen. Während der 18 Jahre, in denen die Besucherbüros existieren, berichten die Stasi-Mitarbeiter täglich über ihre Einsätze, über Vorkommnisse auf der Dienststelle und auf dem genauestens geplanten Weg dorthin. Sie notieren, wann immer es Verzögerungen bei der Anfahrt gibt, und geben ihrem Ärger darüber Ausdruck, dass die für sie reservierten Parkplätze mitunter belegt sind.[86] Sicherlich gravierender sind Angriffe gegen die Mitarbeiter während der Fahrt – so werden die Barkas-Dienstwagen teilweise von Passanten bespuckt oder mit Gegenständen beworfen. Wiederholt fangen Betrunkene die Mitarbeiter vor dem Büro ab, beschimpfen sie oder stimmen Nazi-Lieder an.[87] Die in Fertigteilbaracken untergebrachten Besucherbüros am Kreuzberger Waterloo-Ufer und in der Weddinger Schulstraße werden immer wieder mit DDR- und sozialismuskritischen Parolen beschmiert. Solche Graffiti sollen vom zuständigen West-Berliner Personal schnellstmöglich beseitigt werden. Gleichgültig ob Personen vor oder in den Büros ausfällig werden: Sie werden aktenkundig, und die Stasi versucht, weitere Informationen über sie zu erhalten – das gilt selbst für Mitglieder der loyal zur DDR stehenden Sozialistischen Einheitspartei Westberlins (SEW), deren Proteste von anderen Wartenden hämisch kommentiert werden.[88]

Die Ost-Berliner Mitarbeiter der Besucherbüros bewegen sich in West-Berlin möglichst autark, sie sind soweit irgend möglich unabhängig von ihrem Umfeld: Kaffee und Kaltgetränke werden ihnen ebenso selbstverständlich mitgegeben wie Pausenbrote. Die Verpflegung organisiert der Arbeitgeber. Zwei große Kühltaschen pro Einsatzgruppe gehören neben drei verschließbaren Aktenkoffern zur Ausrüstung der im Westen eingesetzten Teams.

Die Mitarbeiter sollen damit gegen »Bestechungsversuche« von Besucherinnen und Besuchern gewappnet sein, die einzelnen Mitarbeitern Getränke, Süßigkeiten oder Zigaretten anbieten. Solche Gaben anzunehmen, ist selbstverständlich verboten. Der Mitarbeiter Erich L. reagiert am 17. Juni 1972 im Sinne seiner Arbeitergeber vorbildlich: »Gen. L. wurde durch eine Besucherin in der Annahme Eis angeboten. Er lehnte höflich, aber bestimmt mit dem Hinweis ab, daß ihm genügend Erfrischungen zur Verfügung stünden (...).«[89] Etwa einen Monat später kommt es zu einem ähnlichen Vorfall. Dieses Mal will sich eine Hebamme, die bereits mehrfach Anträge bei L. gestellt und ihn anscheinend als kompetent und freundlich erlebt hat, spendabel zeigen. Als er ihr Angebot ablehnt, verteilt sie das Eis kurzerhand an dessen West-Berliner Kollegen.[90]

Eigentlich war Erich L. kein Wunschkandidat für die exponierte Stellung im Besucherbüro, denn er wurde 1932 in Bayern geboren und hat Verwandtschaft im Westen, zu der er allerdings den Kontakt abgebrochen hat – eine Voraussetzung für jede Karriere im DDR-Staatsdienst. Er hatte zuvor jahrelang als Volley-

## Anlagekarte

BSTU
0004

Bild 2: Die Einsatzgruppe in der Dienstkleidung, wie sie auf dem Transport nach Westberlin und zurück getragen wird. In den Koffern sind die Arbeitsmittel und in den Kühltaschen ist die Verpflegung untergebracht

Bild 3: Die Einsatzgruppe in der Dienstkleidung, wie sie von den Angestellten der DDR in den Büros in Westberlin getragen wird

Fotos aus einer Dokumentation des MfS: Der morgendliche Weg zu den Besucherbüros war detailliert festgelegt, »Vorkommnisse« jeglicher Art mussten gemeldet werden, 1970er-Jahre.

# Anlagekarte

Bild 3: Dienstzimmer des Gruppenleiters

Einrichtung: Schreibtisch
Beitisch
Kleiderschrank
kleiner Panzerschrank

balltrainer beim Deutschen Turn- und Sportbund gearbeitet, war aber innerhalb des Passierscheinabkommens bereits in einer Annahmestelle eingesetzt. Zwischen 1972 und 1988 ist er an bis zu 160 Tagen jährlich in den verschiedenen Besucherbüros im Dienst – nicht immer zur vollen Zufriedenheit seiner Vorgesetzten. In seiner Personalakte finden sich mehrere Hinweise auf Fehlverhalten. So etwa eine undatierte Notiz, aus der hervorgeht, dass er seit Anfang Juni 1972 in der Gruppe arbeite und »nicht auf den Mund gefallen, aber im Verhalten zu den Antragstellern zu poltrig-unerfahren, oft fast unwirsch«[91] sei. Aber er scheint absolut vertrauenswürdig, seine Einstellung zur DDR sei einwandfrei. L. habe im Gespräch mit Kollegen geäußert, wenn er »so einen langlodigen sehe, oder einen, der früher mal in der Republik (also der DDR, EK) gewohnt hat«, der sei bei ihm unten durch. »Da streiche ich sofort das Auto. (...) wer mich oder uns beleidigt, kann gleich seine Anträge nehmen und wieder abziehen.« Seine Vorgesetzten mögen der gleichen Ansicht sein, lehnen aber in ihren Augen »unnötige Diskussionen während des Einsatzes« ab. So wird L. zurechtgewiesen: »Ein Vorfall am 4.7. gab Anlaß in der abendlichen Auswertung erneut ernst mit Erich über sein Verhalten in der Gruppe zu sprechen. Sein poltriges, undiplomatisches Auftreten birgt die Gefahr in sich, die Westkräfte zu provokatorischen Gegenmaßnahmen aufzureizen.«[92]

Auseinandersetzungen und Vorfälle, die womöglich an die Medien durchdringen, sind unerwünscht, denn die Besucherbüros gelten als Aushängeschild des Ostens im Westen. So haben die Mitarbeiter gut gekleidet und ordentlich versorgt zu sein. Parteichef Erich Honecker selbst hat angeordnet, dass die Uniformen des Personals maßgeschneidert werden sollen.[93] Auch die Büros sollen in einem ansprechenden Zustand sein. Diese Anforderung sorgt allem Anschein nach immer wieder für Unfrieden zwischen dem MfS und den für Bauangelegenheiten zuständigen Senatsstellen – mal regnet es durch das Dach, mal sind die Büros schmutzig. Nicht immer können die Schäden umgehend behoben werden, denn Reparaturen sollen möglichst außerhalb der Dienstzeiten durchgeführt werden, um die Abläufe nicht zu stören.

Außerdem sind die West-Berliner nicht allein für den schlechten Eindruck verantwortlich: Erich L. zum Beispiel fällt nicht nur durch seine »poltrige« Art unangenehm auf, er ist auch unordentlich. Ein ungenannter Beobachter notiert im Sommer 1975: »Im Abfertigungsprozeß des Gen. L. ist besonders auffällig, daß auf seinem Schreibtisch eine heillose Unordnung herrscht. Durch seine hohe Annahmeziffer ist er einer der Genossen, der die meisten Fehler verursacht. Trotzdem sind die WB-Bürger offensichtlich mit seinem Abfertigungsprozeß außerordentlich zufrieden, da sie den Gen. L. begrüßen, auch wenn sie von einem anderen Genossen abgefertigt werden.«[94] Trotz seiner Schwächen ist L. nie so störend oder auffällig, dass man sich gezwungen sieht, ihn gegen einen anderen Genossen auszutauschen. Als er 1988 aus dem Dienst scheidet, geschieht dies auf eigenen Wunsch aus gesundheitlichen Gründen. Möglicherweise liegt sein Erfolg beim West-Publikum darin begründet, dass er menschlicher auf die Antragsteller und auch auf die Senats-»Kollegen« wirkt als so mancher überkorrekte Kollege. Entscheidend für die »Nachsicht« gegenüber L. mag zudem gewesen sein, dass der große Personalbedarf der Besucherbüros es kaum erlaubt, einen loyalen Mitarbeiter zu versetzen. Mit weitaus weniger Nachsicht darf das leitende Personal rechnen. So findet sich in den Personalunterlagen des Genossen K. verschiedentlich Kritik daran, dass dieser auf die Sticheleien der verantwortlichen West-Berliner Mitarbeiter nicht angemessen sachlich reagiere. Er verhalte sich zwar lehrbuchhaft, aber leider allzu steif gegenüber den West-Berlinern und provoziere dadurch immer wieder Spötteleien.[95]

Von 1972 an wächst der Andrang in den Besucherbüros kontinuierlich, und selbst bei nur oberflächlicher Kontrolle der Anträge ist der Aufwand enorm – in Ost- wie in West-Berlin. Teilweise arbeiten die Büros auch am Wochenende. Mit der Anhebung der Visumsgebühren Anfang 1974 sind Ost-Berlin-Besuche zwar für Rentner oder Studierende (die beispielsweise die Staatsbibliothek Unter den Linden nutzen) erschwert, aber nicht einmal solche Maßnahmen sorgen für einen dauerhaften Rückgang der Anträge.[96] Waren es Mitte der 1970er-Jahre etwa 9000 Antragsteller

Blatt 1

**Information**

BStU
0048

Gespräch mit Senatsleiter Müller am 16.02.76

Müller beginnt kurz nach 15.00 Uhr ein Gespräch mit mir im Schreibraum. Er beginnt mit dem Wetter: "Ich habe gedacht, es wird bald Frühling werden!" Ich antwortete mit der Bemerkung, daß es ja auch bald so weit sein müsse. Er kommt dann auf die schlechte Luft im Büro zu sprechen: "Durch den Fußboden ist sehr viel Staub. Sind die Fenster auf, dann gibts wieder Zug. Wir haben dauernd Durst und trinken viel Kaffee. Sie ja sicher auch?" Ich mache die Bemerkung, daß zu viel Kaffee ja der Gesundheit schade. Darauf Müller: "Na ja, es sind sowieso alle nicht mehr ganz in Ordnung. Es hat jeder so sein Zipperlein!" Er läßt sich dann über die Preise aus: "Der teuerste Kaffee ist doch der beste. Das ist bei allen Lebensmitteln so, ob das Brot oder Leberwurst ist."
Als weiteren Gesprächspunkt nimmt er die Olympischen Spiele: "Die DDR hat ja mit 19 Medaillen ganz hervorragend abgeschnitten!" Er äüßert dann, daß die "deutschsprachigen Länder"ganz hervorragend abgeschnitten haben. Er nennt u.a. Österreich und Italien/Tirol. Ich bin auf diese Äußerung nicht eingegangen. Müller äußerte sich dann über die Zuschauer beim Skispringen: "Das war nicht sehr schön. Das ist ja auch aus dem Kommentar beim Fernsehen hervorgegangen." Er sei allerdings der Meinung, daß das nicht politisch motiviert gewesen sei, denn das wäre bei jedem anderen auch so gewesen. Ich bemerkte dazu, daß Freude über gute Leistungen nicht mit Unfairniss einhergehen muß. Müller meint, es seien sehr viele Zuschauer dort beim Springen gewesen.
Zum Abschluß äußert Müller: "Ich habe gehört, Sie wollen die Ausgabe umstellen auf andere Formulare." Ich bestätigte das kurz mit ja.

Auszug aus einem Bericht, den K. an seine Vorgesetzten ablieferte, 16. Februar 1976

täglich,[97] fertigen die Besucherbüros Anfang der 1980er-Jahre fast 12000 Personen im selben Zeitraum ab.[98] Die wachsende Normalität im Ost-West-Berliner Miteinander lässt sich also auch in Zahlen fassen. Viele Antragsteller sind »Normalbürger«, die Angehörige oder Freunde besuchen – jetzt, wo dies wieder einigermaßen problemlos möglich ist. Andere knüpfen Bekanntschaften oder interessieren sich schlicht für das Leben »drüben«.[99]

Vereinfacht hatte sich auch der Weg über die Transitautobahnen und Züge ins Bundesgebiet. Mitte der 1970er-Jahre gingen die Nutzungszahlen folgerichtig steil nach oben, obschon die Abfertigung in Drewitz und Marienborn nicht immer ein Vergnügen war. Einmal, 1974, kam es gar zu einem regelrechten Aufstand genervter West-Berliner: Sie eröffneten »ein riesiges Hupkonzert«, das die Passkontrolleure allerdings mit dem lakonischen Hinweis »Als Reisender muß man eben Zeit haben« beantworteten.[100] Immer mal wieder versuchten die ostdeutschen Sicherheitskräfte, die vereinbarten Transitregelungen zu unterlaufen, etwa indem man auf eine Verletzung des Viermächtestatus von Berlin durch die Ansiedelung des Umweltbundesamtes ebendort hinwies oder um angeblich Kriminelle dingfest zu machen. Eine gewisse Unsicherheit blieb bis 1990 – und sei es nur, weil Geschwindigkeitsüberschreitungen meist hart geahndet wurden. Reisende schalteten »automatisch in den Transit-Modus, einen Zustand, der sich durch latenten Verfolgungswahn und vorauseilenden Gehorsam auszeichnete. So hatte sich die Tachonadel strikt auf der 100 oder leicht links davon aufzuhalten (...).«[101] Wer diese »Durststrecke« hinter sich hatte, *musste* auf der AVUS erst mal Vollgas geben, angeblich sollte jedes Auto ab und an »ausgefahren« werden.

Die Gewöhnung an eine an sich unnormale Situation hatte insofern Nachteile, als die Nachsicht der westdeutschen Geldgeber im Laufe der Jahre nachließ. Im Rest der Republik begannen die West-Berliner zu nerven: Je mehr die Normalität Einzug hielt, je mehr auch die »kleinen Leute« vom Wirtschaftswunder profitierten, man verreisen konnte und ein Krieg vorerst nicht zu befürchten war, desto stärker störte die Mauerstadt mit ihren unübersehbaren Wunden aus Krieg und Teilung. Hinzu kam, dass West-Berlin die westdeutschen Steuerzahler jährlich Millionen an Subventionen kostete, und wirklich dankbar schienen die Berliner den Bielefeldern, Münchnern und Stuttgartern dafür nicht zu sein, im Gegenteil: Sie betrachteten sie pauschal und arrogant als Provinzler, als »Wessis«.[102] Selbstverständlich profitierten viele wohlhabende Westdeutsche von den besonders ertragreichen West-Berliner Abschreibungsmodellen, das änderte aber nichts am vernichtenden Gesamturteil: »Kein Chic, keine Eleganz, das Bier schmeckt nicht, keine repräsentative Historie, die Insellage, alles künstlich am Leben erhalten, Zuschußbetrieb, sterbende Stadt.«[103]

»Berlin *erzeugt* nicht Melancholie, Berlin *hat* sie.«[1]

*Annemarie Weber, Schriftstellerin, 1976*

»Ein pfiffig-strahlendes Gesicht mitten in der Männerwelt und schon sieht alles ganz anders aus. Berlinerinnen verstehen es sehr gut, den bedrückenden Ernst des Lebens nicht allzu schwer zu nehmen.«[2]

*Rainer Wagner, Journalist, 1980*

# Die bleierne Zeit
## 1975 bis 1986

Mehr oder weniger friedlich lebt man Mitte der 1970er-Jahre in West-Berlin nebeneinander: »Jede Szene schmort im eigenen Saft, die Neugier auf die fremde Welt nebenan ist schwächer als der Wunsch, in Ruhe gelassen zu werden. Eben jeder nach seiner Fasson.«[3] Während die einen Subventionen erfolgreich nutzen, um die Stadt nach ihren Vorstellungen zu gestalten und selbst zu profitieren, ist für andere die Insellage Voraussetzung dafür, einem ansonsten spießigen Alltag zu entkommen und sich hier ein Leben jenseits der westdeutschen Norm aufzubauen. Bei allen Widersprüchen in großen und kleinen Fragen leben beide Seiten gleichermaßen von dem ungebrochenen politischen Willen, West-Berlin als Schaufenster des Westens zu pflegen (oder zumindest nicht komplett verkommen zu lassen). An so manchem unendlich grauen, smogverhangenen Wintertag, angeblich verursacht durch die schlechte ostdeutsche Braunkohle, ist das eine echte Herausforderung.

Der revolutionäre Geist der 68er scheint Mitte des neuen Jahrzehnts aufgebraucht. Statt erbitterter Feindschaft zeigt sich auf beiden Seiten Pragmatismus, wenn auch auf recht unterschiedliche Weise. Statt zu lamentieren werden Ärmel hochgekrempelt, statt die ganz großen Probleme lösen zu wollen, setzt man vor Ort, im Kiez an. Das mag weniger aufregend sein als der richtige Aufstand, verändert indes die Stadt und den Alltag derer, die hier leben, nicht weniger entscheidend als eine »große« Revolution. Die Dinge geschehen nicht über Nacht, sondern peu à peu, und am Ende dieser langsamen Verschiebung steht 1981 unter anderem der Regierungswechsel: Nicht mehr – wie seit Kriegsende

Baustelle des Internationalen Congress Centrums in Berlin-Charlottenburg, 1976

durchgehend - die SPD bestimmt die Geschicke der Stadt, sondern die Christdemokraten, zunächst unter dem charismatischen Regierenden Bürgermeister Richard von Weizsäcker, ab 1984 unter seinem eher blassen Nachfolger Eberhard Diepgen.

Mitunter gibt es Anlass zu feiern: Das Internationale Congress Centrum (ICC), das »größte und teuerste Bauwerk Nachkriegsdeutschlands«, begeht 1977 endlich Richtfest. Es wird noch fast zwei Jahre dauern, bis die »Halle Größenwahn« am vorhergesagten Termin, dem 2. April 1979, eröffnet wird - drei Jahre später als sein Ost-Berliner Pendant, der Palast der Republik am Boulevard Unter den Linden.[4] Fast eine Milliarde Mark sind insgesamt verbaut worden. Allein die Höhe der Ausgaben hält die CDU für unverantwortlich. Der Abgeordnete Heinrich Lummer versteigt sich gar zu der Äußerung, der regierende SPD-Senat unter Bürgermeister Dietrich Stobbe sei »bekloppt«. Diese Wortmeldung ist insofern verwunderlich, als Projekte, gleich welcher Art, auch den Christdemokraten eigentlich nicht groß genug sein können und sie Kosten als zweitrangig abtun. Das ICC schreibt trotz aller Kritik zunächst Erfolgsgeschichte. Schon 1980 finden etwa 300 Kongresse mit fast 180000 Teilnehmern statt, der Club of Rome tagt hier ebenso wie die großen Gewerkschaften.[5] Mit anderen Worten: Es gibt in der Stadt größere Bauskandale als das Congress Centrum.

Viele der Jungen, die aus dem Bundesgebiet zuziehen, leben in Wohngemeinschaften. Dieser Schritt hat viel von seinem politischen Anspruch verloren, selbst wenn die »Langhaarigen« der Polizei und den »Diensten« noch längere Zeit suspekt bleiben. Hier finden sie einen sicheren Ausgangspunkt, um in der Großstadt heimisch zu werden. Einige wollen erst mal weder allein noch einsam sein. Echte WGs halten im Gegensatz zu Gemeinschaftswohnungen weiter auf ein gleichberechtigtes Miteinander, und so müssen viele Entscheidungen ausdiskutiert werden. Das »permanente Gespräch« in Form der »institutionalisierten Gruppengespräche« jedoch hat sich überlebt.[6] Wie weit die Gemeinschaftlichkeit geht, ist von Fall zu Fall verschieden: In einigen WGs ist der Verzicht auf privates Eigentum weiterhin selbstverständlich, Schränke und Kleidung werden gemeinsam genutzt - davon profitieren vor allem die, die wenig einbringen können. Viele Prozesse bleiben anstrengend. Das ist ein Grund dafür, dass etwa die WG-Bewohnerin Ursula diese Wohnform 1973 für sich nur als Interimslösung ansieht. Fünf bis zehn Jahre seien in Ordnung, dann werde man »dußlig«, dieses Leben erfordere »verdammt viel Kraft«.[7] Für Neu-WGler aus behüteten Verhältnissen dürfte auch eine extrem günstige Art des »Einkaufens« ungewohnt gewesen sein. Im Zeitalter vor der Videoüberwachung können die wenigen Sicherheitskräfte in den Lebensmittelmärkten Bolle, Meyer oder Kaiser's wenig gegen Ladendiebstähle ausrichten. Probleme bekommen ehemals ostdeutsche Mitbewohner, deren Einkäufe als zu teuer gelten: Überwältigt vom Supermarktangebot, kaufen sie ein, was verlockend aussieht, und achten weniger auf den Geldbeutel.

Ähnlich wie die Wohngemeinschaften gehen die Kinderläden auf die Studentenbewegung zurück. Sie werden in den 1970er-Jahren zur unaufgeregten Normalität, fast 300 gibt es, und viele werden vom Berliner Senat gefördert. Die antiautoritäre Erziehung im Kinderladen ist sicher ein Argument für die Eltern, den Nachwuchs nicht den städtischen Kindergärten anzuvertrauen, mindestens ebenso wichtig ist aber der bessere Betreuungsschlüssel in den selbstverwalteten Einrichtungen. Auch die ersten Arbeitgeber beginnen, sich um den Nachwuchs der Mitarbeiterinnen zu kümmern. So eröffnet etwa der Pharmariese Schering im Wedding einen eigenen Kindergarten auf dem Dach des Parkhauses.[8]

## Selbsthilfe

Selbsthilfe ganz anderer Art wird nahe der Technischen Universität (TU) in Charlottenburg praktiziert. In der Carmerstraße öffnet 1976 die Berliner Autorenbuchhandlung ihre Türen, damit einem Münchener Beispiel folgend. So unterschiedliche Intellektuelle wie Uwe Johnson, Walter Kempowski, Elfriede Jelinek und Vicco von Bülow (alias Loriot) haben sich zusammengetan, um der Macht der Verlage etwas entgegenzusetzen: eine Buchhandlung, in der die Leser sich nicht durch Bestseller wühlen müssen, sondern in der rare und anspruchsvolle Literatur ganz vorn steht. Selbst der jedes elitären Gedankens unverdächtige Jahresrückblick des Ullstein-Verlags heißt die Sache gut, denn immerhin verkehren hier auch Berlinale-Besucher – und einer solchen Institution gegenüber ist man auch im eher kleinbürgerlichen Spektrum stets wohlgesinnt.[9]

Man kann nicht behaupten, dass es rund um die Knesebeckstraße bislang keine guten Buchläden gegeben hätte: im Gegenteil. Noch bis ins Jahr 2002 kann man sich bei Kiepert am Ernst-Reuter-Platz auf mehreren Etagen durch das Angebot lesen. Es gibt eigentlich nichts, was es dort nicht gibt. Um die Ecke, in der Knesebeckstraße 11, existiert – neben dem Angebot an Büchern des Haffmans Verlags – ein gut sortiertes modernes Antiquariat, und Marga Schoellers Bücherstube ist ebenfalls nicht weit weg. Ergänzt werden diese Buchhandlungen durch Bote & Bock, die sich auf Musikalien spezialisiert haben, und ein paar Meter weiter, unter den S-Bahn-Bögen am Bahnhof Zoo, befindet sich seit 1945 die Heinrich Heine Buchhandlung, ein »Bücherkabinett«, an dem kaum ein Besucher aus Ost-Berlin vorbeikommt: Heiner Müller und Christa Wolf sind hier Stammkunden.[10] 1980 kommt der Bücherbogen am S-Bahnhof Savignyplatz mit den Schwerpunkten Kunst und Architektur hinzu. Letzterer verkauft einige Bücher, die es so im Westen gar nicht gibt: In der DDR hergestellte aufwendige Bildbände, die Ost-Berliner Rentner mit der S-Bahn in den Westen transportieren und an den Bücherbogen verkaufen.[11]

Sehr gespalten sind die Reaktionen auf das »SO 36«, das im Sommer 1978 als alternativer Veranstaltungsort für Punk und anderes an der Oranienstraße 190 eröffnete. Rückblickend meint Mitbegründer Andreas Rohé, die Front der Gegner habe »Künst-

Nach einer Ausstellung zur behutsamen Stadterneuerung im »SO 36«, Oranienstraße 190, November 1984

ler, Bürgerliche, Politiker, Polizisten, Anarchisten, Hausbesetzer, Körnerfresser, Latzhosenträger«[12] vereint. Dass Konservative den in einem ehemaligen Kino und Discountermarkt angesiedelten Club, der mit einem »Festival zum Mauergeburtstag« startet, nicht mögen, überrascht nicht, schon mehr die Entschlossenheit des »Kommandos gegen Konsumterror«, das im November 1978 bei einem nächtlichen Überfall die Abendkasse mitgehen lässt. Den Rechten gefällt das Programm im »SO« nicht, die Linken kritisieren die zu hohen Eintrittspreise. Bei so viel Gegenwind müssen die Betreiber, zu denen ab Anfang 1979 der Künstler Martin Kippenberger gehört, bald aufgeben. Nachfolger Hilal Kurutan hat mehr Erfolg – unter seiner Regie finden an der Oranienstraße Punk- und Wave-Konzerte, aber auch türkische Hochzeitsfeiern statt –, er muss aber 1983 wegen baurechtlicher Bedenken schließen.[13] Das »SO« und Kreuzberg sind in diesen Jahren für viele West-Berliner ein Schandfleck.

An der Potsdamer Straße in Schöneberg entsteht um 1980 der Szenetreffpunkt »K.O.B.« Zunächst finden hier vor allem Besetzerversammlungen, politische Diskussionen und Lesungen linker Autoren statt. Aber nach einer Grundüberholung Anfang der 1980er-Jahre treffen sich im »K.O.B.« nicht mehr nur Hausbesetzer und Punks, sondern viele, die für kleines Geld Musik hören wollen. Für fünf Mark Eintritt kann man hier übelsten Punk der Sorte »schneller, lauter, härter« hören und sich beim Pogo-Tanzen bleibende Narben holen, aber auch – freilich etwas später – einen der ersten Auftritte der in den 1990er-Jahren über Berlin hinaus berühmten Lassie Singers bewundern. Das »K.O.B.« ist in den 1980ern ein Ort, an dem etwas passiert – was genau, lässt sich nicht immer vorhersagen.

Das »K.O.B.« ist eine Kneipe in einem besetzten Haus und deshalb häufiger von Räumung beziehungsweise Schließung bedroht. Selbst wenn einzelne Politiker in diesen Jahren – nach so mancher schlimmen Auseinandersetzung zwischen Polizei und Hausbesetzern – erkennen, dass es einer anderen Politik bedarf, um ein friedlicheres Miteinander zu erreichen: Noch kracht es häufig. Und bis zu der Einsicht, dass Hausbesetzungen auf die

Kieze durchaus stabilisierend wirken können – zumal wenn diese so kaputt sind wie die »Potse« –, ist der Weg Mitte der 1980er-Jahre noch weit.[14] Grundlage für aussichtsreiche Verhandlungen ist die vom Interimsregierenden Hans-Jochen Vogel erdachte »Berliner Linie der Vernunft«, die einerseits entschiedenes Vorgehen gegenüber Neubesetzungen, andererseits eine Art Bestandsschutz für seit langem besetzte Häuser vorsieht. Insbesondere müssen für eine polizeiliche Räumung konkrete Sanierungspläne vorliegen. Tatsächlich wird die »Berliner Linie« rigoros und eher selten zugunsten der Hausbesetzer interpretiert.[15] Dennoch: Mehr als 100 der insgesamt 165 im Jahr 1981 besetzten Häuser werden bis Mitte der 1980er-Jahre legalisiert. Zu verdanken ist das unter anderem einer pragmatischeren Einstellung der Hausbesetzer. Diese erreichen etwa im Fall der Potsdamer Straße 157 gemeinsam mit der skandalumwobenen gewerkschaftseigenen Wohnungsbaugesellschaft Neue Heimat und dem Senat nach drei Jahren einen tragfähigen Kompromiss.

Nicht wenige Berliner sehen durch die »zunehmenden Aktivitäten der Aussteiger und Ausgeflippten in unserer Stadt« die Attraktivität West-Berlins als Reiseziel zahlungskräftiger Touristen gefährdet.[16] Zudem gefallen solche Entwicklungen all denen nicht, die die Stadt großer Gefahr ausgesetzt wähnen: Insbesondere »Zehntausende älterer Bürger« trauern »dem dahingeschwundenen Blockadegeist« nach und sehen »mit steigender Erbitterung allenthalben nur noch Ausgeflippte, Hausbesetzer und Scheinasylanten«, stellt der *Spiegel* in einem Artikel über die Berliner Bürgergemeinschaft und ihren Vorsitzenden, den CDU-Abgeordneten Heinrich Lummer, fest. In diesem Verein haben sich Konservative, Nationalisten und Rechtsradikale, aber auch etliche konservative Sozialdemokraten und Gewerkschafter zusammengefunden.[17] Intellektuellenfeindlichkeit gehört zum guten Ton in diesen Kreisen, und die richtet sich nicht nur gegen Künstler und Autoren, die aus Ost-Berlin gelobt werden, wie etwa Schaubühnen-Chef Peter Stein.[18] Wer die Aufrüstung nach innen durch Notstandsgesetze, Sondereinheiten wie die GSG 9 oder Berliner Spezialeinsatzkommandos (SEK) kritisiert, wird als vom »Osten«

ferngesteuert wahrgenommen. Die Bundesrepublik sei weltoffen, West-Berlin sowieso, wer etwas anderes behauptet, wird als Nestbeschmutzer denunziert. Als Beweis für internationales Flair wird auf den Kurfürstendamm, der es mit seinem internationalen Gepräge durchaus mit dem Londoner Hyde Park aufnehmen könne, verwiesen. Hier begegnen sich angeblich Menschen aus aller Welt friedlich beim Schaufensterbummel, um »Kunst, Kultur und Kommerz« zu genießen.[19] Auch sonst hält man wenig von Bescheidenheit, schon gar nicht, wenn es um die Belebung der Wirtschaft geht. »Die Stadt, in der wir leben, arbeiten und investieren, kann sich mit ihrem Angebot sehen lassen. Berlin hat Chancen bei jungen Unternehmern«, tönen Unternehmerverbände.[20]

Ein gemeinsamer Nenner, auf den sich die Vorstellungen linker, rechter und durchschnittlicher West-Berliner bringen lassen, ist: Man möchte bitte niemals und unter gar keinen Umständen als provinziell wahrgenommen werden. Wenn sich diese Stadt überhaupt vergleichen lässt, dann mit Paris, London oder gleich New York. Vielleicht ist sogar das »SO« unter diesem Gesichtspunkt erträglich, immerhin tauchen zu dessen Eröffnung David Bowie und Iggy Pop auf. Wie sich dieser Weltstadtcharakter am besten präsentieren lässt und welches Bild man nach außen tragen möchte, darüber scheiden sich die Geister.

Zu den hohen Ansprüchen passt, dass West-Berlin gegen Ende der 1970er-Jahre die »Goldenen Zwanziger« für sich entdeckt, jene Jahre, in denen Berlin sich ganz selbstverständlich als Weltstadt bezeichnete und eine lebendige Intellektuellen- und Künstlerszene besaß, und die Zeit, bevor Nationalsozialismus und Judenverfolgung genau dieses Berlin vernichteten. West-Berlin möchte das Erbe dieser Jahre übernehmen: Das Theater des Westens in der Kantstraße feiert seine Wiedereröffnung im Januar 1979 mit dem Musical *Cabaret,* dessen Handlung im Berlin der Zwanziger angesiedelt ist, und Eberhard Fechner sorgt mit seinem Film über das A-cappella-Sextett Comedian Harmonists für ein Revival (1976). Dem Senat ist das kulturelle Erbe wichtig. Seit 1969 legt er jährlich ein Besuchsprogramm für jüdische Ex-Berliner auf, die vor dem Holocaust nach Israel geflohen sind.

## The show must go on

Heimat ist die Halbstadt Mitte der 1970er-Jahre aber nur für wenige jüdische Überlebende – einer der bekanntesten und vielleicht beliebtesten von ihnen ist der Entertainer und Quizmaster Hans Rosenthal. Rosenthal, 1925 in Berlin-Prenzlauer Berg geboren, überlebte in einer Laubenkolonie versteckt die Nazi-Zeit und fing nach Kriegsende an, beim Rundfunk im amerikanischen Sektor, dem RIAS, zu arbeiten. Anfang der 1960er-Jahre kamen Fernsehshows dazu und ab 1971 die äußerst populäre Quizsendung *Dalli Dalli*. Rosenthal – von den Boulevardmedien verniedlichend als »Hänschen« bezeichnet – lässt im ZDF-Studio einmal monatlich prominente Sportler, Sänger oder Schauspieler gegeneinander antreten. In den 90 Minuten Sendezeit wechseln sich Aktions- und Quizelemente ab. *Dalli Dalli* gehört zu den Sendungen, die die ganze Familie schaut. Hans Rosenthal ist der ideale, stets gut vorbereitete Gastgeber. Er lässt seine Gäste glänzen und nimmt sich selbst zurück.

Auch als Vertreter der kleinen jüdischen Gemeinde in der Charlottenburger Fasanenstraße ist er in gewisser Weise ein Glücksfall, keiner, der sich wie Heinz Galinski, sein Kollege im Gemeindevorstand, politisch einmischt und deshalb immer wieder angegriffen wird. Der »Dalli-Dalli-Macher« ist unkompliziert: In einer Homestory wird sein »unauffälliger 132 Quadratmeter großer Bungalow« detailliert beschrieben, von der »modernen, in Grau gehaltenen Sitzgarnitur« über das »Riesenposter mit einem Alt-Berlin-Motiv an der Wand« bis zum »weder auffälligen, noch besonders großen braunen Schreibtisch«. Einziges Laster des disziplinierten Mannes sei seine Vorliebe für schnelle und teure Autos.[21] Und natürlich der Fußball, Rosenthals Herz schlägt für Tennis Borussia Berlin (TeBe). Deren Spieler können sich auf ihn als väterlichen Freund verlassen. Damit nicht genug: Er unterstützt den Verein auch aus eigener Tasche, um den Kader für die 1. Bundesliga fit zu machen. Rosenthal ist so, wie ein Berliner zu sein hat – kein Wunder, dass seine Fans ihm treu sind.

Seine unpolitische Show kommt ohne große internationale

Der Quizmaster Hans Rosenthal beim Tischtennisspielen, 1973

Stars aus, sie soll »Entspannung bringen (…) ohne große Kulissenkunststücke«. Aufgabe des Entertainers sei es, die »Leute zum Lachen zu bringen, sie von den Sorgen des Alltags abzulenken und sie einfach nur gut zu unterhalten«.[22] Außerdem habe er, so Rosenthal, mit der neuen Sendung auch etwas für West-Berlin tun wollen: »Wir haben das bedrückende Image einer Rentnerstadt. Das wollen wir ändern. Berliner Pfiffigkeit soll bei uns Trumpf sein. Das Publikum soll erleben, daß wir nicht nur ›Herz und Schnauze‹, sondern auch Tempo haben, Lebenslust und Fröhlichkeit.«[23] Dass *Dalli Dalli* schon Mitte der 1970er-Jahre nicht mehr in West-Berlin produziert wird, ist zu verschmerzen. Die Show wird zum Dauerbrenner, Rosenthal selbst zum gefeierten Quizmaster. Er erhält dafür sogar die Silberne Kamera als »zweitbeliebtester TV-Star aller Zeiten«.[24]

Hans Rosenthal ist in den 1970ern weit mehr als ein erfolgreicher Moderator: Er wird seine eigene »Marke«, was etwa die ab 1979 ausgestrahlte Sendung *Rate mal mit Rosenthal* verdeutlicht. In der ersten Hälfte der 1980er ist er Dauergast auf den deutschen Mattscheiben. Rosenthal moderiert Shows für den deutschen Wald (1984) und für die Bundesgartenschau in Berlin-Britz. Rosenthal ist in West-Berlin bekannt wie der sprichwörtliche »bunte Hund«, und er genießt seinen Ruhm: »Ich finde es unaufrichtig, ein halbes Leben lang dafür zu arbeiten, bekannt und also auch erkannt zu werden, um dann eine dunkle Brille aufzusetzen, sich der Anhänglichkeit des Publikums zu entziehen und darüber kokett zu klagen, daß man ›behelligt‹ werde.«[25] Nur einmal sei er sich sehr unangenehm des Hineinwirkens des privaten ins berufliche Leben bewusst geworden: als die Lehrerin seiner Tochter an einer seiner Quizsendungen teilnahm und eine Reise gewann. Seiner Tochter war das peinlich. Andere Dinge sind lästig: Wiederholt machen sich Witzbolde einen Spaß daraus, als »Hans Rosenthal« Zeitgenossen mit angeblichen Quizfragen zu »testen«.

Rosenthal erinnert nur selten daran, dass er nur mit sehr viel Glück und Unterstützung einiger nichtjüdischer Frauen die NS-Herrschaft überlebte. Erst eine Bombendrohung gegen die Show und Anschläge auf Juden lassen ihn an dieser Haltung zweifeln. Hat er zuvor bekannt: »Wenn politische Diskussionen und Berichte auf dem Programm stehen, in denen nur immer wieder viel Negatives über unsere Zeit oder die Zukunft verbreitet wird, dann schalte ich ganz schnell ab«,[26] so denkt er 1980 öffentlich darüber nach, in die Politik zu gehen, wobei offenbleibt, wie ernsthaft dieses Anliegen ist.[27]

Unpolitisch ist er ohnehin nicht: Zu den wenig überzeugenden Auftritten gehört die Moderation der Abschiedsgala für den scheidenden Bundespräsidenten Karl Carstens 1984 im ICC. Während der von der ARD übertragenen Veranstaltung unter dem seltsamen Namen *Käpt'n Good Bye* treten Amtsvorgänger Walter Scheel (»Hoch auf dem gelben Wagen«) und Nachfolger Richard von Weizsäcker auf. Ebenfalls an Bord ist Weizsäckers Nachfolger Eberhard Diepgen mit sämtlichen Senatorenkollegen.

Warum sich ausgerechnet der »Wandersmann« Carstens als Seefahrer verabschiedet, ist nicht das einzige Rätsel des Abends.[28] Die Sendung aus »Krähwinkel« gerät angeblich zum »längsten, peinlichsten Abend der deutschen Fernseh-Historie«, woran, so der *Spiegel,* der Moderator erheblichen Anteil habe.[29]

Rosenthal bleibt ein Mann fürs Volk, und er wendet »immense Willenskraft« auf, um Everybody's Darling zu sein.[30] Aber er wird es nicht auf jene emotional-familiäre Art, in der das Publikum mit dem angeblich stets zwischen Alkoholexzess und -entzug schwankenden Berliner »Original« Harald Juhnke mitleidet. Denn Juhnke ist »einer von uns«, ein »König der Schwäche«, Sohn eines Berliner Polizeibeamten und (wie seine Fernsehpartnerin Grit Boettcher) mit »Spreewasser getauft« und »gesundem Berliner Mutterwitz« ausgestattet.[31] Juhnke schafft es, dass sich das eigene Versagen nicht ganz so dramatisch ausnimmt,[32] er darf schnodderig und unhöflich auftreten, weil das als typisch gilt für Berliner. Das verbindet ihn mit einem anderen »Berufsberliner« dieser Jahre, dem Fernsehdoktor Günter Pfitzmann, »Pfitze« oder »Peitze« genannt.[33] Rosenthal entspricht dem Klischee von »Herz mit Schnauze« nicht, und so sind es neben dem fehlenden Dialekt gerade das freundliche Wesen, der Wille, auf den anderen einzugehen, was den »kleinen Mann« an Rosenthal stört und was Juhnke, Pfitzmann, aber auch Brigitte Mira als »Dame vom Grill« auszeichnet und volkstümlich macht.

Selbst Dieter Thomas Heck, der als Hitparaden-Schnellsprecher stets nur temporär in die Halbstadt einfliegt, erscheint berlinerischer als der Ur-Berliner Rosenthal. Heck präsentiert mit der Hitparade eine Sendung aus »Bärrrlin«, genauer aus der Tempelhofer Oberlandstraße, die sich ebenfalls über Jahrzehnte im Fernsehen hält. Kaum vorstellbar, dass die Schlagerparade mehr als einmal im Verdacht steht, sich korrumpieren zu lassen. Einer der Interpreten versucht sogar, sich mittels 11 307 selbst ausgefüllter Karten auf Platz eins zu hieven – ein angesichts der unbestechlichen Jury vergebliches Unterfangen. Zum überwiegend mittelalten Publikum, in dem wenige ordentliche Jugendliche sitzen (»Teenie-Bopper«), gehört die von der Kamera immer wieder eingefangene »Hitparaden-Oma« Frau Zölle. Sie vermarktet ihren Ruhm genregerecht, indem sie selbst eine Platte mit dem Titel *Ich will tanzen* aufnimmt. Schunkelmusik, Schlagerschnulzen und »Blödelbarden« kommen beim Publikum gut an, doch ab Anfang der 1980er-Jahre treten einzelne Protagonisten der Neuen Deutschen Welle auf. Heck kündigt Trio, Ideal und Nena genauso routiniert an wie zuvor Roland Kaiser und Nicole (»Ein bisschen Frieden«). Der Erfolg gibt auch den Unangepassten recht; verärgert reagiert der Moderator nur, wenn man ihm wie die Band Extrabreit einen Korb gibt. Das Publikum ist authentisch: Es buht den am 8. November 1982 per Telefonabstimmung ermittelten Gewinner Hubert Kah, der stark geschminkt und in Zwangsjacke auftritt, gnadenlos aus.[34]

Weniger die darstellerischen Leistungen von Pfitzmann, Heck und Juhnke für sich genommen sind bemerkenswert. Entscheidend ist ihre Verstärkerfunktion. Indem sie als »echte« Berliner auftreten und sich aus dem Repertoire vorhandener Stereotype bedienen, bekräftigen sie diese ein weiteres Mal. Alternative Varianten von Berlinisch-Sein haben so kaum eine Chance und werden von den tonangebenden Medien gern als nicht zu West-Berlin gehörend abqualifiziert. Schließlich, schreibt der Journalist und Redakteur Rainer Wagner, könne sich die Stadt nicht aussuchen, wer hierherziehe, und das seien eben auch »Ausgeflippte, Schnapsmathilden, Landstreichertypen, die hier Stadtstreicher« werden.[35] Selbst der rüdeste Busfahrer (um ein weiteres Klischee zu bedienen) darf darauf hoffen, dass die von ihm düpierten Kunden seine Ruppigkeit als Lokalkolorit in Kauf nehmen und hinter seiner harten Schale einen weichen Kern vermuten. In Berlin, so darf der Zuschauer den Geschichten um die *Drei Damen vom Grill* oder über die *Praxis Bülowbogen* entnehmen, sind die Menschen zwar ruppig, aber sie halten zusammen und helfen einander, wenn es eng wird. So schaut Dr. Brockmann auch mal bei einer drogensüchtigen Patientin im »Sozialpalast« (dem Schöneberger Pendant zur Gropiusstadt in Neukölln) vorbei. Er hilft, wo er kann. Verdächtig ist, wer hochdeutsch spricht und nicht weiß, wofür »Langer Lulatsch«, »Joldelse« und »Hohler Zahn« stehen.

Leider (oder auch glücklicherweise) haben diese Geschichten vom vertrauten und heimeligen Miteinander mehr mit einer Marketingkampagne als mit dem Leben im West-Berlin Ende der 1970er-, Anfang der 1980er-Jahre zu tun. Die verschiedenen Milieus, die die Halbstadt ausmachen, stoßen in der Realität wesentlich unversöhnlicher aufeinander als im Serienalltag.

## Von der »Filzokratie« in den Bausumpf

Dass mit härteren Bandagen gekämpft wird, dafür sorgt auch die Baubranche: Guter Wohnraum ist knapp in West-Berlin. Investitionen in den Wohnungsneubau lohnen sich für Anleger. Sie erzielen Abschreibungen, von denen sie in anderen Städten nur träumen können.[36] Dass sich einige in diesem Metier dumm und dämlich verdienen, ist keine Entwicklung der 1980er-Jahre, auch nicht, dass hier so manches krumme Geschäft läuft. Dass es aber so weit geht, dass die Täter aus dem Bausumpf massiv gegen Paragrafen des Strafgesetzbuches verstoßen und »außer der Vorbereitung eines Angriffskrieges« fast jedes Delikt begehen, erstaunt selbst Hartgesottene.[37] Zumal die CDU-Regierung unter Richard von Weizsäcker mit der Parole angetreten ist, den unzweifelhaft vorhandenen sozialdemokratischen »Filz« zu beseitigen, und 1977 eine »Große Anfrage der Opposition über Filzokratie« im Abgeordnetenhaus eingereicht hat.[38] Allem Anschein nach aber entwickeln sich die Verhältnisse, insbesondere nachdem Richard von Weizsäcker Bundespräsident und Eberhard Diepgen sein Nachfolger geworden ist, »from bad to worse«. Und neben Zuhältern und Kiezgrößen wie Otto Schwanz, einflussreichen Regionalpolitikern und einer Reihe von Baufirmen haben ein Gebrauchtwagenhändler aus Sprockhövel bei Wuppertal und selbst der sowjetische Geheimdienst KGB sowie das ostdeutsche Ministerium für Staatssicherheit ihre Finger im Spiel.[39] Die Tatsache, dass Eberhard Diepgen, Jürgen Wohlrabe und Klaus-Rüdiger Landowsky seit Uni-Tagen im Zentrum einer Clique jüngerer Christdemokraten stehen und schon Burschenschaftskameraden

Ex-Baustadtrat Wolfgang Antes vor dem Parlamentarischen Untersuchungsausschuss zur Klärung der Berliner Parteispendenaffäre, 1986

waren, lässt vermuten, dass der »Filz« bestenfalls durch »Klüngel« abgelöst wurde.[40]

Eine Schlüsselfigur in dem kaum durchschaubaren Netz ist der Charlottenburger CDU-Baustadtrat Wolfgang Antes, der 1984 den Verkauf bezirkseigener Wohnungen zum Stückpreis von 4000 Mark an den Autohändler Otto Putsch (aus Sprockhövel) geplant hat. Allein weil der zuständige Finanzstadtrat früher als erwartet aus dem Urlaub zurückgekommen ist, platzt das Geschäft. Neben den acht Millionen Mark für den Bezirk habe Putsch eine weitere Million der CDU zukommen lassen wollen.[41] Antes hat es verstanden, seine Position in der Partei auszubauen. Mit einem Teil der fast eine Million Mark, die er im Lauf der Jahre erhielt, begleicht er Mitgliedsbeiträge von »Karteileichen«, um seine Hausmacht in der Charlottenburger CDU abzusichern.

Als Vermittler des gescheiterten Millionendeals benennen

Antes und Putsch den »Franz Josef Strauß von West-Berlin«, Innensenator Heinrich Lummer. Dieser leugnet oder rückt mit der Wahrheit nur häppchenweise heraus, aber nachdem die Staatsanwaltschaft immer mehr Details über den Bausumpf erfahren hat, muss er am 6. April 1986 gemeinsam mit dem ebenfalls schwer belasteten Bausenator Klaus Franke (CDU) und Umweltsenator Horst Vetter (FDP) zurücktreten. Die Demonstranten vor dem Senatsgästehaus, in dem die Entscheidung fällt, haben vergeblich »Berlin braucht Lummer« skandiert. Beim Parteivolk bleibt Lummer, der im Herbst 1986 in den Bundestag entsandt wird, ungeachtet diverser Fehltritte lange populär. Die Pressekonferenz, die er im September 1981 in einem soeben gewaltsam geräumten Haus abhält, nehmen ihm seine Anhänger nicht übel - obwohl der Innensenator sich auf einem Balkon bewusst provokant den Protestierenden gezeigt und damit erst dafür gesorgt hat, dass die Stimmung eskalierte und die Polizei die Demonstranten in Richtung Potsdamer Straße verjagte. Dort wurde der Hausbesetzer Klaus-Jürgen Rattay von einem Bus erfasst und getötet. Lummers Anhänger machen den Innensenator auch nicht dafür verantwortlich, dass in der Silvesternacht 1983/84 sechs arabische Abschiebehäftlinge in Polizeigewahrsam verbrannten.[42] Erst als mitten in der ohnehin angespannten Situation im Frühjahr 1986 auch noch publik wird, dass Lummer der in West-Berlin verbotenen rechtsextremen NPD 1971 Geld dafür zahlte, dass diese SPD-Wahlplakate mit Sprüchen wie »Willst du nicht bei Ulbricht frohnen, wähle keine roten Drohnen« überklebte,[43] ist er (vorerst) nicht mehr zu halten.[44]

Zurück zum Bausumpf: Anfang der 1980er-Jahre wurden nicht nur immer wieder besetzte Häuser geräumt, damit diese abgerissen werden konnten und Platz für gewinnbringendere Neubauten machten. Dubiose Wohnungsverwaltungen beschäftigten außerdem kriminelle Trupps, die Mieter in Altbauten terrorisierten, indem sie Brände legten, Häuser unter Wasser setzten oder Fenster herausschlugen.[45] Häufig hatten die meist sozial schwachen Bewohner dem wenig entgegenzusetzen und ergriffen jede sich bietende Gelegenheit, ein anderes Dach über dem Kopf zu bekommen. Den grobschlächtigen »Sanierungsfirmen« folgten Investoren und Wohnungsbaugesellschaften, die wesentlich seriöser auftraten, mitunter aber nicht weniger kriminell waren. Eine zentrale Anlaufstelle war die Wohnungsbaukreditanstalt (WBK), eine Behörde, die eigentlich dafür sorgen sollte, dass in West-Berlin Wohnraum für die weniger zahlungskräftige Klientel geschaffen wurde. Die mit ihrer Hilfe in den 1970er- und 1980er-Jahren in der Halbstadt geplanten und gebauten Häuser waren fast doppelt so teuer wie im Bundesgebiet. Die Differenz zwischen westdeutschen und West-Berliner Baupreisen steckten die zwischengeschalteten Instanzen wie »Generalunternehmer« ein. So wurden beispielsweise Keller abgerechnet, die gar nicht gebaut worden waren – nur selten flogen solche »Versehen« auf.[46] Es wurde viel Geld für scheußliche Gebäude ausgegeben, in denen eigentlich niemand leben wollte, am allerwenigsten diejenigen, die dafür verantwortlich waren. »Trostloser Billigbau mit guter Rendite«, urteilte etwa ein Architekt über die Anfang der 1980er-Jahre auf dem Rudower Feld entstandenen Wohnblöcke. Der Berliner Bausenator Ulrich Rastemborski (CDU) hatte von der verantwortlichen Stadt und Land Wohnbauten Gesellschaft nicht einmal einen Bebauungsplan gefordert.[47] In diesem Fall profitierten neben Stadt-und-Land-Geschäftsführer Adolf Blasek ein bayerischer Bauunternehmer, der fast zehn Millionen Mark an offenen und versteckten Honoraren einstrich, sowie Mitarbeiter verschiedener Verwaltungsebenen.

Nach dem Wechsel an der Senatsspitze 1981 steckten immer häufiger private Wohnungsbauunternehmen große Gewinne ein. Private Baulöwen realisierten auf den zuvor abgeräumten Grundstücken teils mit Steuermitteln, teils mit dem Geld von westdeutschen Anlegern, aber immer großzügig unterstützt von der WBK, Bauprojekte. Deren Mitarbeiter wurden mit Weihnachts-, Geburtstags- und sonstigen Geschenken bedacht. Besonders großzügig beschenkte man das Verwaltungsratsmitglied Dankward Buwitt (CDU), in dessen Privathaus eine neue Heizungsanlage eingebaut wurde. Anscheinend wurden die damit verbundenen Kosten auf ein anderes Projekt gebucht. Erst nachdem der Fall an die Öffentlichkeit gelangt war, zahlte der Politiker selbst.[48] Der Bauunternehmer Kurt Franke scheute den Umweg über die WBK und wandte sich direkt an die Politik. Als die Sonderermittler der eigens eingesetzten »Soko Lietze« im November 1986 sein Büro durchsuchten, fiel ihnen ein Notizbuch in die Hände, in dem die Zahlungen an einzelne Politiker festgehalten waren: neben Antes Peter Kittelmann, Horst Vetter, Klaus Riebschläger und der Regierende Bürgermeister Eberhard Diepgen.[49] Die Vorermittlungen des Staatsanwaltes wurden nach kurzer Zeit eingestellt, Diepgen wurde nicht einmal befragt.[50]

Angesichts der offensichtlichen kriminellen Energie und der eher zweifelhaften Moral überrascht es, mit welcher Chuzpe sich die politischen Akteure Mitte der 1980er-Jahre als Saubermänner inszenierten, denen angeblich nur das Wohl ihrer Heimatstadt am Herzen lag. Nicht weniger überraschend ist, wie viele West-Berliner ihnen selbst nach den öffentlich gewordenen Rechtsbrüchen Vertrauen schenkten. Laut Meinungsumfragen sahen zwar über 90 Prozent der Befragten vor allem die CDU durch die aufgedeckten Skandale belastet, verbanden dies aber nicht mit einem veränderten Votum bei den nächsten Abgeordnetenhauswahlen.[51] Die Opposition aus SPD und Alternativer Liste (AL) war zu schwach, um glaubwürdige Gegenangebote zu unterbreiten, außerdem war wohl die Erinnerung an den sozialdemokratischen Filz noch sehr lebendig.

Fast zynisch mutet es an, dass gerade denen, die Missstände offen ansprechen oder lautstark deren Beseitigung fordern, wie etwa den zahlreichen Hausbesetzern, von *BZ* und *Morgenpost* vorgeworfen wird, sie würden sich gegen das Wohl West-Berlins vergehen. Ironisch wird das Ganze, wenn sich die Hardliner im Umgang mit den Besetzern, wie etwa Stadt-und-Land-Geschäftsführer Adolf Blasek, im Zuge der aufgedeckten Bauskandale quasi von heute auf morgen im selben U-Haft-Gefängnis wie ihre Antagonisten wiederfinden.[52] Doch viele der für die dunklen Geschäfte Verantwortlichen werden nicht belangt, nicht einmal im Rahmen der Affäre Antes. Dieser selbst wird zwar zu fünf Jahren Haft verurteilt, erhält aber wegen einer chronischen Erkrankung

Haftverschonung. Anders der Zuhälter und Kleinkriminelle Wolfgang »Otto« Schwanz, Künstlername »Clarence«, der für Antes die eine oder andere Angelegenheit »geklärt« hat.

Schwanz wirkt wie eine Gestalt aus einer anderen Zeit: Vielleicht hätte er besser in einen der Ringvereine gepasst, die in den 1920er-Jahren die Halbwelt in Berlin unter sich aufgeteilt hatten. Er wurde 1939 auf Rügen geboren, kam in der Nachkriegszeit nach Berlin und arbeitete sich langsam zu einer »mittleren Größe« im Rotlichtmilieu hoch. Anscheinend versäumte er es aber, in den »guten« 1960er-Jahren Geld zurückzulegen. Kleinere Betrügereien Anfang der 1970er flogen auf, und er verdingte sich bis 1973 zeitweise als Leibwächter beim »Berliner Puffkönig« Hans Helmcke (»Otto mit der Pistole«), bis dieser von einer rivalisierenden Gang ermordet wurde. Dem »Bordellier« Schwanz gehörten anschließend Amüsierlokale mit vielversprechenden Namen wie »You and me« oder »Blauer Engel«, und er reiste regelmäßig nach Ost-Berlin und in die DDR. Die Stasi verdächtigte ihn Mitte der 1970er-Jahre in diesem Zusammenhang, als

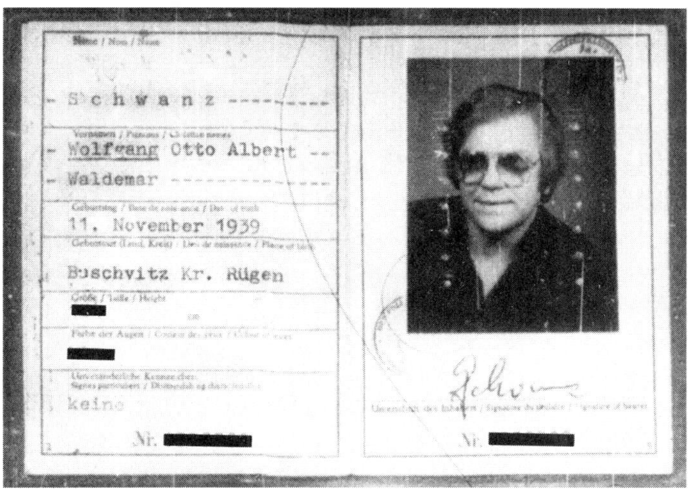

Schwanz

Wolfgang Otto Albert

Waldemar

11. November 1939

Buschvitz Kr. Rügen

keine

Nr.

Nr.

Bei einem seiner Grenzübertritte fertigte die Stasi eine Kopie des Personalausweises von Otto Schwanz an.

Fluchthelfer aktiv zu sein.[53] Parallel ermittelte die West-Berliner Staatsanwaltschaft gegen ihn wegen des Verdachts der Agententätigkeit für Ost-Berlin. Konkret soll er die Entführung eines in der DDR in Abwesenheit verurteilten Fluchthelfers mitgeplant haben.[54]

Um 1980 betrieb Schwanz mit ein paar Freunden ein Wohnheim für Asylsuchende. Solche »Asylantenheime« waren in dieser Zeit lukrativer als Bordelle und außerdem legal. Das Sozialamt zahlte täglich 32 Mark pro untergebrachter Person. Fragen danach, wie die Menschen hier lebten, waren nicht zu befürchten. In diesen Jahren besaß Schwanz ein Dauervisum für Ost-Berlin, wo er unter anderem billig einkaufte. Das Mobiliar für das Heim an der Lietzenburger Straße stammte von dort. Trotz der legalen Geschäfte gefiel sich Schwanz anscheinend in der Rolle der Halbweltgröße und setzte selbst für das Passfoto seine Sonnenbrille nicht ab.[55] Neben seinen Rotlichtgeschäften und der Abzocke mit den Asylsuchenden versuchte er sich in dieser Zeit als Schmuggler: Mit einem österreichischen Kumpan kaufte er Tausende Liter Nordhäuser Doppelkorn in der DDR, die zunächst in der Tschechoslowakei verschwanden, bevor sie in West-Berlin wieder auftauchten, ohne jemals verzollt worden zu sein. Als die West-Berliner Behörden Wind von der Sache bekamen, war ein Großteil des Klaren bereits getrunken.

Um 1981 lernte das CDU-Mitglied Schwanz Wolfgang Antes kennen, der anscheinend den Wert der Kiezgröße für sich entdeckte. Er brauchte ihn als Mann fürs Grobe, als Boten für dringende Angelegenheiten und zum Geldeintreiben. Derlei Forderungen waren eindrucksvoller, wenn sie von einem »ganz schön massiven« Mann überbracht wurden.[56] 1982/83 erhielt Schwanz durch Antes außerdem die Chance, ein fast seriöser Geschäftsmann zu werden: als neuer Betreiber des Cafés Europa im Europa-Center. Trotz florierender Geschäfte, trotz üppiger Preise in den Bordellen und obwohl Schwanz jedes Geschäft mitnahm, das sich anbot, stand er Mitte der 1980er-Jahre vor der Pleite. Er musste wegen seiner Dienste für Antes für Jahre ins Gefängnis. Nach der Haftentlassung in den 1990er-Jahren bezog er Arbeitslosengeld und geriet nicht wieder mit dem Gesetz in Konflikt.

## Zuwanderermilieus

Bis Mitte der 1980er-Jahre besetzen Zuwanderer aus verschiedenen Ländern ihre jeweilige Nische in West-Berlin: Am größten ist die türkische Community, die je nach Einkommen entweder in den Arbeiterbezirken Neukölln, Kreuzberg oder Wedding lebt oder in den kleinbürgerlichen, meist weniger zentralen Bezirken wie Reinickendorf oder Mariendorf. Für die Innenstadtbezirke gilt, dass die Zuwanderer in heruntergekommenen Mietskasernen leben: »Für Deutsche oft kaum mehr zumutbar, stellen sie für die meisten Ausländer einen Komfort dar, den sie in ihrem Heimatland nicht kannten«, rechtfertigt dies ein zeitgenössischer Beobachter.[57] Der Umzug etwa nach Reinickendorf oder in andere Stadtteile mit vorstädtischem Charakter ist vielfach eine Befreiung für Mieter, die zunächst im Hinterhaus, drei Treppen, Außenklo ohne Bad, als »abnutzungsintensive Restnutzer«[58] gewohnt haben. Sie kommen nur zum Arbeiten in die City, wie etwa der junge Mehmet, der ein kleines Lebensmittelgeschäft an der Potsdamer Straße führt. Natürlich distanziert er sich von den »Kanaken« und Ausländern auf der »Potse« und möchte seinen beruflichen Erfolg, so er denn kommt, mit einem Mercedes-Benz krönen. Nichts, was ihn auf den ersten Blick von den »eingeborenen« Nachbarn unterscheidet, außer dass ihm die deutschen Mädchen zu »leichtlebig« sind. Zudem ist er, wie viele junge türkische Männer, noch in der Türkei gemeldet und damit wehrpflichtig. Leistet er den Wehrdienst nicht, verliert er die türkische Staatsbürgerschaft; meldet er sich aber für zwei Jahre aus Berlin ab, ist sein Aufenthaltsrecht in Deutschland perdu. Wahrscheinlich ist, dass er sich für den Mittelweg entscheidet: Die devisenknappe türkische Junta erlaubt es den Türken in Deutschland, sich für 20000 Mark freizukaufen und einen nur zweimonatigen Dienst an der Waffe zu leisten. Zwei Monate aber sind die maximale Abwesenheitsdauer, die die bundesrepublikanischen Behörden als Urlaub außerhalb Deutschlands akzeptieren, ohne statusrechtliche Veränderungen in die Wege zu leiten.[59]

Eine andere Zuwandererszene sieht sich zwar mit geringeren

Auflagen durch die bundesdeutschen Behörden konfrontiert, hat aber ebenfalls Integrationsprobleme: Übersiedler aus der DDR. Ab Mitte der 1970er-Jahre, nach der Konferenz für Sicherheit und Zusammenarbeit in Europa (KSZE) in Helsinki, auf der die SED-Führung sich zur Förderung zwischenmenschlicher Kontakte und von Familienzusammenführungen verpflichtet hatte, begründeten viele DDR-Bürger ihren Ausreiseantrag mit diesen Verhandlungsergebnissen. Hunderte gelangten, häufig nach jahrelanger Wartezeit, nach West-Berlin. Der Anfang im Aufnahmelager Marienfelde war in dieser Zeit nichts weniger als komfortabel. Und anders als in den 1950er-Jahren scheiterte bei vielen der berufliche Wiedereinstieg oder verzögerte sich zumindest.[60] Die Kinder litten unter dem teilweise mehrfachen Schulwechsel, den Erwachsenen fiel die erzwungene Tatenlosigkeit schwer. Gerade denen, die in der DDR politisch angeeckt waren, fehlte im Westen der Austausch mit Freunden und Bekannten, zumal bei den Linken kaum Verständnis für DDR-typische Problemlagen und Widersprüche existierte. Bereits im Aufnahmelager war das Interesse von alternativen oder linken Organisationen an den Neuankömmlingen gering – dafür gab es eine ganze Bandbreite von konservativen bis nationalistischen Vereinen, die ihre Hilfe anboten.[61] Die Aufmerksamkeit der Linken galt mehr den Diktaturen in Mittel- und Südamerika und ihren Opfern als den »Brüdern und Schwestern« aus der DDR, zumal diese die gleiche Sprache sprachen und vermeintlich allein klarkamen.

Tatsächlich waren Anfang bis Mitte der 1980er-Jahre die Bezugssysteme nur bedingt kompatibel, und es dauerte mitunter lange, bis ein wirklicher Austausch zustande kam. Parallel dazu wurde es schwieriger, Kontakt zu alten Freunden im Osten zu halten.[62] Viele fühlten sich im Westen zunächst unverstanden und alleingelassen, zumal die Konkurrenz unter den neu eintreffenden Zuwanderern größer wurde, als die DDR allein in den Jahren 1983 und 1984 Tausende ausreisen ließ.

## Grenzgänger

Ungewöhnlich ist der Weg, den der Ost-Berliner Schriftsteller Klaus Schlesinger nahm. Er haderte seit langem mit dem SED-Regime, das ihn bespitzelte und seine Publikationsprojekte immer wieder verhinderte.[63] Und er sympathisierte mit linken Gruppierungen in West-Berlin, die er gemeinsam mit Freunden schon 1968 mit Helmen gegen die Knüppel und Regenmänteln gegen die Wasserwerfer der Polizei unterstützt hatte.[64] Ende der 1970er-Jahre erreicht er schließlich, dass er nach West-Berlin reisen darf und - eine große Ausnahme - dennoch seine DDR-Staatsbürgerschaft nicht aufgeben muss. Bis zum Fall der Mauer bleibt er ein Pendler zwischen den Welten, von denen er keine perfekt findet.

Zwar findet er mit Unterstützung der Dichterin Sarah Kirsch, die ebenfalls aus der DDR stammt, schnell eine kleine Wohnung mit legalem Mietverhältnis in Charlottenburg, hilft aber wiederholt in besetzten Häusern aus. Wann immer eine Räumung droht, verstärken Sympathisanten wie er die Besetzergruppen, indem

Klaus Schlesinger während der Frankfurter Buchmesse 1978

Polizisten zerren Demonstranten von der Unfallstelle Bülow-, Ecke Potsdamer Straße, wo Klaus-Jürgen Rattay ums Leben kam, 23. September 1981

sie die Nächte bei ihnen verbringen. Viele Besetzerräte vereinbaren in dieser Zeit, nur passiven Widerstand zu leisten. Die Polizei trägt Männer und Frauen mehr oder weniger sanft aus den Häusern hinaus. Schlesinger verfolgt die zahlreichen Proteste dieser Zeit hautnah mit. Er ist auf der Straße, wann immer es geht, und muss nicht selten vor heranrückenden Polizeihundertschaften flüchten.

Der Tod von Klaus-Jürgen Rattay am 22. September 1981 am Rande einer Räumung in der Schöneberger Bülowstraße markiert in seinen Augen einen Bruch. Er beschreibt aufgewühlte und fassungslose Menschen: »Überall Ansammlungen, Diskussionen, Empörung. Passanten, Einwohner, Frauen, die vom Einkaufen kommen. Ich kann mich täuschen, aber nach dem, was ich höre, ist die Front gegen die Polizei einhellig. Die Szenen wechseln blitzschnell. Plötzlich steht eine Gruppe junger Leute auf der Straße, der Verkehr stockt, grelles Gehupe, Sirenengeheul aus der Nebenstraße, die Leute verschwinden, der Verkehr stockt noch immer, Polizei taucht auf, muß ein Sofa, einen alten Stuhl, paar Bretter von der Straße räumen, der Verkehr läuft weiter. (...) Der Eindruck, als sei die Polizei nicht nur nicht Herr der Lage, sondern in geradezu konfusem Zustand.«[65] Immer wieder werden die Jugendlichen, die an der Unfallstelle eine Totenwache halten wollen, abgedrängt. Drogenhandel und Prostitution laufen inmitten der unübersichtlichen Szenerie ungestört weiter.

Wenig später sieht Schlesinger die Ereignisse des Tages noch einmal im Fernsehen und ist wie seine Freunde erschüttert darüber, dass Innensenator Lummer die Schuld am Tod des jungen Mannes anderen Demonstranten und Hausbesetzern anlastet. Kaum jemand in der linken Szene hat in diesen Stunden Skrupel, Lummer als Mörder zu bezeichnen. Die Springer-Presse jedoch greift das Statement des Innensenators auf und kann angeblich nachweisen, dass Rattay ein »berufsmäßiger Chaot« war – so steht es sogar auf dem Leichenbegleitschein, den die Polizei ausgefüllt hat.[66]

Schlesinger verarbeitet vieles, was er sieht, erlebt und fühlt, literarisch, selbst wenn er dafür von Kritikern im Westen angegriffen wird, weil sie ihn für »weinerlich« halten und er zu sehr »Ostler« sei. Schlesinger ist sich seiner ostdeutschen Prägung bewusst, so etwa wenn er in unangemessen militant auftretenden Demonstranten staatlicherseits »engagierte Provokateure« vermutet: Zum einen kann er die »zerstörten, primitiven Gesichter« nicht mit dem von ihm befürworteten Anliegen in Einklang bringen, zum anderen erinnert er sich an die Methoden der DDR-Staatssicherheit und vermutet hinter den Militanten Verfassungsschutzleute.[67] Er beobachtet, wie sich die Szene nach dem Tod Rattays radikalisiert, wie selbst zuvor friedliche und ruhige Freunde anfangen, Hassparolen zu brüllen.[68] Und er hat zuweilen das Gefühl, den Überblick zu verlieren: »(...) ich versuche, mir zwei neue Begriffe zu merken, Mollis für die Nichtverhandlungsbereiten, Müslis für die Verhandlungsbereiten.«[69] Der Schriftsteller bezieht Stellung, unterschreibt einen Aufruf, in dem Lummer zum Rücktritt aufgefordert wird.

Andere linke Autoren treten Anfang der 1980er-Jahre im »K.O.B.« an der Potsdamer Straße auf, etwa Peter Schneider und Yaak Karsunke. Aus der »Hauskneipe«, »nichts weiter als ein heruntergekommener Laden mit Bierkästen und Sperrmüllmöblierung«, ist ein richtiges Lokal in »geometrischem Schwarz-Weiß« geworden.[70] Schlesinger aber wird 1982 einer der Besetzer des »noch immer ruinenhaften« Hauses und bleibt dies bis 1992. Er tauscht den Blick auf einen Kreuzberger Hinterhof gegen den »auf eine heruntergekommene, einst berühmte Berliner Straße. Gegenüber der zehnstöckige Komplex einer dieser gigantischen Wohnmaschinen, rechts darunter ein stadtbekanntes Bordell der unteren Preisklasse, gleich um die Ecke der Transvestitenstrich, und ein Stück weiter können Sie alles kaufen, was mit weichen oder harten Drogen zu tun hat, vom Marihuana bis zum Heroin. Nachts um zwei ist drei Stockwerke unter mir ein Verkehr wie in einer Provinzstadt zum Feierabend, ein gleichmäßig brüllender Lärm, unterbrochen nur von den grellen Signalen der Polizei, der Feuerwehr, der Notärzte. Ich schlafe schlecht und zu wenig.«[71] Schlesinger beschreibt auch das wöchentliche Plenum – »heftiges Durcheinander affektgeladener oder demonstrativ leiser Reden« – und die für ihn, den erheblich Älteren, oft verwirrenden personellen Konstellationen: »(...) es gibt zwei Thomasse, zwei Michas, eine Judith, eine Claudia und eine Renée, fast alle sind so Mitte Zwanzig, der Jüngste siebzehn (...) meist sind es Töchter und Söhne der Mittelklassen: von Architekten, Lehrerinnen, Psychologen.«[72] Ihm gefällt der Umgang miteinander, der ihm wesentlich herzlicher und wärmer erscheint als sonst im Westen.

In diesen Jahren gibt es ein ständiges Hin und Her. Mal droht die Räumung, mal müssen die Besetzer möglichst demokratisch darüber entscheiden, ob sie sich auf einen Deal mit dem Senat einlassen. Schlesinger, ein überzeugter Antikapitalist, fühlt sich durch das »solidarische Miteinander« an der Potsdamer Straße bestätigt und sieht sich dennoch in der Rolle des Außenseiters.[73]

Aufruf zur Demonstration, 1981

Wiewohl eines Außenseiters, der nach und nach in die Auseinandersetzungen hineingezogen wird, der sich nicht wehren kann gegen die Dynamik der Ereignisse und sich selbst infrage stellt: »Was zieht mich an, was läßt mich zu jeder Demonstration laufen? Tue ich mit fünfundvierzig, was ich mit fünfundzwanzig nicht getan habe? Ein Nachholbedarf wie beim Reisen? Will ich Grenzen ausmessen - meine und die der Gesellschaft? Wie drüben?«[74] Eigentlich wollte er nur »zwei, drei Wochen« in der Potsdamer wohnen bleiben - er versteht das als einen Akt der Solidarität -, es werden wesentlich mehr. Eine Zeit, in der das Haus immer wieder durchsucht wird, in der die Besetzer Angst vor Räumung haben und viele erschöpft und zermürbt aufgeben. Dass ihn Gleichaltrige belächeln, macht ihm kaum zu schaffen. »(...) es war diese leibhaftige Antithese zur Welt der Leistung und des Geldes, die mich anzog. Plötzlich hatte die Tatsache meines Wechsels von Ost nach West eine Rechtfertigung bekommen, die über jene hinausging, ein (...) Zeuge der Nichtlebbarkeit des Sozialismus zu sein (...).«[75] In dem Moment, als das Haus in der Potsdamer Straße legalisiert wird, zieht Schlesinger aus - und kehrt doch zurück, wird entgegen seiner erklärten Absicht »Bauhelfer« und sieht mitten in der Stadt eine grüne Oase entstehen. Hier erlebt er auch, wie eine neue Zeit Einzug hält. Von einem Tag auf den anderen trinken Männer in der Szene nicht mehr Bier, sondern Sekt, frisieren und schminken sich die Frauen, haben die Menschen - so erlebt es Schlesinger - kein Interesse mehr am Geschriebenen, sondern wollen leichter Konsumierbares und Bilder.[76]

Schlesinger stößt in der Bundesrepublik auf Grenzen, die er nicht für möglich gehalten hat, will seine Stoffe aber nicht so bearbeiten, wie es die Redaktionen verlangen. So ist er, als es in Ost-Berlin anfängt zu brodeln, begeistert dabei und doch eher Beobachter als Teilnehmer. In der Nacht des Mauerfalls sei er »durch die von einer fiebrigen Menge belagerte Grenze gefahren«, »ins K.O.B. gegangen, habe schnell drei Bier getrunken und mich ins Bett gelegt«.[77] Seine alte Heimat ist ihm in den vergangenen Jahren fremd geworden.

## Unter die Räder gekommen

Sieht Schlesinger den Drogenstrich an der Potsdamer Straße als Beobachter, so ist er für andere Zeitgenossen Alltag – etwa für die wahrscheinlich berühmteste Jugendliche der ausklingenden 1970er-Jahre: Christiane F. Als Zwölfjährige beginnt für sie in Gropiusstadt ein anscheinend unaufhaltsamer Abstieg. In *Wir Kinder vom Bahnhof Zoo,* zunächst als Fortsetzungsgeschichte im *Stern* erschienen, beschreibt die heroinsüchtige Jugendliche ihre Erlebnisse und landet einen Welterfolg. Der *Spiegel* hält ihren Bericht für die »meistgelesene Geschichte seit Schneewittchen und Winnetou«.[78]

Christianes Berliner Geschichte begann unspektakulär. Als Sechsjährige zog sie 1968 mit ihren Eltern vom Dorf in die große Stadt, genauer in eine 6-Zimmer-Altbauwohnung am Kreuzberger Paul-Lincke-Ufer.[79] Weil aber die Pläne der Eltern, hier eine Partnervermittlungsagentur aufzuziehen, scheiterten, musste die Familie in eine kleinere Wohnung in der Gropiusstadt umziehen. Das mochte für die Eltern, die auf ihre proletarischen Nachbarn heruntersahen, unangenehm gewesen sein, für die Kinder war es ein ungleich drastischerer Einschnitt. Schon vorher konnten sie sich als schüchterne Kinder vom Dorf kaum durchsetzen, und der für die Nachbarskinder ungewohnte norddeutsche Dialekt machte die Eingewöhnung noch schwieriger. Christiane lernte schnell, so auch, dass sie väterliche Prügel wegen vollgepinkelter Hosen am besten umging, wenn sie sich im Treppenhaus hinhockte – wer im elften Stock wohnte, kam nie schnell genug vom Hof in die elterliche Wohnung. Statt wie im Dorf gemeinsam spielten die Neuköllner Kinder gegeneinander, stets darauf bedacht, einander wehzutun. Und in der Schule war es schon deshalb nicht besser, weil die Lehrerinnen kaum in der Lage waren, sich durchzusetzen. Zu Hause gab es wenig Rückhalt, da der arbeitslose und gewalttätige Vater Frau und Töchter ständig in Angst versetzte. Allein die Beobachtung, dass andere Männer noch mehr tranken und sich noch brutaler gegenüber ihren Angehörigen verhielten, machte ihn in Christianes Augen zu einem immer noch passablen Vater.[80]

Schlagen oder geschlagen werden – diese Grundregel des Berliner Alltags, wie die Heranwachsende ihn erlebte, verinnerlichte Christiane: »Immer eine große Schnauze haben. Am besten die größte von allen. Dann kannst du Boss spielen. Nachdem ich mit meiner Klappe so erfolgreich war, wagte ich auch meine Muskeln auszuprobieren. (...) Die Kinder hatten einfach Respekt vor mir.«[81] Bis zur Türschwelle der elterlichen Wohnung reichte das, dann hatte wieder der Vater das Sagen. Nach der Scheidung der Eltern blieben den Kindern zwar die Prügel erspart, dafür aber sahen sie ihre berufstätige Mutter noch seltener und mussten sie in der verbleibenden Zeit mit dem neuen Freund teilen.

Für die pubertierende Christiane F. wurde die Zugehörigkeit zu coolen Cliquen immer wichtiger, seien es die rauchenden Mitschüler auf dem Pausenhof oder die Kifferclique im Partykeller der evangelischen Gemeinde.[82] In ihren Augen hielten die Freundeskreise zusammen und teilten, was sie hatten – insbesondere Tabletten, Haschisch, Wein und Bier. Die Jugendliche betäubte sich mit allem, was gerade zu haben war. Ihre Mutter interpretierte die ungewohnte Ruhe der Tochter als Ausgeglichenheit.

Um Weihnachten 1975 – Christiane F. war jetzt 13 Jahre alt – zeichnete sich immer deutlicher ab, dass in den Cliquen nach Tabletten, Trips und Marihuana stärkere Drogen Einzug hielten: Einer nach dem anderen probierte Heroin, obwohl sich eigentlich alle einig waren, dass diese Droge nicht gut sein konnte. Die Szene am Bahnhof Zoologischer Garten war für Christiane als Horrorszenario eigentlich überzeugend genug, um gar nicht erst damit anzufangen. Ohne Drogen aber wirkten Elternhaus, Schule und selbst das Ausgehen irgendwann fade. Der Retter aus der pubertätsbedingten Eintönig- und Hoffnungslosigkeit schien für sie David Bowie, der am 18. April 1976 in der Deutschlandhalle auftrat. Die Mutter spendierte zwei Karten – nicht ahnend, dass ihre Tochter an diesem Abend das erste Mal Heroin nimmt. Nach diesem ersten Mal gibt es für sie wie für die meisten Drogenabhängigen kein Zurück mehr.[83]

Von nun an bestimmt »Äitsch« das Leben der Jugendlichen: Anscheinend erfolgreiche Entgiftungen, Aufenthalte auf dem

Eine Schlüsselszene im Film *Christiane F. - Wir Kinder vom Bahnhof Zoo* (1981): Christiane F. (von Natja Brunckhorst dargestellt) schnupft das erste Mal Heroin.

Land, bei der Oma oder eine Klassenfahrt sind letztlich nur retardierende Momente auf dem Weg nach unten. Jedem Entzug folgt ein Rückfall. Statt in Discos hält sich Christiane nun vor allem am Zoo auf, denn ihr Freund sucht »Freier« auf dem Schwulenstrich. Pausen verbringen die beiden gemeinsam mit heißer Schokolade in den »Bahnhofsterrassen«. Wenig später »schafft« sie selbst am Zoo an, weil ihr das immer noch weniger furchtbar erscheint als der Autostrich in der Gegend um Potsdamer Straße und Kurfürstenstraße, wo die »Gifti-Bräute« sich zudem mit teils aggressiver Konkurrenz der gewöhnlichen Prostituierten konfrontiert sehen.[84] Polizeirazzien - sei es in Clubs oder auf der Straße - finden Ende der 1970er-Jahre kaum statt. Anscheinend hat sich die West-Berliner Bevölkerung und mit ihr die Polizei damit abgefunden, dass sich halbe Kinder für ein paar Mark verkaufen. Zwar habe es am Bahnhof Zoo tägliche Streifen gegeben, aber »die waren nur scharf auf Kanaken, die eine Flasche

Schnaps oder eine Stange Zigaretten aus Ostberlin mitbrachten. Auf diese Kanaken veranstalteten sie regelrechte Jagden.«[85]

Aufregung gibt es in erster Linie dort, wo aggressive Fixer die Abläufe stören, indem sie in der U-Bahn oder auf dem Bahnhof Kurfürstendamm randalieren. Dass sie dort leben, weiß ohnehin jeder aus der Zeitung. Als Christiane nach Monaten auf dem Strich von zwei Zivilbeamten aufgegriffen wird, kann sie es gar nicht glauben. Später kennen die Beamten sie und lassen sie meist in Ruhe oder warnen sie gar vor anstehenden Razzien. Sie selbst ist sich nicht sicher, ob das aus Sympathie oder aus Faulheit geschieht. Die auf der Wache hätten auch keine Lust, »immer wieder dieselben Protokolle über eine vierzehnjährige Halbtote zu schreiben«.[86] Eine durchaus zutreffende Einschätzung, denn die West-Berliner Polizei sieht sich weitgehend hilflos mit der Drogenschwemme und mit der steigenden Zahl von Herointoten - 1977 sind es 84 allein in West-Berlin - konfrontiert. Als Gegenmittel empfehlen einige Beamte hohe Gefängnisstrafen; andere wissen, dass es auch und gerade im Gefängnis alle Sorten von Drogen gibt. Die Beratungsstellen haben zudem damit zu tun, dass die Verantwortlichen das Problem beiseiteschieben. Es geht um bis zu 5000 Fixer - und in einigen Bezirken wie etwa Neukölln gibt es keinerlei Therapieangebote.[87] Aber es handelt sich bei der Heroinabhängigkeit um ein Unterschichtenphänomen, wie eine Untersuchung festhält. Zudem leben die Abhängigen überwiegend ohne jeden Kontakt zu Beratungsangeboten.[88]

In dieser Zeit gibt es nur wenige Einrichtungen, die entzugswillige Abhängige wirksam unterstützen. Nicht wenige Junkies landen deshalb - wie Christiane - bei Narkonon, einer Einrichtung der Scientology-»Kirche«. Wenig überraschend verlangt diese erst einmal 1500 Mark für die Entzugsbegleitung, gleichgültig ob diese erfolgreich sein wird oder nicht. Als therapeutische Begleitung erhalten die Drogensüchtigen dicke Bücher mit den Lehren der Sekte, werden mit teilweise sinnlosen Tätigkeiten auf Trab gehalten und müssen sich Lügendetektor-Tests unterziehen, um ihren Willen zu brechen. Christiane hält die Prozeduren eine Woche aus und beobachtet, dass einige Mädchen immer mal für ein paar Stunden verschwinden, um sich Drogen zu besorgen – ohne dass dies irgendwelche Konsequenzen hat. Freundschaften innerhalb des Hauses sind indes streng verboten und werden mit Therapieausschluss sanktioniert.[89] Christiane wird von ihrem Vater »befreit« und lernt wenige Tage später die Drogenszene in der Neuköllner Hasenheide kennen. Unweit des Parks, am Hermannplatz, etabliert sich die vom Bahnhof Zoo verdrängte Fixerszene.[90] Christiane erlebt hier eine Art Hippieparadies, in dem alle glücklich sind, selbst die, die gar keine Drogen nehmen. »Alle waren wie eine große, friedliche Gemeinschaft. Mich erinnerte das ganze feeling hier an Woodstock, wo es ganz ähnlich gewesen sein mußte.«[91] Das »Paradies« Hasenheide bleibt eine Episode, bald ist die Jugendliche wieder am Zoo. Um die lange Geschichte abzukürzen: In West-Berlin wird Christiane nicht clean – erst auf dem Land bei Hamburg übersteht sie den Entzug und beginnt ein irgendwie normales Leben.

Christiane F(elscherinow) war kein Einzelfall: Zwar nahmen viele weiterhin nur »weiche« Drogen, aber ab Mitte der 1970er-Jahre stieg der Heroinkonsum an – forciert und beliefert von den »Jubelpersern« des Schahbesuchs 1967.[92] Und mit ihm stieg die Anzahl der Drogentoten, parallel dazu gab es überdies mehr jugendliche Alkoholiker und Sektenanhänger.[93] Ebenfalls in dieser Zeit verbreitete sich nationalistisches und faschistoides Gedankengut unter den Jugendlichen in Ost-Neukölln rapide.[94] Immer mehr Heranwachsende scheiterten an ihrem Leben. Gründe dafür waren überforderte Eltern, ein kinder-, jugend- und eigentlich menschenfeindliches Wohnumfeld, gepaart mit Lehrern, die möglicherweise gute Konzepte besaßen, diese jedoch im Schulalltag nicht anwenden konnten. Die verschiedenen Faktoren verstärkten sich gegenseitig, und Orte wie die Gropiusstadt wurden zu »Brutstätten für psychische Krankheiten«.[95] Die wohl berühmteste Fixerin ihrer Generation war dennoch eine Ausnahme, denn die meisten Junkies kamen nie vom »Äitsch« los und starben irgendwann an einer Überdosis. Tote Fixer auf öffentlichen Klos waren zeitweise alltäglich rund um Bahnhof Zoo und Potsdamer Straße. Anwohner und Gewerbetreibende fühlten

Zivilfahnder nehmen einen türkischen Rauschgifthändler und seine Komplizen im Berliner Tiergarten fest, Oktober 1978.

sich gestört, schließlich war es wenig erbaulich, gleich morgens einer Fixerin in die Arme zu laufen.[96] Mitleid empfanden nur wenige. In den 1980ern kam die Immunschwächekrankheit Aids hinzu und verbreitete sich gerade unter Drogensüchtigen rasant.

Zumindest aus zeitgenössischer Perspektive bot diese Generation wenig Anlass zur Hoffnung, machte der anscheinend unstillbare Frust der Jugendlichen den Erwachsenen Angst. Zum Mythos der Halbstadt gehört die Geschichte der jugendlichen Christiane unverzichtbar dazu – und seltsamerweise wirkte sie längst nicht so abschreckend auf Jugendliche aus der westdeutschen Provinz, wie der *Stern* glaubte. Auch der Topos des »Unter-die-Räder-Kommens« hat insofern seine Berechtigung: Nicht wenige, die in der Provinz mit weichen Drogen angefangen hatten, beendeten ihre Suchtkarriere auf einer öffentlichen Toilette in West-Berlin mit dem »goldenen Schuss«.

## Der berühmteste Berlin-Gast

Angesichts dieser Facette des Berlin-Bildes mutet es mehr als ironisch an, dass der Weltstar David Bowie ausgerechnet hier clean werden wollte. Noch ironischer wird es, wenn ausgerechnet jene, deren Hauptanliegen einer »sauberen« Stadt galt, stolz auf die Anwesenheit des »Thin White Duke« waren. Konsequenterweise wird Bowies Drogenabhängigkeit in den zeitgenössischen bunten Blättern ebenso wie die seines Begleiters Iggy Pop verschwiegen – wichtiger ist, dass Bowie West-Berlin mit New York vergleicht und angeblich sogar überlegt, hier zu bleiben.[97] In Interviews äußert er wiederholt, dass ihn das Berlin der 1920er-Jahre immer sehr fasziniert habe. Ein Beleg dafür ist seine Rolle in dem Film *Just a Gigolo,* der am Ende seines Aufenthaltes in der Halbstadt entsteht (Kinostart 1978). Ein anderer sind die Gemälde Bowies, die sich stark an die Malerei von Ernst Ludwig Kirchner anlehnen. Bowie mag außerdem die neue Musik aus Deutschland von Bands wie Tangerine Dream, Kraftwerk und Neu!,[98] und er sucht wegen Auseinandersetzungen mit seiner Plattenfirma eine günstige Alternative zu Los Angeles. Dass West-Berlin außerdem ein grundsätzlich anderes Lebensgefühl als die kalifornische Metropole bietet, mag auch eine Rolle spielen.

Genau genommen ist es den Berlinern relativ gleichgültig, warum Bowie gekommen ist und welche Musik er macht. Wichtig ist, dass er dem Anspruch West-Berlins, Weltstadt zu sein, Substanz verleiht. Bowie wird später (zumindest für die Berliner) zum Inbegriff einer Kunstszene, die der im Bundesgebiet weit überlegen ist. Tatsächlich wohnt Bowie nur etwa zwei Jahre in der Schöneberger Hauptstraße 155. Zunächst teilt er sich seine 7-Zimmer-Wohnung mit Iggy Pop, der angeblich deshalb gehen muss, weil er stets den Kühlschrank plündert, den Bowie zuvor mit Delikatessen aus dem KaDeWe, dem Kaufhaus des Westens am Wittenbergplatz, gefüllt hat. Am Platz liegt es wohl nicht, denn die Wohnung wird als karg möbliert beschrieben, finster sei sie außerdem gewesen. Neben Bowie lebt hier seine Assistentin Coco Schwab. Der Künstler ist in dieser Zeit Stammgast im ersten Schwulencafé West-Berlins, dem »Anderen Ufer«, quer über die Straße. Nachdem hier die Scheiben eingeschlagen wurden, soll Bowie die Reparatur bezahlt haben.[99] In Interviews hebt der Popstar hervor, dass Berlin einer der wenigen Orte sei, wo er sich »praktisch anonym« aufhalten könne. »Aus irgendwelchen Gründen machten die Berliner kein Aufhebens. Zumindest nicht um einen englischen Rocksänger.«[100]

Bowie und Iggy Pop sind in ihren Berliner Jahren extrem produktiv, und das, obwohl Letzterer hier erst richtig in die Drogenabhängigkeit hineinrutscht.[101] Insgesamt entstehen in dieser Zeit fünf Studioalben in den Hansa-Studios unweit des Martin-Gropius-Baus und der Berliner Mauer. Zuerst erscheint im Januar 1977 das Album *Low,* das Kritiker als eine Art »Krankenakte eines Superstars« bezeichnen.[102] Während der Arbeiten probieren die Teams um Bowie manchmal tagelang herum, um einen bestimmten Effekt zu erreichen. Und irgendwann, so will es die Legende, habe Bowie aus dem Fenster ein knutschendes Paar vor der Mauer gesehen, das ihn zum Text von »Heroes« inspiriert hat. Eine andere Version lautet, dass es sich dabei um Bowies Produzent Tony Visconti und die Sängerin Antonia Maaß handelte, die eine Aufnahmepause nutzten. O-Ton Visconti: »Wir quatschten, und irgendwann küssten wir uns. Als wir ins Studio zurückkamen, grinste David sein typisches Bowie-Lächeln.«[103] Auch an dieser Version sind Zweifel angebracht, da die angeblich beteiligte Sängerin sie abstreitet.

Wie dem auch sei: West-Berlin wirkt in diesen Jahren langsamer, vielleicht auch entspannter. Fotos aus dieser Zeit zeigen Bowie völlig unstylish im Karohemd, mit Schnauzbart, und möglicherweise war es dieser Verkleidung zuzuschreiben, dass er unbehelligt mit dem Fahrrad von der Hauptstraße über die Potsdamer Straße ins Studio fahren konnte. Seinem Erfolg bei Frauen schadete die wenig vorteilhafte Ausstaffierung anscheinend nicht, glaubt man den Berichten von Tonmeister Eduard Meyer, der die Aufnahmen im Hansa-Studio leitete. Verbrieft ist seine Liaison mit der niederländischen Transsexuellen Romy Haag, die seine neue Muse wurde. Er traf sie auf demselben Konzert, das auch Christiane F. besuchte.

West-Berlin war zwar nicht erst ab Mitte der 1970er-Jahre ein Ort, an dem sich auf eng begrenztem Raum ungeheuer viele Künstler und Musiker begegneten, aber Bowies Aufenthalt machte das kreative Potenzial noch einmal besonders sichtbar. Anfang der 1980er-Jahre produzierten Annette Humpe und Ideal ebenfalls in den Hansa-Studios ihr erstes Album. Depeche Mode folgte mit *People Are People*. Andere Bands erreichten nicht diesen Kultstatus, fühlten sich aber ebenso wohl in der Mauerstadt. Neben dem Bleiern-Depressiven, das sie verkörperte und aus dem viele Menschen nicht herausfanden, verlieh sie anderen offensichtlich eine ungeheure Energie und ließ einige sogar über sich hinauswachsen. Dazu gehörten Freiräume, die sich Jugendliche hier erkämpfen konnten oder die ihnen eher als anderswo gewährt wurden. Dazu gehörten die besetzten Häuser, dazu gehörte auch, dass das Leben hier bezahlbar war. Ein verbummeltes Studienjahr fiel kaum ins Gewicht. Es gab niemanden, der solche Aussteiger kontrollierte oder regulierte – aber es gab mitunter auch niemanden, dem es auffiel, wenn jemand unterging.

»Im Zweifel werden die Senatorinnen genauso klug oder so dumm sein wie die männlichen Kollegen, aber das macht ja nichts.«[1]

*Christoph Stölzl, Museumsdirektor, 1989*

»Wir sind die Berliner,
wir tanzen immer wieder
den Antiberliner.
Für uns in Ost und Westen.

Wir sind die Berliner,
die Antiberliner.
Wir tanzen unseren Bärentanz.
Wir tanzen ihn am besten.«[2]

*Die Band »Antiberliner«, 1987*

# Die letzten Tage West-Berlins
## 1987 bis 1990

Anfang der 1980er-Jahre steht Berlin zunehmend im Zeichen der herannahenden Feierlichkeiten zum 750. Geburtstag der Stadt. Zwar ist dieses Datum nicht unumstritten, denn bislang haben sich nur die Nationalsozialisten 1937 auf eine Urkunde aus dem Jahr 1237 bezogen und diese zum Anlass einer Feier gemacht, aber in seltener Einigkeit wollen Ost- wie West-Berlin im Jahr 1987 das Jubiläum begehen. In der Herangehensweise jedoch unterscheiden sich die beiden Stadthälften ebenso gravierend wie in den ausgewählten historischen Bezügen. Überdies ist die Ost-Berliner Planung Chefsache – nicht der Magistrat, sondern die SED-Führung unter Erich Honecker fasst die wesentlichen Entschlüsse. Während Ost-Berlin sich selbst als preußische Stadt feiert und das historische Nikolaiviertel in Platte nachbauen lässt, setzt West-Berlin (auch gezwungenermaßen) auf die Traditionen des 20. Jahrhunderts und die Moderne.

Für diese und die Zeit des Kaiserreichs gibt es zahlreiche Anknüpfungspunkte, insbesondere am Kurfürstendamm und am Tauentzien, auf die sich das Jubiläum beziehen kann. West-Berlin möchte sich einmal mehr als moderne, weltoffene, der Zukunft zugewandte Stadt präsentieren. Neben wenigen zentralen Großereignissen plant der von Eberhard Diepgen geführte CDU-FDP-Senat Ausstellungen und Veranstaltungen auf Bezirksebene, die großzügig bezuschusst werden: Lokale Geschichtsinitiativen erforschen die Zeit des Nationalsozialismus oder die Geschichte der »roten Insel« in Schöneberg. Am Großen Stern finden ein bunter Jahrmarkt (eigentlich ein besserer Rummel) und »Sternstunden« genannte Revuen statt. Die Motorradstaffel der Polizei zeigt ihre akrobatischen Kunststücke, und das Internationale Turnerfest lockt Tausende Besucher aus aller Welt an. Mit David Bowie, den Eurythmics und Michael Jackson kommen unbestrittene Weltstars, die umsonst und draußen auftreten. »Für jeden etwas« scheint die zentrale Parole des Senats zu sein, und natürlich: nicht kleckern, sondern klotzen! Überdies bietet der Feiermarathon mehr als eine Gelegenheit, die Korruptionsaffären in Vergessenheit geraten zu lassen und den fragwürdig gewordenen Status als »Schaufenster des Westens« im Osten aufs Neue zu rechtfertigen.[3]

## Eklat am Kurfürstendamm

Für mehrere Millionen Mark besorgt Kultursenator Volker Hassemer mehrere Großskulpturen, die entlang des Kurfürstendamms aufgebaut werden sollen. Aber schon als im Frühjahr 1987 die ersten Kunstwerke installiert werden, ist die Empörung bei vielen Anwohnern groß. Insbesondere die Skulptur *2 Beton-Cadillacs in Form der nackten Maja* des Bildhauers Wolf Vostell erregt den Unmut vieler Anwohner, die darin eine »Verschandelung« des Rathenauplatzes, eine »Pietätlosigkeit« gegenüber dem Namensgeber sowie die Verwandlung des Kurfürstendamms in eine »Schrottmeile« sehen.[4] Überdies sind die »Spießer« – so bezeichnet sich ein Schreiber – sauer, weil die in ihren Augen *äußerst* zweifelhafte Kunst mit Steuergeldern angeschafft wurde. Einigkeit herrscht darüber, dass »so was« eigentlich jeder könne. Die Kritiker formieren sich in einer Aktion »gegen die Verhöhnung der Kunst« und die »Verschwendung von Steuergeldern«, die bis Anfang April 1987 mehr als 2000 Stimmen für die Beseitigung der Cadillacs beisammen hat.[5] Einige Briefschreiber gehen gar so weit, von »Machwerken« zu sprechen, die »nur einem kranken Hirn entsprungen sein« könnten.[6] Gemäßigtere Kritiker bedauern, dass auf der anderen Seite der Mauer Gelder für die Restaurierung alter Gebäude ausgegeben werden, der Osten also im Systemvergleich dieses Mal die Nase vorn habe.[7] Der Senat ist

Als »Lumperei« oder Verschwendung von Steuergeldern bezeichneten viele West-Berliner den Skulpturenboulevard am Kurfürstendamm im Frühjahr 1987. Im Bild die Skulptur *13. 4. 1981* von Olaf Metzel, die sich auf eine Demonstration auf dem Kurfürstendamm an diesem Tag bezieht

Reagan-Besuch an der Mauer - von Osten aus gesehen, 12. Juni 1987. Die Stasi dokumentierte den Auftritt des amerikanischen Präsidenten von ihrem Stützpunkt auf dem Brandenburger Tor aus.

in dieser Frage uneins: Während der Regierende Bürgermeister Eberhard Diepgen auf der Seite der erbosten Bürger steht und sich während eines Auftritts in der Samstagabend-Show *Wetten, daß ...?* negativ über Konzept und Einzelwerke des Skulpturenboulevards äußert,[8] stellt sich die Jugendsenatorin Cornelia Schmalz-Jacobsen (FDP) in der SFB-Talkshow *Kudamm-Kunst – ganz schöner Schrott?* demonstrativ auf die Seite Volker Hassemers.[9] Der angeblich arrogante Kultursenator wird in diesen Tagen zum Lieblingsfeind jener Bürger, die sich von ihm als »Spießer« abqualifiziert fühlen.[10] Nur vereinzelt melden sich Befürworter der aufgestellten Kunstwerke zu Wort und bemängeln, dass das Sachverständigenurteil von »Volkes Stimme« übertönt werde.[11] Differenzierende Geister halten sich ohnehin an den *Tagesspiegel* als »Professorenblatt«.[12] Immerhin, stellt selbst die *Morgenpost* fest, regen die Großplastiken zur Diskussion an, Einheimische und Touristen kommen ins Gespräch, und allein das sei einen Ku'damm-Besuch wert.[13] Insgesamt aber lehnen drei Viertel der Berliner den Skulpturenboulevard ab und möchten die Kunstwerke lieber heute als morgen beseitigt sehen.[14]

Letztlich klingt der Eklat in den Monaten Mai und Juni 1987 ab, als mit den Ausschreitungen am 1. Mai in Kreuzberg 36 und den Protesten gegen den Besuch des amerikanischen Präsidenten aktuellere Ärgernisse in den Fokus rücken. Anlässlich des Ronald-Reagan-Besuchs Anfang Juni riegelt die Polizei ganz Kreuzberg ab. Den Auftritt des Besuchers vor dem Brandenburger Tor, bei dem er den sowjetischen Partei- und Staatschef Michail Gorbatschow auffordert, die Mauer niederzureißen, dürfen nur ausgewählte Besucher live sehen. Andere, positive Ereignisse kommen hinzu: Der Start der Tour de France in West-Berlin – neben dem Prolog finden die ersten beiden Etappen am 1. und 2. Juli 1987 hier statt – gefällt vielen ebenso wie der anstelle eines Festmarsches veranstaltete betont zivile Wassercorso.

Ein nachhaltiges Projekt anlässlich des Jubiläums ist die von Bürgerinitiativen schon länger geforderte Einrichtung einer Dauerausstellung auf dem Gelände der ehemaligen Gestapo-Zentrale neben dem Martin-Gropius-Bau, auf dem »Prinz-Albrecht-Gelände«, wo man zuvor ohne Führerschein über die Brache brettern durfte. Die Präsentation *Topographie des Terrors* klärt in den freigelegten ehemaligen Folterkellern über den Terrorapparat der Nazis auf. Obschon von der Stadt gefördert, hält der Senat Distanz zu dieser Seite der Berlingeschichte: Nur Volker Hassemer ist bei der Eröffnung am 4. Juli 1987 vor Ort.[15]

Prägend für die Stadt ist auch die Internationale Bauausstellung (IBA), für die zwischen 1984 und 1987 eine Reihe von Neubauten vor allem im bislang vernachlässigten Kreuzberg entstanden und die Altbauten rund um den Heinrichplatz saniert wurden.[16] Ergänzungsbauten und Lückenschließungen orientieren sich an den Nachbarhäusern, statt sie zu marginalisieren. Saniert wird vor allem im bürgerlichen Kreuzberg 61 und in Schöneberg, wobei man – ebenfalls ein Novum – darauf verzichtet, Seitenflügel und Garten- oder Hinterhäuser abzureißen. Man setzt sich dafür ein, sogar baufällige Hinterhof-Remisen wiederherzurichten und zu beleben. Die »Kreuzberger Mischung« von generationen- und manchmal nationenübergreifendem Miteinander von Leben und Arbeit gilt als vorbildhaft, als Muster gelungener Stadtteilsanierung.[17] Doch die gelungenen Beispiele von Stadterneuerung täuschen nicht darüber hinweg, dass es auf dem Gebiet des Wohnungsbaus große Versäumnisse gab und weiterhin gibt.

Wer als junger Mensch nach West-Berlin kommt, um zu studieren, um dem Wehrdienst aus dem Weg zu gehen oder beides, hat in diesen Jahren Probleme, eine Wohnung zu finden. Kaum ein Weg führt am Bahnhof Zoo vorbei, denn hier wird ab dem frühen Samstagabend die Sonntagsausgabe der *Berliner Morgenpost* verkauft. Zwar legen nur wenige Studierende Wert auf die redaktionellen Inhalte der spießigen Postille aus dem Hause Springer, aber die »Mottenpost« hat den umfangreichsten Immobilienmarkt der West-Berliner Zeitungen. Wer als Erster am Telefon ist – manche blockieren vorsorglich eine Zelle am Hardenbergplatz –, hat die besten Chancen auf eine der begehrten Altbauwohnungen und kann sich (möglicherweise) ganz vorn in die Schlange der Bewerber stellen. Ob er oder sie Erfolg hat, ist offen – Mitte der 1980er-Jahre ist die Konkurrenz groß. Bei Wohnungsbesichtigun-

Wohnungssuchende warten am Bahnhof Zoo auf die Samstagsausgabe der *Morgenpost*, 1980er-Jahre.

gen muss mancher die eine oder andere Kröte schlucken: Mal soll sogenanntes »Mobiliar« zu Wucherpreisen übernommen werden, dann wieder sprengt die Miete jeden vernünftigen Rahmen. Ausschlaggebend ist meist, dass der Wohnungsinhaber den potenziellen Mieter sympathisch und zahlungskräftig findet, wodurch die Angepassten unter den Studierenden ebenso bevorzugt werden wie diejenigen aus wohlhabenden Elternhäusern. Denn ohne eine Mietbürgschaft der Eltern läuft gar nichts.

## Vom Land in die Mauerstadt

Aus dem katholischen Münsterland kommt der 19-jährige Robert Heine* direkt nach dem Abitur im Sommer 1985 nach West-Berlin. Wie viele andere umgeht er auf diese Weise den 15-monatigen Wehrdienst beziehungsweise den ersatzweise zu leistenden Zivildienst. Er kommt bei einem älteren Bruder unter, bevor er sich auf Wohnungssuche begibt. Durch einen Bekannten erfährt er von einem Makler in der Yorckstraße, der auch in weniger aussichtsreichen Fällen helfen könne – und tatsächlich: Hier, im

Hinterzimmer eines Trödelladens, unterschreibt Robert schließlich den ersehnten Mietvertrag für eine Eineinhalbzimmerwohnung hinter dem Schloss Charlottenburg. Die Wohnung hat mehr als einen Schönheitsfehler, unter anderem liegen die ursprünglich (wie in Altbauten üblich) verputzten Strohdecken teilweise bloß. Zuvor hatte hier ein Alkoholiker gelebt, den die Vermieter aus der Wohnung klagten - und der verzweifelte Mann hatte seinen Unmut an der Wohnung ausgelassen. Den ganzen Sommer über renoviert Robert Zimmer, Küche und Bad, unterstützt von den wenigen Freunden, die er in der Stadt gefunden hat - noch hat sein Studium nicht angefangen. Im Herbst erst kann er sich an der Technischen Universität (TU) für Geschichte und Technikgeschichte immatrikulieren und dann auch billiger mit den Öffentlichen fahren. Die Berliner Verkehrsbetriebe (BVG) bieten vergünstigte Monatstickets für Studenten. Er kann sich zudem bei der studentischen Arbeitsvermittlung TUSMA (»TU-Studenten machen alles«) anmelden: So gelangen viele zu einem Job in

Robert Heine* (rechts) mit einem Freund in Kreuzberg, Sommer 1987

den Semesterferien oder auch zwischendurch. Für die jungen Männer sind insbesondere gut bezahlte (aber harte) Jobs auf dem Bau attraktiv, oder - für die, die Weihnachten nicht zu den Eltern fahren - die Arbeit als Weihnachtsmann. Letzteres kommt für Robert nicht infrage, aber in den kommenden Jahren arbeitet er zumindest im Notfall auf einer der zahlreichen Baustellen in West-Berlin. Erst als er eine Stelle als studentische Hilfskraft findet, bleibt ihm die Knochenarbeit erspart.

Mit der TU hat Robert insofern eine gute Wahl getroffen, als der Lehrbetrieb übersichtlicher ist als an der wesentlich größeren und anonymen Freien Universität (FU). In den ersten Jahren hat er noch enge Bindungen an seine alte Heimat, und diese holt ihn immer wieder in Form von Besuchen etwas jüngerer Freunde ein, die gern für ein paar Tage in seinem Wohnzimmer campieren. Mit seinen Besuchern fährt er nach Kreuzberg, wo die jungen Leute aus der Provinz darüber staunen, dass in den Kneipen ganz unverhohlen gekifft wird. Als »Alteingesessener« nimmt er zudem Freunde, die ihm in die Mauerstadt folgen, an die Hand. Er zeigt ihnen Kneipen wie das »Schwarze Café« an der Charlottenburger Kantstraße, das rund um die Uhr geöffnet hat, und die Universität, die diversen Flohmärkte an der Straße des 17. Juni, am Fehrbelliner Platz und vor allem den riesigen »Krempelmarkt« am Reichpietschufer unweit der Mauer. Hier kann man mit etwas Glück wahre Schätze finden, vorausgesetzt man ist bereit, sich durch ungeheure Mengen von schmutzigem Geschirr, abgetragenen Klamotten und nach Mottenkugeln stinkenden Büchern zu wühlen.

Zum Programm für studentische und politisierte Neuberliner gehört aber auch, mindestens einmal bei einer Demo mitzulaufen. Demonstriert wird viel in diesen Tagen, vor allem im Jubiläumsjahr 1987. Der Unmut gilt dem offiziellen Festprogramm, das den jungen Menschen zu staatstragend ist, außerdem der für 1987 anberaumten Volkszählung und den Staatsbesuchen (allen voran dem Ronald Reagans). Schon bei den ersten Demonstrationen lernen die Neuberliner, dass in West-Berlin andere Regeln gelten als in der westdeutschen Provinz. Das Polizeiaufgebot ist selbst bei friedlichen Protestmärschen enorm. Ohne einen ortskundigen Begleiter ist die Teilnahme nicht ungefährlich. Nur wer Seitenstraßen oder Eingänge von Einkaufspassagen kennt, kann weglaufen, wenn sich der Ring der Polizeihundertschaften schließt. Wer Pech hat - aber das hat Robert Heine nicht -, gerät beispielsweise bei der Anti-Reagan-Demo am 12. Juni 1987 in den »Polizeikessel« am Kurfürstendamm: Harmlose Shoppingtouristen und Rentner müssen dort ebenso stundenlang im strömenden Regen ausharren wie so mancher (friedliche) echte Demonstrant, widerrechtlich, wie das Berliner Verwaltungsgericht zwei Jahre später feststellen wird.[18]

Von einem Schlüsselereignis dieser Tage erfährt Robert erst aus den Nachrichten: den Ausschreitungen am 1. Mai 1987 in Kreuzberg. Wieder einmal hatte er Besuch aus »Wessiland« und verbrachte den Abend in der Diskothek »Far Out« am Adenauerplatz. Selbst wenn er der Randale wenig abgewinnen kann, teilt er die Empörung über die vorherige Durchsuchung im linken Organisationszentrum Mehringhof, wo Polizisten Flyer zum Volkszählungsboykott beschlagnahmten. Und ein bisschen freut es ihn auch, dass dieses Mal die Polizei in die Defensive geraten ist - nach dem ansonsten teils harten Auftreten scheint das nur fair. Ein Besuch am in der Nacht auf den 2. Mai abgebrannten »Bolle«-Supermarkt an der Wiener Straße gehört von nun an zum touristischen Berlin-Programm, ebenso wie die Veranstaltungen am Großen Stern oder Konzerte in der Waldbühne: Von einem prinzipiellen Boykott hält Robert wenig. Anderen Erscheinungen in diesem Jahr *kann* er beim besten Willen nicht aus dem Wege gehen: Die Sportler, die zum Deutschen Turnfest angereist sind, übernachten dezentral in der ganzen Stadt - selbst im entlegenen Steinstücken stößt er auf sie.

Robert glaubt fest daran, dass es richtig ist, sich dem Ansinnen des Staates, immer mehr über seine Bürger zu erfahren, zu widersetzen. Deshalb protestiert er 1987 gegen die Volkszählung. Aber er ist zu sehr Realist und vielleicht auch zu bequem, um bei Besetzungen wie der des Lenné- beziehungsweise »Kubat«-Dreiecks im Schatten der Mauer teilzunehmen. Dass einige Besetzer

Polizeiaufgebot während der Anti-Reagan-Demo auf dem Kurfürstendamm, 12. Juni 1987

bei der Räumung im Juli 1988 über die Mauer nach Ost-Berlin flüchten, sieht er mit gemischten Gefühlen. Im Herbst 1988 aber ist er auf der Straße, um gegen die Politik des Internationalen Währungsfonds gegenüber der »Dritten Welt« zu demonstrieren, der in West-Berlin tagt.[19] Sinnlose Randale lehnt er ab und hält Gewalt grundsätzlich für nicht legitim. Dennoch läuft er wie seine Freunde bei so mancher Demo mit, an der auch der »schwarze Block« teilnimmt. Zwischen seinen und den Anliegen vieler Autonomer verläuft in diesen Tagen keine scharfe Grenze, auch wenn er Sprüche wie »Polizei - SA - SS« dumm findet und nicht mitskandiert. Er muss mehrmals die Erfahrung machen, dass seine Friedfertigkeit kein Schutz vor polizeilicher Gewalt ist, etwa am 1. Mai 1988, als er als Besucher des Maifestes am Lausitzer Platz verprügelt wird. Ein andermal ist er gezwungen, Stunden bei Kerzenlicht in einer Bar an der Oranienstraße zu verbringen. Die Straße ist abgeriegelt, wer nach draußen geht, riskiert die Festnahme. Die Stimmung ist in diesen Tagen derart aufgeheizt, dass eine Unschuldsvermutung von vornherein nicht gilt. »Chaot« ist, wer sich am falschen Ort zur falschen Zeit aufhält, jung ist und sich schwarz kleidet. Und in den Jahren 1987 und 1988 gibt es in Kreuzberg viele Gelegenheiten und Orte, denn die »kompromisslose«, also übermäßig harte Politik des Innensenators Wilhelm Kewenig provoziert selbst Leute, die sich nicht der autonomen Szene zugehörig fühlen.[20] Ebenso wenig Feingefühl beweist der Regierende Bürgermeister im Mai 1987, als er für die Randale in Kreuzberg pauschal angebliche »Antiberliner« verantwortlich macht und damit ungewollt ein Label entwickelt, mit dem sich zukünftige Generationen von Demonstranten nur zu gern schmücken.

Die Protestierenden wollen sich nicht in die Schwarz-Weiß-Raster der nach wie vor aktiven »Kalten Krieger« einordnen lassen, für die jede Kritik an der Bundesrepublik gleichbedeutend mit der Zustimmung zum politischen System der DDR ist. Das gilt insbesondere für die Proteste gegen die IWF-Tagung, denen sich die Umweltbibliothek und die Kirche von Unten in Ost-Berlin anschließen. Unter Punkt vier einer von den Organisatoren verfassten Presseerklärung heißt es: »Wir wenden uns entschieden gegen jeden Versuch, unsere Kritik am jeweiligen eigenen System in eine Befürwortung des jeweils anderen Systems zu verfälschen.«[21]

Der Konsens gegen die Banker ist breit. Es reicht von der terroristischen RAF (die vor der Tagung bei Bonn einen Anschlag auf den Finanzstaatssekretär Hans Tietmeyer verübt hat) bis hin zu den Jusos und kirchlichen Organisationen. Dass die Proteste rund um den Kurfürstendamm überwiegend friedfertig sind, hält Senator Kewenig nicht davon ab, seinen und den aus dem Bundesgebiet geholten Polizisten Härte zu verordnen. Hunderte Demonstranten werden verletzt und Journalisten massiv behindert. Von der weltoffenen Stadt West-Berlin ist in diesen Tagen Anfang Oktober 1988 wenig zu sehen,[22] und die Verschärfung des Strafrechtsparagrafen 129a – nach der festgehalten werden kann, wer im bloßen Verdacht steht, Straftaten begehen zu wollen – erbost auch den Studenten Robert Heine. Fast eine Woche lang beteiligt er sich täglich an den Protestaktionen.

Nach einer kurzen Verschnaufpause zu Beginn des Wintersemesters 1988/89 verlagern sich die Proteste in die Hochschulen. Am Lateinamerika-Institut der FU wehren sich Studenten gegen die geplante Auflösung ihres Instituts und besetzen das Haus am Breitenbachplatz. Andere Institute an der FU und schließlich auch

Zur »Jubelparade« gehört auch eine Nachbildung des Jäger 90 als riesiger Phallus, 28. Januar 1989.

an der Technischen Universität folgen dem Beispiel. Auch die auf den Campus gerufene Polizei kann die Proteste nicht unterdrücken. Die Studenten schaffen es, ihren »UniMut« in die Stadt zu tragen, selbst wenn ihnen dort nicht selten Unverständnis und der Rat, »nach drüben« zu gehen, entgegenschlagen. Robert Heine hält sich wochenlang mehr im Telefunkenhochhaus am Ernst-Reuter-Platz auf, in dem die TU-Geschichtswissenschaftler zu Hause sind, als in seiner Wohnung. Zu den spezifisch studentischen Themen tritt eine Kritik an den politischen Zuständen in West-Berlin und der Bundesrepublik allgemein. Insbesondere gegen die hohen Ausgaben für den Verteidigungshaushalt (Stichwort »Jäger 90«) und das Erstarken der Partei Die Republikaner richtet sich der Protest. Am 28. Januar 1989, einen Tag vor den Abgeordnetenhauswahlen, versammeln sich Studenten aller Berliner Hochschulen zu einer großen Sterndemo. Diese Jubelparade unterscheidet sich in Aussehen und Tenor von den Demos der letzten Monate: Nur wenige Polizisten begleiten den bunten, fröhlichen, fantasievollen und optimistischen Zug.

Schon einen Tag später treibt das Wahlergebnis wiederum

Tausende auf der Straße: Die Republikaner haben unerwartet viele Mandate gewonnen – erstmals seit 1945 zieht eine explizit rechtsextreme Partei in das West-Berliner Parlament ein. Aber die Wahl hat auch ein klares Votum gegen den Diepgen-Senat gebracht: Die FDP ist nicht im Abgeordnetenhaus vertreten, und SPD und Alternative Liste für Demokratie und Umweltschutz (AL) haben entscheidend hinzugewonnen. Viele Berliner haben Diepgen seine eitle Wahlpropaganda (»Ihn will Berlin«) nicht verziehen. Obwohl sich der SPD-Kandidat Walter Momper zuvor gegen ein rot-grünes Bündnis ausgesprochen hat, bildet er nach zähen Verhandlungen und begleitet von wütenden Kommentaren der CDU (»Koalition des Irrsinns«) und in der Springer-Presse eine Regierung mit der AL. Der »Verräter« Momper ist einer, der »geduldig die Frauenmehrheit in seinem Senat erträgt«.[23] Die Tatsache, dass acht Frauen im Senat sitzen, erregt die Gemüter, selbst wenn intelligente Zeitgenossen darin eine Angleichung an europäische Verhältnisse sehen.[24]

Das rot-grüne »Experiment« ist für junge Erwachsene wie eine Befreiung nach den als bedrückend empfundenen Jahren des Senats Diepgen. Gerade deshalb verfolgen Robert Heine und seine Freunde aufmerksam, welche Zugeständnisse die AL machen muss. Dazu gehören der Bau einer von der Vorgängerregierung geplanten Stromtrasse ins Bundesgebiet ebenso wie ein Jahr später die Zulassung eines Forschungsreaktors in Berlin-Wannsee. Aber nach den sehr politischen Jahren 1987 und 1988 und nach dem Studentenstreik konzentriert sich Robert wie viele andere wieder stärker auf das Studium. Überdies verändert sich die Stadt im Sommer und Herbst 1989 ganz grundlegend.

## Der unaufhaltsame Aufstieg der Alternativen

Bis es zur Regierungsbeteiligung der Alternativen Liste kam, durchlief die 1978 gegründete Partei einen rasanten Aufstieg. Bereits nach den Wahlen 1981 war sie in vier Bezirksparlamenten vertreten, und 1985 übersprang sie in West-Berlin die Fünfprozenthürde und erreichte mehr Wähler als die Liberalen. Zwar gibt es in West-Berlin keine ähnlich heftigen Auseinandersetzungen zwischen Realos und Fundis wie auf Bundesebene, aber die AL vertritt insofern kontroverse Positionen, als sie etwa den Sonderstatus der Stadt und damit die Rechte der Alliierten infrage stellt. Als problematisch wird ihre Haltung zum Gewaltmonopol des Staates betrachtet: Aus der Sponti-, Friedens- und Studentenbewegung kommend und basierend auf einer breiten Zustimmung aus dem linksalternativen Lager, tun sich die Grünen in West-Berlin schwer damit, Ausschreitungen bei Demonstrationen grundsätzlich abzulehnen. Beide Punkte spielen in den Koalitionsverhandlungen 1989 eine erhebliche Rolle und werden von den politischen Gegnern weidlich ausgenutzt. Insbesondere der charismatische ehemalige RAF-Anwalt und grüne Bundestagspolitiker Hans-Christian Ströbele, der sich entschieden für eine Regierungsbeteiligung seiner Partei einsetzt, ist den Christdemokraten ein Dorn im Auge. Ströbele war in den 1960er-Jahren zum Studium nach Berlin gekommen, hatte sein Referendariat in der Kanzlei von Horst Mahler absolviert und anschließend das »sozialistische Anwaltskollektiv« mitbegründet. Durch die Übernahme des Mandats für den RAF-Anführer Andreas Baader und sein Engagement für eine faire Behandlung der Linksterroristen gewann Ströbele Ansehen in der großen linken Szene in West-Berlin, vor allem in Kreuzberg, was ihn den Konservativen umso verhasster macht.

Für die AL spielt Umweltpolitik von Anfang an keine so entscheidende Rolle wie für die grüne Bundespartei. Wichtiger sind bürgerrechtliche Fragen, etwa die Gleichberechtigung von Frauen, Migranten und Homosexuellen. Anne Klein, die spätere parteilose Senatorin für Frauen und Jugend, gehörte zu den Mitbegründerinnen des ersten Frauenhauses in West-Berlin und verfasste Anfang der 1980er-Jahre einen Entwurf für ein Bundes-Antidiskriminierungsgesetz. Als Senatorin richtet sie in ihrem Ressort ein Referat für gleichgeschlechtliche Lebensweisen ein und stellt die Finanzierung von Zufluchtsorten für missbrauchte Frauen und Kinder sicher. Von der politischen Rechten wird sie fast selbstverständlich angefeindet: Als im Sommer 1989 bekannt wird, dass sie bei einem sogenannten »Pilotenspiel« 8000 Mark gewonnen hat, bricht ein Sturm der Empörung los, der weit über die politischen Kreise hinausreicht, wie etwa Zuschriften an die *Berliner Morgenpost* belegen.[25] Einige fordern ihren Rücktritt und bemängeln die angebliche Doppelmoral der Senatorin.[26]

Heftig umstritten sind auch die verkehrspolitischen Forderungen der AL – nach Tempo 30 in Nebenstraßen, der Einführung von Busspuren und einem Tempolimit auf der AVUS. Sie sind nicht nur für die CDU unvereinbar mit dem Status einer Weltstadt. Im Sommer 1989 demonstrieren deshalb wiederholt erboste und vom ADAC aufgestachelte und unterstützte Autofahrer gegen das auf der AVUS, der Stadtautobahn im Südwesten West-Berlins, eingeführte Höchsttempo von 100 Stundenkilometern, weil gerade nach der langen Fahrt auf der Transitstrecke ein paar Kilometer Vollgas geben befreiend wirke. Zudem, gibt ein Steglitzer zu bedenken, bedeute Tempo 100 eine erhöhte Unfallgefahr, weil es so ermüdend sei, die Geschwindigkeit zu halten.[27] Gegen Busspuren protestieren nicht nur Einzelhändler, die Verkaufseinbußen befürchten, auch normale West-Berliner vermuten, dass es dann »weniger Miteinander im Verkehr« geben werde.[28] Das kommunale Wahlrecht für Ausländer, das die AL in zähen Verhandlungen durchsetzt, wird ebenso kritisiert wie die Streichung von Darlehen für Familien – immer wieder wird die Vermutung geäußert, dass hier in Not befindlichen Deutschen genommen werde, was man »kriminellen« »Asylanten« schenke.[29]

## Ausnahmezustände

Schwierig wird es für die AL immer dann, wenn *law and order* gefordert ist, wie im Frühjahr 1989 angesichts von Neubesetzungen von Häusern, der Ausschreitungen am 1. Mai in Kreuzberg oder wie beim Umgang mit dem »Polenmarkt«. Dort bieten seit Einführung der Reisefreiheit für Polen Ende 1988 die Bürger des östlichen Nachbarstaates buchstäblich alles an, was sie entbeh-

»Polenmarkt« am Reichpietschufer, 4. Januar 1989

ren können und für attraktiv für westliche Käufer halten. Von lebenden und ausgestopften Tieren über Damenunterwäsche und Pullover bis hin zu Würsten, Käse und Butter ist auf dem neben dem »Krempelmarkt« angesiedelten wilden Markt alles zu haben, auch Waldpilze, deren Strahlenbelastung (nach dem Reaktorunfall von Tschernobyl) um ein Vielfaches über dem in Deutschland geltenden Grenzwert liegt. Verkaufsschlager aber sind Alkohol und Zigaretten, die die Händler gleich stangenweise ungeheuer billig anbieten. Selbst die Intershop-Filiale am Bahnhof Friedrichstraße kann da nicht mithalten. Das überwiegend ärmliche Angebot wird auf kleinen Tüchern direkt auf dem Boden präsentiert, und an den Markttagen schieben sich Tausende von West-Berlinern an den »Ständen« vorbei.[30]

Viele, die hier ihre Ware ausbreiten, haben in Polen einen »bürgerlichen« Beruf oder müssen ihre geringe Rente durch die anstrengenden Reisen in den Westen aufbessern. In Polen ist mit der politischen Öffnung ein rasanter wirtschaftlicher Wandel verbunden, die Inflation steigt, und in den Läden ist das Angebot extrem knapp. Die Gefühle der Händler beschreibt ein Lehrer, der wenig später auf dem Wiener Polenmarkt steht: »Jedesmal, wenn ich hier auf dem Basar stehe, kocht in mir die Wut hoch. Was ist das für ein System, das seine Bürger zwingt, ins Ausland zu reisen und dort gegen Gesetze zu verstoßen – das alles nur, um das Überleben meiner Familie zu sichern?«[31] Ein anderer Lehrer, der regelmäßig Gorbatschow-Plaketten in West-Berlin verkauft, bekennt, dass er sich anfangs geschämt habe – ein Gefühl, das er mit vielen Händlern teilen.[32]

Zunächst durchaus interessiert an dem einzigartigen Angebot, wendet sich die Stimmung unter den West-Berlinern mit dem Anwachsen des Marktes immer stärker gegen diesen: Die einen stören der Dreck und die Vermüllung der umliegenden Straßen und Plätze, die anderen die im Umfeld des Marktes blühende Prostitution, wieder andere die Kleinkriminellen, die mit den Händlern in die Stadt kommen: Hütchenspieler, Laden- und Autodiebe. Nichtsdestoweniger drängen sich Wochenende für Wochenende Neugierige an den Auslagen vorbei; viele türkische Migranten, aber auch Studenten und andere West-Berliner mit geringem Einkommen und viele, die nur mal schauen wollen. Der Markt ist zeitweise eine touristische Attraktion. Nicht alle sind sich dessen bewusst, dass es verboten ist, hier Zigaretten oder Schnaps zu kaufen, aber alle profitieren von den günstigen Preisen. Angesichts des seit Jahren im größeren Stil organisierten Schmuggels in die Europäische Gemeinschaft hält auch der Zoll die Vergehen am Reichpietschufer für lässliche Sünden.[33]

Der Diepgen-Senat reagierte noch Ende 1988 und sperrte, begleitet von mehreren Großrazzien, das Gelände durch einen Zaun ab – mit dem Resultat, dass sich die polnischen Händler am Kemperplatz, in unmittelbarer Nähe der Philharmonie, niederließen. Anders als im Bundesgebiet kam ein Einreiseverbot aufgrund des geltenden alliierten Rechts für West-Berlin nicht infrage, sodass sich der rot-grüne Senat im Frühjahr wieder mit dem Problem befassen muss. Zunächst fällt ihm nichts anderes ein, als auch den neuen Standort abzuriegeln und damit die Händler erneut zu vertreiben, dann folgt ein Richtungswechsel. Berlin als weltoffene Stadt müsse sich der Herausforderung stellen, heißt es.

Entlang des Geländes am Reichpietschufer sollen Toilettenhäuschen und Müllcontainer aufgestellt werden, um die hygienischen Zustände zu verbessern. Im Juni 1989 gibt es Überlegungen, eine eingezäunte »Freihandelszone« anzulegen, innerhalb derer – gegen Gebühr – der Handel legal sein soll.[34] Aber nur wenig später kommt ein (folgenloses) endgültiges Verbot.[35] Die zu diesem Zeitpunkt etwa 40 000 polnischen Händler müssen mit Strafe rechnen, wenn sie ihre Waren weiterhin anbieten.[36] Der Markt verlagert sich im Herbst 1989 in den Kreuzberger Mendelssohn-Bartholdy-Park. Doch selbst tägliche Einsätze der Stadtreinigung können die Anhäufung von Müll nicht verhindern. Mobile Toilettenhäuschen und größere Abfalleimer mag der Bezirk schon deshalb nicht aufstellen lassen, weil dies einer schleichenden Legalisierung des Marktes gleichkäme.[37] Ende September setzt sich der Bezirk Kreuzberg durch: Der Polenmarkt wandert erneut ans Reichpietschufer.[38]

Nicht wenige Händler legen ihren Gewinn direkt in West-Berlin in Waren an. Hinter dem Bahnhof Zoo, an der Kantstraße, entsteht eine Einkaufsmeile von Im- und Exportläden, in denen die Händler insbesondere Unterhaltungselektronik wie Videorekorder kaufen. Mit dem Gewinn exportieren sie aber auch Gedränge und Ärger in den feinen Berliner Westen. Viele Käufer werfen die sperrigen Verpackungen gleich vor Ort auf den Gehweg, leere Flaschen und Getränkebüchsen landen daneben.[39] Die Stimmung gegenüber polnischen Händlern wie Einkäufern wird immer schlechter, und im Sommer stößt die angedachte Legalisierung des Marktes am Reichpietschufer auf erbitterte Ablehnung in der West-Berliner Bevölkerung. Nur vereinzelt melden sich gemäßigte Stimmen, wie etwa ein Leserbriefschreiber, der die aufwendigen Polizeieinsätze gegen die polnischen Händler infrage stellt: Ob man diese Kräfte nicht sinnvoller zur Sicherung von U- und S-Bahnhöfen abstellen könnte?[40]

Der Polenmarkt rückt im Laufe des Jahres 1989 immer stärker in den Hintergrund angesichts der wachsenden Zuwanderung von Menschen aus der DDR und Ost-Berlin in die Bundesrepublik und nach West-Berlin, aber auch von Aussiedlern und politischen Flüchtlingen (zeitgenössisch »Asylanten«). Für die Zuwanderung gilt: Viele Wege führen über Ost-Berlin. Etwa 50 Prozent der Asylsuchenden gelangen via Schönefeld mit der ostdeutschen Interflug nach West-Berlin. Die Ost-Berliner Beamten lassen Menschen aus Afrika und Asien trotz westdeutscher Proteste weiterhin ungehindert passieren, wenn sie ausreichend Kleingeld für die BVG-Fahrt nach West-Berlin dabeihaben.[41] Stimmen, die eine Einschränkung des Asylrechts fordern, werden lauter, und den Wahlerfolg der Republikaner führen Beobachter auf deren ausländerfeindliche Polemik zurück. Dass 1989 in West-Berlin gerade einmal 4000 Menschen mit anerkannt politischem Asyl und 2500 Menschen in der Stadt leben, deren Asylantrag abgelehnt wurde, die aber aus humanitären Gründen nicht abgeschoben werden, spielt keine Rolle.[42] Nur am Rande wird erwähnt, dass das Gros der Asylsuchenden nicht aus Afrika stammt, sondern aus Polen.[43]

Schon 1988 hat sich die Zahl der Übersiedler aus der DDR, die in die Bundesrepublik kommen, gegenüber den Vorjahren auf fast 40000 verdoppelt. Viele lassen sich erst mal in West-Berlin nieder: 1988 sind es mehr als 9000. Allein in der ersten Jahreshälfte 1989 sind es noch einmal so viele Menschen, und ab August melden sich täglich mehr als 100 Personen im Aufnahmelager Marienfelde.[44] Nicht nur hier treffen sie auf Aussiedler und Asylsuchende, die wie sie auf überfüllte Anlaufstellen, Lager und später auf einen ohnehin hart umkämpften Wohnungs- und Arbeitsmarkt drängen. Die regulären Unterkünfte sind längst überfüllt, auch Turnhallen, Zelte und Fabrikhallen platzen ab September aus allen Nähten. Schon bevor Ungarn Anfang September 1989 beschließt, Menschen aus der DDR ungehindert in den Westen reisen zu lassen, und damit den »Eisernen Vorhang« durchbricht, sieht sich die West-Berliner Verwaltung vor fast unlösbare Probleme gestellt.

Zuvor, im Sommer 1989, hat der Senat eigentlich beschlossen, auf die Einhaltung der im Verfahren vorgegebenen Quote von etwa drei Prozent zu drängen, die in West-Berlin bleiben dürfen: Nur für Übersiedler, die nahe Verwandte in der Halbstadt haben, seien Ausnahmen angebracht. Dennoch wollen Menschen aus dem Ostteil der Stadt lieber in West-Berlin leben und sind empört, wenn sie nach Niedersachsen »abgeschoben« werden.[45] Solche »Härtefälle« werden in diesen Tagen, als sich die Springer-Presse auf die Seite der »Brüder und Schwestern« von drüben stellt, umgehend kommentiert, und »Bürokraten«, die etwa den Liebsten von »Camela« nach Gießen verschleppen wollen, werden heftig attackiert.[46]

Die Stimmung gegenüber den Übersiedlern kühlt sich indes auch in West-Berlin ab, zumal nicht wenige die ehrgeizige Konkurrenz auf dem Arbeitsmarkt fürchten. Die Alternative Liste, unterstützt von einigen SPD-Politikern, prescht mit dem Vorschlag nach vorn, die DDR als zweiten deutschen Staat anzuerkennen und damit die Grundlage für die privilegierte Zuwanderung abzuschaffen - ein Vorschlag, über den intensiv diskutiert wird, selbst wenn viele empört reagieren.[47] Ungeachtet der laufenden Debatten fordert die *Bild*-Zeitung ihre Leser auf, die Neuankommenden freundlich zu begrüßen. Schließlich gelte: »Es sind Deutsche!«[48] Noch im Jahresrückblick wird es dem Senat als schweres Versäumnis vorgehalten, dass kein Senator sich zum Willkommen am Flughafen Tegel eingefunden habe.[49]

Tatsächlich rotieren die Verantwortlichen im Herbst und bedenken selbst zunächst absurd erscheinende Lösungen, wenn sie Abhilfe von der Wohnungsnot versprechen. Der Regierende Bürgermeister Momper verhandelt gar mit dem Ost-Berliner Magistrat über den Ankauf von Flächen im Umland.[50] Die Steglitzer Stadträtin Gabriele Witt greift zu einer radikalen Variante und beschlagnahmt leer stehende Wohnungen. Andere Bezirke erwägen trotz der rechtlich nicht eindeutigen Lage ähnliche Maßnahmen.[51]

## Von Charlottenburg nach Schöneberg

Eine, die in diesen Monaten im Mittelpunkt steht, ist Berlins Sozialsenatorin Ingrid Stahmer. Sie wuchs in Bremen auf und trat 1964 während der Ausbildung zur Sozialarbeiterin in die SPD ein.[52] 1971 übernahm sie in der Berliner Senatsverwaltung für Familie, Jugend und Sport die Aufsicht über die Kindertagesstätten, zehn Jahre später wurde sie Sozialstadträtin und stellvertretende Bürgermeisterin von Charlottenburg, bevor sie im März 1989 als Senatorin in die Regierung Momper eintritt. Als stellvertretende Parteivorsitzende im Landesverband (seit 1985) ist sie in die Koalitionsverhandlungen einbezogen. Dass sie Senatorin geworden ist, überrascht kaum, eher schon die Kombination der Ressorts: Arbeit und Soziales. Stahmer hat gegenüber den anderen Senatorinnen den klaren Vorteil, dass nicht einmal der politische Gegner ihre fachliche Kompetenz anzweifeln kann.

Die Senatorin versucht, beide Ressorts miteinander zu verzahnen. Dieser Versuch bleibt im Ansatz stecken und wird schon 1990 wieder aufgegeben. Zuvor haben sich die Staatssekretäre beharkt und die Bemühungen Stahmers ins Leere laufen lassen. In der Behörde ist Stahmer ansonsten beliebt, gilt als gute Zuhörerin und als eine, die sachorientiert und ergebnisbezogen diskutiert. Zudem repräsentiert sie ihre Behörde in den Medien überzeugend, macht eine gute Figur und wirkt sympathisch und aufgeschlossen. Sie trifft Entscheidungen gemeinsam mit ihren Mitarbeiterinnen und Mitarbeitern, und zu entscheiden ist vieles. Eine Schonfrist gibt es für den rot-grünen Senat nicht, denn mit der Massenzuwanderung ab dem Sommer 1989 häufen sich die Probleme.

Die Sozialsenatorin versucht früh, die Übersiedler dazu zu bewegen, sich angesichts der angespannten Lage in West-Berlin im Bundesgebiet niederzulassen, weil sie dort einen besseren Start hätten – ein Appell, der ihr vom politischen Gegner angekreidet wird.[53] Im Interview mit der *Morgenpost* am 3. September äußert sie ihre Bedenken deutlich und fasst die Lage so zusammen, dass in West-Berlin bereits »Matthäi am Letzten« sei. Man suche nach

Sozialsenatorin
Ingrid Stahmer,
Frühjahr 1989

Möglichkeiten, zusätzlich zu den 4000 im August gekommenen Menschen weitere 2000 unterzubringen: notfalls in Zelten, Containern, in leerstehenden Fabriketagen oder Wohnungen. Stahmer fordert die West-Berliner auf, dem Bekenntnis zu Ost-Berlin Taten folgen zu lassen. Unwirsch reagiert sie lediglich auf die Frage des Reporters, warum sie nicht persönlich mit Wohnraum aushelfe: »Im Gegensatz zur landläufigen Meinung habe ich keine Villa, sondern seit 18 Jahren nur eine Etagenwohnung.«[54] Auch in der *Bild*-Zeitung fordert sie die West-Berliner auf, enger zusammenzurücken.[55] Ähnliche Töne schlägt der Regierende Bürgermeister an. Momper verweigert sich dem Ansinnen, die Zuwanderung zu begrenzen: Stattdessen fordert er alle Berliner zur Mithilfe auf.[56]

Tatkräftige Unterstützung findet Senatorin Stahmer bei den Alliierten, die Zelte zur Verfügung stellen, und in ihrer Behörde: Überstunden sind in dieser Zeit für die Mitarbeiter normal, zumal sie sich des Rückhalts im Senat sicher sein können. Das Personal im Lager Marienfelde etwa wird im Laufe des Jahres verdreifacht. Reibereien gibt es immer mal wieder mit den Bezirken, in denen provisorische Unterkünfte für Über- und Aussiedler aufgestellt werden: So sollen Mitte September 1989 in Neukölln neben 250 Asylsuchenden 120 Übersiedler untergebracht werden. Nicht zu Unrecht befürchtet der Neuköllner Sozialstadtrat weitere Konflikte im Umfeld der »Siedlung« in der Gutschmidtstraße.[57] Zudem verzögert sich die Ankunft der »Ungarn-Flüchtlinge« so lange, dass die als Notunterkünfte vorgesehenen Turnhallen für den Schulsport freigegeben werden. Erst am 11. September ist klar, dass die Flugzeuge aus Nürnberg mit den Flüchtlingen einen Tag später in Tegel landen werden. Dort ist ein Wartesaal reserviert; die Transfers in die Unterkünfte sind ebenso vorbereitet wie die im Aufnahmeverfahren tätigen Dienststellen.[58] Als problematisch wird die Betreuung der Kinder eingeschätzt, da die vorhandenen Plätze nicht ausreichen.[59]

In diesen Tagen feiert die Boulevardpresse nicht nur die Neuankömmlinge, sie feiert die West-Berliner und ihre Offenheit, sie feiert sich selbst. Sogar die sonst häufig gescholtenen Behörden

Stellenanzeigen im Durchgangsheim für Aussiedler und Zuwanderer, Marienfelde, Sommer 1989

werden gelobt. Im Rahmen der Telefon-Spendenaktion »Berliner helfen« sammelt die *Morgenpost* 400 Angebote »exklusiv« für DDR-Übersiedler.[60] Sie verschweigt allerdings, dass viele Offerten zweifelhaft sind: Mal sind angebotene Wohnungen oder Zimmer völlig überteuert; manche versuchen, eine billige Putzfrau zu ergattern; und selbst sexuelle Dienste erwarten einige von ihren potenziellen »Untermieterinnen«.[61] Großzügige und selbstlose Spenden wie die eines Berliner Exilanten aus Kanada, der 10000 Mark als »Beitrag zur Repatriierung der Aus- und Übersiedlerinnen« gibt, sind Ausnahmen.[62]

Im Lager Marienfelde entsteht im Herbst 1989 eine Hierarchie unter den DDR-Übersiedlern und den Flüchtlingen des Jahres 1989. Wer teilweise jahrelang auf seine Ausreise aus der DDR warten musste oder gar mehrere Anträge gestellt hatte, bevor er nach teils schikanösen Verfahren gehen durfte, betrachtet jene mit Argwohn und auch Abneigung, die im Sommer 1989 den wesentlich leichteren Weg über Ungarn gegangen sind. Tatsächlich ist die Sozialprognose der per Antrag Ausgereisten wesentlich schlechter als die der Flüchtlinge des Jahres 1989. Während Letztere dank starker Eigeninitiative schnell Wohnung und Arbeit finden, gerieten schon Anfang der 1980er-Jahre nicht wenige »Ausreiser« ins soziale Abseits.[63] Gemeinsam ist beiden Gruppen das Gefühl der Überlegenheit gegenüber der dritten großen Gruppe in Marienfelde, den Aussiedlern, die aus Polen kommen und als »Polacken« beschimpft werden.[64]

Die Lage wird dadurch noch angespannter, dass die Menschen extrem beengt leben müssen – anders geht es nicht. Die Lagerleitung hat die alten Doppelstockbetten aus den Kellern geholt, die seit den 1960er-Jahren nicht mehr benutzt wurden: Mit einem Schlag kommen doppelt so viele Menschen in einem Zimmer unter, aber ausreichend ist der Platz noch immer nicht. Bis zum November 1989 schafft der Senat etwa 23000 neue Schlafgelegenheiten in 300 Großquartieren. Trotzdem sind nicht alle versorgt.[65]

Während der Senat und die Stellvertretende Bürgermeisterin Stahmer noch im September glauben, ein Ende des Ansturms sei abzusehen, müssen sie sich bald eines Besseren belehren lassen. Anfang Oktober dürfen die Prager Botschaftsbesetzer in den Westen, und einen Monat später öffnet Ost-Berlin die Mauer. Innerhalb von Stunden verlagert die Sozialbehörde am 10. und 11. November sämtliche Dienststellen des Aufnahmeverfahrens in ein verlassenes Bürogebäude an der Marienfelder Großbeerenstraße. Den Mietvertrag hat der Leiter des Aufnahmelagers per Handschlag geschlossen, beim Umzug helfen die Alliierten.[66] Mehr als 18000 Menschen kommen allein in diesem Monat mit dem Vorsatz nach West-Berlin, dauerhaft zu bleiben. Viele haben in diesen Wochen Angst, die Entwicklung in der DDR könnte zurückgenommen werden.

## Über Ungarn nach Neukölln

Zu diesem Zeitpunkt lebt Renate Weinert* in einem Containerdorf in Berlin-Neukölln.[67] Wie andere hat sie einen weiten Weg auf sich genommen, um von Berlin-Friedrichshain nach West-Berlin zu kommen. Sie ist am 26. August 1989 nach einer Reise über das ungarische Sopron, mit Zwischenstation in Wien, in Berlin-Marienfelde eingetroffen. Gemeinsam mit ihrem Lebensgefährten hat sie im Juli 1989 beschlossen, nicht weiter auf Veränderungen in der DDR zu warten, sondern dem Staat den Rücken zu kehren. Wirtschaftlich ging es ihr gut: Sie hatte in Friedrichshain eine Mietwohnung und verdiente als Taxifahrerin genug zum Leben. Durch eine Erbschaft besaß sie seit ihrem 18. Geburtstag sogar ein eigenes Auto. Mit dem Trabant brachen die jungen Leute - Renate Weinert ist 21 Jahre alt - heimlich in Richtung Ungarn auf. Freunden und Eltern hatten sie von einem Bootsurlaub in Brandenburg erzählt. In Budapest war ein Treffen mit einem befreundeten, seit längerem in der Bundesrepublik lebenden Paar vereinbart. Gemeinsam setzten sie die Reise Richtung ungarisch-österreichische Grenze im Ford der Freunde fort. Ihren Trabant ließ die junge Frau - wie viele andere Ostdeutsche in diesen Wochen - in Ungarn stehen, nur den Schlüssel besitzt sie noch Jahre später. Erst der zweite Versuch, die Grenze zu überqueren, glückte. Von Österreich aus ging – nach einem Bad im Neusiedler See – alles sehr schnell: Nur Stunden später traf Renate Weinert leicht angeheitert, weil sie ihre Flugangst mit Whiskey bekämpft hatte, in Marienfelde ein.

Sie nahm die Enge im Aufnahmelager zwar wahr, erinnert sich aber später daran, dass sie durch einen Glücksfall kaum warten musste und in diesen Tagen für den Augenblick gelebt habe. Selbst das Zimmer im Lager war für sie in dieser Situation und nach den strapaziösen Tagen in Ungarn fast luxuriös. Allein die Befürchtung, nicht in West-Berlin bleiben zu dürfen, war belastend, aber ein weiteres Mal hatte sie Glück: Eine gut gelaunte Mitarbeiterin überwies das junge Paar nach Neukölln. Die folgenden Monate leben sie in einem Wohncontainer, der wenige Quadratmeter Privatsphäre bietet, allerdings so dünne Wände hat, dass man den Nachbarn »Knäckebrot essen hört«. 15 Quadratmeter, ausreichend Platz für ein Doppelbett, einen Kleider- und einen Kühlschrank, einen Tisch – mehr nicht. Aber alles in allem eine erträgliche Nachbarschaft. Renate Weinert erkundet in den ersten Wochen West-Berlin. Sie läuft mit ihrem Freund stundenlang an der Westseite der Mauer entlang, fährt mit der U-Bahn auch durch die Geisterbahnhöfe im Ostteil der Stadt. Sie profitiert von dem positiven Image, das die Ungarn-Flüchtlinge im Westen und auch in West-Berlin haben, und findet fast sofort einen Job bei McDonald's. Allein in Marienfelde treffen im Herbst 1989 Hunderte von Stellenangeboten für Übersiedler ein, und viele bewerben sich erfolgreich.

Das Leben im Container wird mit den Monaten lästiger, aber bis zum Juni 1990 finden die jungen Leute nichts Passendes. Sie möchten gern in Neukölln bleiben, wo es ihnen gefällt. Dass die erste Wohnung dann in der Einflugschneise zum Flughafen Tempelhof liegt, stört sie nicht. Erst als sie Mitte der 1990er-Jahre ein Kind erwarten, beschließen sie, in Renate Weinerts Elternhaus nach Rangsdorf zu ziehen.

Am 9. November 1989 arbeitet Renate Weinert in einer Taxizentrale und bekommt mit, dass immer mehr Leute an die Mauer fahren, weil diese – was sie nicht glauben kann – geöffnet werde.

Sie fährt heim und will ihren fest schlafenden Freund wecken, erntet aber Protest, weil die polnischen Nachbarn sich gestört fühlen. Notgedrungen fährt sie allein an die Mauer und trifft dort einige Freunde. In den nächsten Wochen begleiten sie und ihr Lebensgefährte Freunde »von drüben« durch West-Berlin; sie genießen es, ihren kleinen Wissensvorsprung sinnvoll zu nutzen.

## Stippvisiten in West-Berlin

Als die Menschen am 9. November 1989 abends die Grenzer an der Bornholmer Straße bestürmen, sie passieren zu lassen, lautet eine der am häufigsten skandierten Parolen: »Wir kommen wieder!« In die Mikrofone der anwesenden Fernsehteams beteuern fast alle, dass sie am nächsten Morgen wieder an der Werkbank in Oberschöneweide oder Pankow stehen möchten, heute Abend aber an den Kurfürstendamm laufen oder fahren wollen. Tatsächlich kehren fast alle zurück. Nur jeder Zehnte beantragt seine Aufnahme im Westen.[68] Von den späten Abendstunden des 9. November 1989 an kommen Tausende durch die zahlreicher werdenden »Löcher« in der Mauer. Und immer weniger ordnen sie ihren beruflichen Alltag in Ost-Berlin dem, was auf der Straße passiert, unter. Es folgt, wie die *taz* schreibt, »ein schwarzes Wochenende für Statistiker«.[69]

In West-Berlin gilt selbst für diejenigen, die die Ereignisse skeptisch-distanziert und ungläubig verfolgen, die sich nicht in den Taumel hineinziehen lassen wollen – wie etwa der Student Robert Heine –, dass regelmäßige Uni-Besuche auf mehrere Hindernisse stoßen: Die U-Bahn ist in den ersten Tagen nach dem Mauerfall so voll, dass der Verkehr zeitweise aus Sicherheitsgründen eingestellt wird. Am Kottbusser Tor gelangt Robert nicht auf den Hochbahnsteig. Gegen den Strom geht nichts, und die Menschen drängen, von der Oberbaumbrücke und dem U-Bahnhof Schlesisches Tor kommend, hinunter an den Platz vor dem Bahnhof, wo sich mehrere Bankfilialen befinden. Hier gibt es das sogenannte Begrüßungsgeld, 100 DM, auf das jeder DDR-Bürger

Anspruch hat. Bevor sie das Geld erhalten, müssen einige stundenlang warten, denn obwohl auch die Sparkassen in die Verteilung einbezogen sind, gibt es zu wenige Ausgabestellen, und die Warteschlangen sind bis zu mehrere Hundert Meter lang.

Auf der Oranienstraße stauen sich Trabants und Wartburgs, die vom Grenzübergang Heinrich-Heine-Straße kommend Richtung Charlottenburg fahren wollen. Von einer »Invasion« mag der vom *Spiegel* befragte Regierende Bürgermeister indes nicht reden, aber »sehr viele Touristen werden kommen, 100 000 mindestens pro Wochenende, wahrscheinlich sogar sehr viel mehr, von Dresden bis Rostock, Ost-Berlin sowieso«.[70] Man werde sie alle willkommen heißen, verspricht Momper.

Von Kreuzberg sind viele Ost-Berliner enttäuscht: Es sehe aus wie »drüben« oder »wie bei uns«, meinen sie. Nur wenige steuern »36« gezielt an, weil sie wissen, dass es hier gute Plattenläden gibt, in denen sie ihr Begrüßungsgeld ausgeben wollen, oder weil sie schon vor der Wende Kontakte über die Grenze zu Freunden im alternativen Milieu hatten. Endlich können sie diese Besuche erwidern. Aber es gibt auch spontane Begegnungen in den Kneipen entlang der Oranienstraße – so mancher, der im »Flammende Herzen« oder im »Franken« auftaucht, weiß noch nicht, wo er schlafen wird. Irgendwer findet sich immer bereit, ein Sofa frei zu machen.

Die meisten aber wollen an den Kurfürstendamm. Hunderte von Menschen stehen allein an der Ecke zur Joachimsthaler Straße und kommentieren die Meldungen, die auf der dort angebrachten Anzeigetafel eingeblendet werden: Neue Grenzöffnungen werden ebenso bejubelt wie die Nachricht, dass Erich Honecker (»Honi«) eine seniorengerechte Wohnung suche. Vor der Berliner Bank am Breitscheidplatz bleiben viele nach Geschäftsschluss ratlos stehen – Durchsagen, dass es anderswo noch offene Filialen gebe, wo man sein Begrüßungsgeld nach 18 Uhr bekomme, werden ungläubig abgetan. Schon vorher ist nur eine Minderheit den Empfehlungen eines Mitarbeiters gefolgt, der versucht hat, die Wartenden ins weniger überlaufene Steglitz zu dirigieren, zumal längst nicht alle geduldig anstehen. Andernorts ist es, wie in

Würstchenstand am Grenzübergang Invalidenstraße, November 1989

Wannsee, ruhiger und für die Wartenden gibt es Kaffee, Tee und Wasser.[71]

Vor den Diskotheken, wie dem berüchtigten »Big Eden«, drängeln sich die Menschen ebenso wie vor den Sex-Shops oder dem Erotikcenter von Beate Uhse. Es ist vor allem Neugierde, was sie antreibt: Man möchte sehen, was lange nicht zu sehen war. Mehr nicht – erst mal. Viele sind begeistert von der spontanen Offenheit, mit der ihnen die West-Berliner begegnen. Freier Eintritt in Theatern und Diskotheken, Einladungen zum Freibier und reduzierte Preise in den Kinos beeindrucken die Besucher ebenso wie die Tatsache, dass manche Geschäfte Teilzahlung mit Ostmark akzeptieren. »32 000 Portionen aus der Gulaschkanone, 20 000 Liter Tee und 1800 Quartiere mit Frühstück« verteilen laut *taz* am ersten Wochenende nach dem 9. November »diverse Berliner Wohlfahrtsorganisationen«.[72] Extra-Schlafplätze seien außerdem im Europa-Center, in der Flughafenhalle oder im Knast eingerichtet worden. Von Lastwagen herunter werden Schokoladentafeln verschiedener Marken umsonst verteilt. Wen die West-Berliner für einen Ostdeutschen halten, der wird zum Freibier eingeladen. Zumindest in den ersten Tagen nach dem 9. November kennt die Großzügigkeit von Unternehmern und Privatleuten in West-Berlin kaum Grenzen. Nicht wenige Ostdeutsche aber finden das Anstehen ihrer Mitbürger nach Schokolade, Cola oder Bananen würdelos und schämen sich.

Neben dem Kurfürstendamm ist der Potsdamer Platz in diesen Tagen ein Hotspot. Hier tanzen die Menschen auf der Mauer, aber es macht sich auch sehr früh ein Stimmungswechsel bemerkbar, als immer häufiger Deutschlandfahnen geschwenkt werden. An der Bernauer Straße reagiert die West-Berliner Seite auf die Grenzöffnung mit dem Abbau der großen Aussichtsplattform: Nicht länger schauen die Westler über die Mauer auf Ost-Berlin hinab, man will sich auf Augenhöhe begegnen. Gleichzeitig entsteht hier nämlich ein Grenzübergang. Nicht einmal zwei Wochen braucht die ansonsten träge Verwaltung, um acht grenzüberschreitende Buslinien einzurichten, die unter anderem Potsdam mit Wannsee verbinden.[73]

Nicht alle blicken optimistisch in die Zukunft, das wird schon in den ersten Tagen nach dem Mauerfall deutlich: Anlässlich der am 10. November vor dem Schöneberger Rathaus einberufenen Kundgebung, an der neben Berliner Lokalpolitikern Willy Brandt und Bundeskanzler Helmut Kohl ihre Worte an die Besucher richten, wird Letzterer gnadenlos ausgebuht. Am Kurfürstendamm treffen die Ost-Berliner Besucher nicht nur auf ad hoc eröffnete mobile Bierverkaufsstellen und Tausende andere ostdeutsche Touristen, sondern auch auf Demonstranten, die auf Transparenten warnen: »Die Freiheit, die Sie meinen – ist die Freiheit der Deutschen Bank(en)«, das »Vierte Reich« heraufziehen sehen und »Nie wieder Deutschland« skandieren.[74] »Ihr habt ja ein Rad ab«, gehört zu den freundlicheren Bemerkungen, die den Demonstranten entgegenschlagen. Andere empfehlen den jungen Leute, doch »nach drüben« zu gehen.[75] Während Gruppen von ostdeutschen Besuchern neben »Kalinka« und »So ein Tag, so wunderschön wie heute« immer wieder die Deutschlandhymne anstimmen – und mitunter Textsicherheit vermissen lassen –, singen die Demonstranten zum Unverständnis der DDR-Bürger die Internationale.

## Nach dem Rausch

Der Freudentaumel der ersten Tage wird nach und nach von einer Art Goldgräberstimmung abgelöst. West-Berliner trauen sich langsam in den Osten und begeben sich auf Schnäppchenjagd, die Ost-Berliner gewöhnen sich relativ schnell an das zunächst ungewohnte Angebot vor ihrer Haustür. »Schmuggler, Schieber, Spekulanten« deuten schon wenige Tage nach der Maueröffnung die Zeichen der Zeit in erster Linie so, dass sich hier eine gute Gelegenheit für eine »schnelle Mark« bietet. Nahe den Grenzübergängen werden Bananen teilweise für sieben Mark das Kilo verkauft. Schrottreife Gebrauchtwagen und Billigmöbel wechseln in den Monaten nach der Wende zu Höchstpreisen den Besitzer. Viele DDR-Bürger entdecken frustriert zu spät, dass man sie über den Tisch gezogen hat. Ostdeutsche Eltern kassieren doppelt Begrüßungsgeld für die minderjährigen Kinder, die mal mit Mutter, mal mit Vater zum Schalter gehen. Andere legen mal den Personalausweis, mal andere Papiere vor. Die West-Berliner Behörden haben in den stürmischen Wochen keine Möglichkeit, das zu verhindern. Einige tauschen das gerade erhaltene Westgeld umgehend in Mark der DDR um: Von 800 Mark kann man in Ost-Berlin ein bis zwei Monate gut leben.[76] West-Berliner nutzen den Umstand, dass man mit dem nun gefahrlos schwarz getauschten Geld konkurrenzlos günstig im Osten essen gehen kann. In West-Berlin wachsen die Konkurrenz um Putz- und Gelegenheitsjobs unter Ostdeutschen, Polen und Türken ebenso wie Sehnsucht nach normaleren Verhältnissen: Die öffentlichen Verkehrsmittel und die Supermärkte entlang der großen Straßen sind auch Anfang Dezember 1989 noch überfüllt. Der Einzelhandel klagt darüber, dass neben vielen ehrlichen Kunden etliche

Nach der Räumung besetzter Häuser in der Mainzer Straße, Berlin-Friedrichshain, November 1990

Kleinkriminelle im Getümmel unterwegs seien, Ladendiebstähle hätten drastisch zugenommen. Die Zahl der angezeigten Taschendiebstähle hat sich gar vervierfacht.[77] Während die West-Berliner Geschäfte im unteren Preissegment dennoch Rekordumsätze machen, regt sich in Ost-Berlin Unmut über den »Abverkauf« von Kinderkleidung, Jenaer Glas, Meißner Porzellan, aber auch hoch subventionierten Lebensmitteln an polnische (Schwarzmarkt-) Händler, denn der Polenmarkt am Reichpietschufer floriert noch immer. Mehr denn je fehlt es dem Senat an Beamten, um das illegale Treiben einzudämmen. Ost- und West-Berliner treffen sich zumindest partiell in ihrer Ablehnung der Nachbarn von jenseits der Oder und blenden die eigene Suche nach dem größten Profit gern aus.

Sehnt sich in diesen Tagen so mancher West-Berliner noch in die Zeit vor dem 9. November zurück – darunter viele, die in zuvor ruhigen Sackgassen wie der Stresemann- oder der Schlesischen Straße leben, die nun Durchgangsstraßen werden –, müssen auch sie erkennen, dass das Ende der Mauer früher oder später auch das Ende West-Berlins bedeuten wird. Schluss wird sein mit dem Sonderstatus der Stadt, den allein der Mauerbau mehr als 40 Jahre nach Kriegsende aufrechterhalten hat. Die »offene Stadt« West-Berlin, mit der der Senat 1987 vollmundig warb, wird in den kommenden Jahren immer mehr zur gelebten Realität.

Noch bis zum Juni 1990 treffen im Aufnahmelager Marienfelde Übersiedler aus der DDR ein, die mittlerweile zunehmend argwöhnisch betrachtet werden. Wesentlich stärker ist der Andrang durch Aussiedler aus Polen und der UdSSR, die versuchen, den miserablen wirtschaftlichen Verhältnissen und Nationalitätenkonflikten in ihrer Heimat zu entkommen. Mit der Wirtschafts-, Währungs- und Sozialunion am 1. Juli tritt das Aufnahmegesetz außer Kraft, und auch die Währungsspekulation hat nun ein Ende. Schon vor der Vereinigung der Stadt am 3. Oktober 1990 ist die Mauer Geschichte. Denkmalschützer kämpfen darum, dass sie an einigen Stellen zur Erinnerung an die Teilung erhalten bleibt.

Im November 1990 schreitet die West-Berliner Polizei zur Räumung besetzter Häuser rund um die Mainzer Straße in Berlin-Friedrichshain ein, wo junge Leute aus Ost und West gemeinsam dem Verfall getrotzt haben. Der rot-grüne Senat zerbricht an diesem von der SPD initiierten Alleingang, und bei den Wahlen am 2. Dezember 1990 stürzen beide Koalitionsparteien ins Bodenlose.

Nach und nach ziehen die Alliierten ab, die Wehrpflicht wird auch für West-Berliner eingeführt und die Berlinzulage schrittweise abgeschafft. Mit dem Wegfall der Subventionen wandern die Industrieunternehmen ab, und nicht nur im Arbeiterbezirk Neukölln stehen immer mehr Menschen ohne Job da: Besonders hart trifft es Menschen türkischer Abstammung, die oft als Erste gehen müssen.

Anscheinend droht ganz Berlin zum Sozialfall zu werden, aber West-Berlin steht bis auf die traditionell armen Bezirke Wedding,

Neukölln und Kreuzberg immer noch besser da als Ost-Berlin, wo die Infrastruktur noch Mitte der 1990er-Jahre wesentlich schlechter ausgebildet ist; Telefon- und Straßennetz sind veraltet. Während wahrscheinlich mittlerweile jeder Ost-Berliner mehrfach in West-Berlin war, gibt es noch lange nach dem Mauerfall nicht wenige West-Berliner, die bestenfalls den Boulevard Unter den Linden kennen. Ost-Berlin ist für jene, die keine Wurzeln dort haben, nur eine proletarische Fortsetzung ihrer halben Stadt. Das Eigentliche, das Original, kennen sie schon, deshalb erübrigt sich der Besuch »drüben«. Letztlich wiederholt sich in Berlin das, was sich in größerem Maßstab im vereinten Deutschland abspielt: Ostdeutsche besuchen die Alt-Bundesländer, während es die Westler häufig nicht interessiert, wie es in Mecklenburg-Vorpommern oder Sachsen-Anhalt aussieht. »Dunkeldeutschland« interessiert den weltgewandten Bundesbürger ebenso wenig, wie sich der Zehlendorfer um Lichtenberg oder Marzahn kümmert. Häufig mischen sich hier Vorurteile mit schichtenspezifischer Ignoranz.

Das Bewusstsein, etwas Besonderes zu sein, behalten die West-Berliner trotz des verlorenen Inselstatus bei, es fließt gleichsam ungefiltert in die Haltung der Neu-Hauptstädter ein, die sich gegenüber west- wie ostdeutscher Provinz meilenweit überlegen fühlen. Insofern findet sich heute, 2018, noch jede Menge West-Berlin in der »Weltstadt mit Herz und Schnauze«. Etwas West-Berlin mag außerdem darin stecken, dass sich die Hauptstadt am besten im Ausnahmezustand gefällt: Sei es angesichts von Großereignissen wie der Fußball-Weltmeisterschaft 2006 und den zu allen möglichen Gelegenheiten eingerichteten Fanmeilen, sei es aber auch angesichts alltäglicher Versäumnisse und Ausfälle in der Verwaltung. Bürgerämter sind für Bürger kaum zu erreichen, S-Bahnen fahren selten fahrplangerecht, am neuen Hauptbahnhof zeigen sich erste Mängel schon kurz nach Fertigstellung, und der neue Flughafen wird gleich gar nicht fertig. Ganz zu schweigen von angeblichen No-go-Areas wie dem Alexanderplatz oder dem Kottbusser Tor. Wichtig ist, dass dieses Versagen nicht mittelmäßig oder gar provinziell ist – es hat im Gegenteil einzigartige Ausmaße, für die es einen legitimen Vorläufer gibt: West-Berlin.

»Ich habe in Westberlin gelebt, aber wo ist Westberlin?
Plötzlich lebte ich in Berlin, und rundherum war nicht
mehr die Mauer, rundherum war Brandenburg.
Hast du das gehört, sage ich. Brandenburg! (...)
Die Geographie ist abgeschafft.
Neunzehnhundertneunundachtzig wurde
die Geographie abgeschafft.«[1]

*Richard Wagner, Schriftsteller, 1993*

»Was war West-Berlin anderes als das Wort
›Eberhard Diepgen‹? Über West-Berlin konnte man, wenn
man redlich war, nur dieses einzige Wort sagen: Eberhard
Diepgen. Sagte man auch nur ein Wort mehr, machte man
sich bereits der Schönfärberei schuldig.«[2]

*Joachim Lottmann, Schriftsteller, 1999*

# West-Berlin – nur ein Rückblick?
## Epilog

Immer wieder behaupten einzelne Stimmen, West-Berlin sei tot, es sei »nach einem erfüllten Leben« gestorben.[3] Noch häufiger halten andere dagegen, dass es ein Revival der Halbstadt gebe (auch dann müsste sie zuvor gestorben sein) oder dass West-Berlin »zurück« sei.[4] Das Stadtmagazin *TIP* begründete seine Behauptung Anfang 2013 damit, dass nicht nur David Bowie die Stadt seiner Vergangenheit wiederentdeckt habe und sich mit seiner Platte *The Next Day* auf *Heroes* zurückbeziehe, sondern auch andere Stars. Des Weiteren könnte man auf Facebook verweisen, wo die Gruppen »West-Berlin«, das »freie West-Berlin«, die »West-Berliner Mauerkinder« oder der »Nette Westberliner Bilderbogen« jeweils Hunderte aktiver Anhänger haben, ihren Bezugsrahmen allerdings überwiegend auf die Zeit vor 1989 eingrenzen beziehungsweise sich offen dazu bekennen, als Forum für nostalgisches Schwelgen zu dienen. Bleibt die Frage, was von West-Berlin fortlebt: Sind es in erster Linie die Erinnerungen von ein paar Ewiggestrigen, oder haben sich Elemente der Halbstadt in der Hauptstadt erhalten – und wenn ja, welche?

### West-Berlin in der Nische

Etwas West-Berlin lebt in den wenigen Nischen fort, die trotz der stetig fortschreitenden Kapitalisierung noch existieren: Einrichtungen wie das HeileHaus in der Waldemarstraße oder die Regenbogen-Fabrik in der Ohlauer Straße, die aus Besetzerinitiativen hervorgegangen sind, oder die Schule für Erwachsenenbildung im Kreuzberger Mehringhof. Solche Anlaufstellen entstanden und gediehen zwar nicht nur in West-Berlin mit seiner ausgeprägten Subventionskultur, aber sie florierten hier besonders gut. Sicher ist, dass es im neuen Berlin immer weniger Raum für sie gibt.

Auf Nischen anderer Art waren und sind Einrichtungen angewiesen, die sich in West-Berlin länger halten konnten als anderswo, nun aber ebenfalls von Mietsteigerungen und der grassierenden Gentrifizierung bedroht sind. So musste die Musikalienhandlung »Noten in Kreuzberg« 2011 schließen, und neuerdings kämpft selbst die Buchhandlung Kisch & Co. an der Oranienstraße mit großen Problemen - neben steigenden Mieten gegen den übermächtigen Versandhandel. Die Oranienstraße ist schick geworden. Fast noch schicker ist Neukölln, und so grenzt es fast an ein Wunder, dass der dortige »Zauberkönig«, ein skurriler Laden am schlechteren Ende der Hermannstraße, bis heute überlebt hat.

Anderen West-Berliner Institutionen ist das nicht gelungen. Sie sind gleichsam still und leise unter die Räder gekommen: Der Rotbuch Verlag wurde 1993 zunächst an die Europäische Verlagsanstalt in Hamburg verkauft, bevor er 2007 in die Eulenspiegel Verlagsgruppe überging. Bedenkt man, dass zu der Verlagsgruppe auch Häuser wie die Edition Ost und der Militärverlag gehören, also Verlage, die der untergegangenen DDR unverhohlen nachtrauern, stimmt das wehmütig. Die Zeiten für eine undogmatische, liberale Linke stehen schlecht. Der in den 1980er-Jahren prominente Verlag Elefantenpress (dessen Bücher mehr als einmaliges Durchblättern selten heil überstanden) wechselte im Jahr 2000 auf »die dunkle Seite der Macht«, zur Verlagsgruppe Random House, wie es im *Tagesspiegel* heißt.[5]

Altehrwürdige Institutionen wie das Café Kranzler und das Café Möhring schlossen kurz nach der Jahrtausendwende. Der *Spiegel* bedauerte damals zu Recht, dass »das Altmodische, das Charmante« immer mehr verschwinde.[6]

Auch wo früher Punks, Mods und Waver feierten und als höchsten Ausdruck der Gefühle Bierdosen nach den Bandmitgliedern warfen, geht es seit den 1990er-Jahren wesentlich gepflegter zu. Das »Quartier Latin« an der Potsdamer Straße wurde 1992 als chic-mondänes »Wintergarten Varieté« neu eröffnet. Das Tempodrom, 1985 in der Nähe der Kongresshalle im Tiergarten eröffnet und mit sommerlichen »Umsonst und draußen«-Veranstaltungen eine Institution, musste Ende der 1990er an diesem Standort schließen, weil der damalige Bundeskanzler Helmut Kohl um seine Sicherheit fürchtete. Das 2001 eröffnete neue Tempodrom am Anhalter Bahnhof war schon deshalb keine adäquate Neuauflage, weil es im Gegensatz zum Original nie irgendetwas »umsonst« anbot.

Andere Ereignisse entstanden in West-Berlin, als es an der Schwelle zur Hauptstadt stand, wie die Loveparade, die am 1. Juli 1989 erstmals über den Kurfürstendamm zog. Unter dem Motto »Friede, Freude, Eierkuchen« trafen sich damals nicht einmal 150 Menschen. Die Teilnehmerzahlen vervielfachten sich in den folgenden Jahren, und 1999 gaben die Veranstalter anderthalb Millionen Besucher an, die nun auf der Straße des 17. Juni und an der Siegessäule feierten. Nicht nur in Berlin, auch in Tel Aviv, in Kapstadt und Wien ravten junge Menschen – die Loveparade war ein veritabler Exportschlager. Dabei wurde der Umzug von Jahr zu Jahr mehr zum Kommerzereignis, an dem weniger eine experimentierfreudige Szene als drogenhungrige Provinzjugendliche teilnahmen. Insofern war es nur folgerichtig, dass die Loveparade 2007 ins Ruhrgebiet umzog, bevor sie 2010 nach der Katastrophe in Duisburg vorerst aufgegeben wurde.

In gewisser Weise führten sogar Teile des etablierten West-Berliner Kulturlebens eine Nischenexistenz. So etwa das Ethnologische Museum, das für eine bürgerlich-zivile Präsentationsform stand und Anfang 2017 wegen des bevorstehenden Umzugs in das repräsentative Humboldt Forum geschlossen wurde. Die neue Mitte am Boulevard Unter den Linden ist heute wie in den 1920er-Jahren der denkbar größte Gegensatz zum modernen Westen. Dieser zeigt sich besonders rund um den Hardenbergplatz, der den West-Berlinern einst wie New York vorkam, sich aber im Vergleich mit der neuen deutschen Protzigkeit der

Nachwendezeit fast mickrig ausnahm.[7] Insofern passte es, dass mit der 50er-Jahre-Eleganz aufgeräumt wurde und etwa das Schimmelpfeng-Haus abgerissen wurde. Hier wie auch am Ernst-Reuter-Platz sind neue, höhere und vermeintlich schönere Hochhäuser mit komplett verglasten Fassaden entstanden (zum Beispiel »Upper West«). Es wurde viel umgebaut und aufgemotzt, und die wenigen Gebäude, die in ihrer ursprünglichen Form weitgehend erhalten blieben wie das Amerikahaus, fallen angenehm auf. West-Berlin musste sich als Stadt schon deshalb der Moderne verpflichten, weil der Zweite Weltkrieg nur wenig übrig gelassen hatte, was das Anknüpfen an die ältere Geschichte zugelassen hätte. Letztlich war es aber genau das, was den Charme der halben Stadt ausmachte – eine gewisse Bescheidenheit, die man den West-Berlinern zwar eigentlich nicht nachsagte, die sich aber in der Architektur an vielen Stellen zeigte und schon in den 1980er-Jahren im Vergleich mit westdeutschen Großstädten rückständig wirkte. Hinzu kam spätestens ab den 1970er-Jahren eine Schmuddeligkeit gerade um den Bahnhof Zoo herum mit dem Beate-Uhse-Sexshop und Burger King, die aber ebenfalls wegsaniert wurden. Nun muss man Schmuddelecken nicht mögen, aber mit ihnen verschwindet immer auch ein Stückchen West-Berlin. Was neu gebaut wird, könnte auch in Köln, München oder Frankfurt stehen, meinetwegen auch in London, Dubai oder Delhi. Während das Typische und auch das Liebenswerte beseitigt wurde und wird, überdauerte die Spießbürgerlichkeit oder ihre West-Berliner Spielart, die Piefigkeit, auf wundersame Weise. Sauberkeit ist definitiv keine Voraussetzung für weltstädtisches Flair, auch wenn sie diesen nicht zwangsläufig ausschließt.

## Was ist geblieben von West-Berlin?

Die Aufzählung deutet es bereits an: Anscheinend ist weniger geblieben, als man zunächst annehmen möchte. Während West-Berlin sich in vielem einem weltweiten Trend zur Kapitalisierung, der in den 1980er-Jahren begann, zu widersetzen vermochte oder dank üppiger Subventionen von ihm verschont blieb, setzte sich dieser Trend nach dem Mauerfall auch in Berlin – zumal in Berlin als Hauptstadt – durch. Proteste gegen die »Gentrifizierung«, die Anfang der 1990er-Jahre noch »Yuppisierung« genannt wurde, waren allerdings meist erfolglos. Selbst so spektakuläre und eklige Überfälle wie der auf das Restaurant Auerbach in der Köpenicker Straße. Dort drangen im Oktober 1992 Vermummte ein, schütteten »Fäkalien, faules Fleisch und Pferdemist« in den Gastraum und verriegelten diesen anschließend von außen. Wenig später wurde das »Exil« am Paul-Lincke-Ufer, eine alte Kreuzberger Institution und damit jedes Yuppietums unverdächtig, überfallen und der anwesende Kellner mit Jauche überschüttet. Vorbild für diese Aktionen gegen »Yuppie-Schweine« war das Fäkalienattentat auf das Kreuzberger Restaurant »Maxwell« im Jahr 1987. Die autonome Szene, so die *Zeit,* wehre sich gegen ihre Verdrängung aus Kreuzberg, schlage aber teilweise wild auf alles ein, was nicht zum eigenen Kreuzberg-Bild passe.[8]

West-Berlin wurde nach und nach geputzt, repariert und aufgehübscht – seit den 2000er-Jahren findet sich kaum noch eine Baulücke. Wo einst vernarbte Häuser mit Einschusslöchern aus dem Zweiten Weltkrieg standen, sind die Fassaden heute sauber und weiß oder hellgrau gestrichen. Nicht einmal vor den »Sozialpalästen« am Kottbusser Tor und dem Neuköllner Rollbergviertel macht die Gentrifizierung halt. Ein gutes Beispiel ist das Hotel Orania am gleichnamigen Platz. Wo sich heute wohlhabende Gäste Drinks servieren lassen, standen früher Autonome und Türken im Discountermarkt Plus an der Kasse an.

## Weder arm noch sexy

West-Berlin war immer eine arme Stadt – selbst in den Seitenstraßen des Kurfürstendamms musste man nie lange suchen, um eine schmierige Kneipe oder ein schäbiges Café zu finden. Nicht einmal exklusive Etablissements wie das Café Einstein in der Kurfürstenstraße oder die Paris Bar an der Kantstraße zeichneten sich durch eine besonders luxuriöse Einrichtung aus – im Gegenteil. Ganz zu schweigen von den Szene- oder Politkneipen, den Programmkinos oder den grundsätzlich versifften U-Bahnhöfen: Überall wurde geraucht, es roch schlecht und geputzt wurde selten. Das BVG-Personal wurde erst Anfang der 1990er-Jahre dahingehend geschult, dass dem bislang herausgebellten »Zurückbleiben« ein »Bitte« hinzuzufügen sei. Aber West-Berlin war immer eine spannende Stadt, eine Stadt, die anders war als alle anderen deutschen Städte und die genau deswegen sehr sexy war, wenn auch auf eine kaputte Art. Heute sieht es in Berlin überwiegend nicht mehr arm und schmuddelig aus, es sieht aus wie anderswo auch. Anstelle der Baulücken, in denen Waschmaschinen, Kühlschränke und Fernseher »billig« entsorgt wurden, sind Wohnhäuser mit bodentiefen Fenstern entstanden. Am auffälligsten ist das da, wo vorher gar nichts war – auf dem ehemaligen Grenzstreifen an der Bernauer Straße. Der Mauergedenkstätte sei dank brauchen deren Bewohner nicht einmal zu fürchten, dass ihnen ein anderes Bauprojekt irgendwann die Aussicht verschandelt.

Vieles ist bequemer und angenehmer geworden in den Jahrzehnten seit der Wende. Das Umland mit Badeseen und Fahrradtouren steht allen Berlinern offen, die Supermärkte haben fast rund um die Uhr geöffnet, und es gibt fast alles immer und fast immer alles. Entgegen vielen Klagen sind auch Behördengänge nicht aufreibender als vor der Wende. Die U-Bahnen fahren am Wochenende die ganze Nacht durch, und die Busse sind nicht unpünktlicher als zu Mauerzeiten. Die S-Bahnen sind wesentlich schicker als vor 1989, die Holzklasse wurde längst abgeschafft. Fast an jeder Ecke gibt es ein Café, das trinkbaren Cappuccino oder Espresso anbietet und selbstverständlich vegetarisches oder gar veganes Essen. Die Luft ist selbst an dunklen Wintertagen erträglich – auf jeden Fall im Vergleich mit der braunkohlegeschwängerten Luft vor 1990, als Kohleöfen noch weit verbreitet waren. Ich würde auch behaupten, dass die Winter nicht mehr so erbarmungslos kalt sind wie in den 1980er- oder in den 1990er-Jahren, aber das ist eine sehr subjektive Wahrnehmung.

Das heißt selbstverständlich nicht, dass die Mehrheit der Berliner wohlhabend geworden ist, aber wer arm ist, versteckt dies verschämt. Proletarier gibt es eh nicht mehr – die Deindustrialisierung hat kaum Arbeitsplätze für sie übrig gelassen. Die neuen Armen, das sind Hartz-IV-Empfänger oder das »Prekariat«. Optisch dominieren die, die etwas zum Zeigen haben. Wirklich sexy ist das nicht.

Vieles ist durchschnittlicher, normaler geworden ... irgendwie »westdeutsch«. Charakteristisch dafür ist die Bebauung am Potsdamer Platz: Noch die Baustelle mit dem fantastisch türkisfarbenen See war ein Ort mit Charisma und Charme, etwas Besonderes. Die Potsdamer Platz Arkaden indes, im Winter 1998 eröffnet, erinnern fatal an Fußgängerzonen in Osnabrück oder Hannover. Es ist seitdem nicht besser geworden.

Man könnte auch anders argumentieren: Die gebaute Mittelmäßigkeit, die nichtsdestoweniger »auf dicke Hose« macht und immer ein bisschen nobler aussehen will, als sie eigentlich ist, könnte man als originäre Essenz West-Berlins interpretieren. Denn über eines sollte auf jeden Fall Klarheit bestehen. Es mag Städte geben, die spannender, wohlhabender oder exzentrischer sind, als es West-Berlin je war, aber es gab ganz sicher nur eine Stadt, die alle Eigenschaften auf sich vereinte. Da es West-Berlin nicht mehr gibt, kann niemand das Gegenteil beweisen. Dies entspricht dem Pragmatismus der letzten West-Berliner, die wieder einmal das letzte und damit das entscheidende Wort haben.

## Die letzten West-Berliner

Diese Nachrede wäre unvollständig, würde sie nicht darauf hinweisen, dass nicht nur West-Berlin Geschichte ist, sondern auch die West-Berliner ein fast ausgestorbenes Volk sind. Waschechte Wilmersdorfer Witwen sind ebenso selten geworden wie Neuköllner Kohlenhändler, die sich mit »Tschüssikowski« verabschieden. Berlinernde Taxifahrer in Tempelhof oder Kreuzberg sind etwa so häufig wie langhaarige Dauerstudenten oder Wehrdienstflüchtlinge. Berlin ist außerdem im Gegensatz zu West-Berlin tatsächlich eine internationale Stadt, in der sich Menschen aus aller Welt begegnen. In West-Berlin gehörten Amerikaner, Briten und Franzosen zur Grundausstattung, aber wirkliche Kontakte zur Zivilbevölkerung gab es selten. Heute hingegen - man mag davon halten, was man will - gehören Englisch, Spanisch, Italienisch, Arabisch, Türkisch, Russisch und andere Sprachen zur Alltagserfahrung jedes Berliners, gleich welchen Alters.

Zudem ist nicht nur die Stadt bunter und vielfältiger geworden: Ihre Bewohner sind es auch. Und - selbst wenn das das Ende von West-Berlin bedeutet - das ist gut so.

# Anhang

## Anmerkungen

* Die Namen wurden anonymisiert.

### Über den Mythos West-Berlins. Prolog

1 Vgl. Kerstin Schilling: Die Generation West-Berlin und die Freiheit, in: D. Holland-Moritz/Gabriela Wachter (Hg.): War jewesen. West-Berlin 1961–1989, Berlin 2009, S. 185–194.
2 Vgl. Olaf Leitner: West-Berlin. Westberlin. Berlin (West). Die Kultur – die Szene – die Politik. Erinnerungen an eine Teilstadt der 70er und 80er Jahre, Berlin 2002. Vgl. auch Werner Kolhoff: Berliner Spezialitäten. Westberlin, in: Berliner Zeitung vom 30.8.1999, online unter: https://www.berliner-zeitung.de/berliner-spezialitaeten-westberlin-16793918 (zuletzt abgerufen am 4.1.2018).
3 Vgl. Stefanie Eisenhuth/Martin Sabrow: »West-Berlin«. Eine historiographische Herausforderung, in: Zeithistorische Forschungen Heft 2/2014, S. 165–187, hier S. 170. Vgl. auch Andreas Conrad: Der Bindestrich der Freiheit. West-Berlin oder Westberlin?, in: Der Tagesspiegel vom 12.8.2013, online unter: http://www.tagesspiegel.de/berlin/der-bindestrich-der-freiheit-west-berlin-oder-westberlin/8624724-all.html?print=true (zuletzt abgerufen am 4.1.2018).
4 Vgl. ebd.
5 Vgl. dazu Franziska Nentwig/Dominik Bartmann (Hg.): West:Berlin. Eine Insel auf der Suche nach Festland (Ausstellungskatalog), Berlin 2014.
6 Vgl. Hanno Hochmuth: Sehnsuchtsbilder. West-Berlin in neuen Fotobänden, in: Zeithistorische Forschungen Heft 2/2014, S. 312–327.
7 Vgl. Christian Schulz: Die wilden Achtziger. Fotografien aus West-Berlin, Leipzig 2016.
8 Vgl. Wilfried Rott: Die Insel. Eine Geschichte West-Berlins, 1948–1990, München 2009.

9 Vgl. Leitner: West-Berlin! (wie Anm. 2).

10 Vgl. z. B. in der Reihe »Geschichte der Berliner Verwaltungsbezirke«: Dieter Schütte: Charlottenburg, Berlin (West) 1988; Jürgen Wetzel: Zehlendorf, Berlin (West) 1988; Felix Escher: Neukölln, Berlin (West) 1988; und Hans-Ulrich Kamke: Wilmersdorf, Berlin (West) 1989. Vgl. auch Wolfgang Ribbe / Wolfgang Schäche: Die Siemensstadt. Geschichte und Architektur eines Industriestandortes, Berlin (West) 1985; und Wolfgang Ribbe (Hg.): Von der Residenz zur City. 275 Jahre Charlottenburg, Berlin 1984.

11 Vgl. Oliver Kersten: Die Wilmersdorfer Straße in Berlin-Charlottenburg. Geschichte, Bewohner, Architektur, Berlin 2013; Birgit Jochens: Von Haus zu Haus am Kurfürstendamm. Geschichte und Geschichten über Berlins ersten Boulevard, Berlin 2011; und Martin Düspohl (Hg.): Kleine Kreuzberggeschichte, Berlin 2012.

12 Vgl. Wolfgang Ribbe: Berlin 1945–2000. Grundzüge der Stadtgeschichte, Berlin 2002; und Wolfgang Langguth (Hg.): Vom Brennpunkt der Teilung zur Brücke der Einheit, Köln 1990.

13 Vgl. Ulf Mailänder / Ulrich Zander (Hg.): Das kleine Westberlin-Lexikon. Von »Autonome« bis »Zapf«. Die alternative Szene der siebziger und achtziger Jahre, Berlin 2003; Wolfgang C. Müller: Subkultur West-Berlin, 1979–1989, Hamburg 2013; und Hanno Hochmuth: Kiezgeschichte. Friedrichshain und Kreuzberg im geteilten Berlin, Göttingen 2017.

14 Vgl. Horst Bosetzky: 'kys Berliner Jugend. Erinnerungen in Wort und Bild, Berlin 2014; und ders.: West-Berlin. Erinnerungen eines Inselkindes, Berlin 2013.

15 Vgl. Kerstin Schilling: Insel der Glücklichen. Generation West-Berlin, Berlin 2004; Ulrike Sterblich: Die halbe Stadt, die es nicht mehr gibt. Eine Kindheit in Berlin (West), Berlin 2012; und Tanja Dückers: Mein altes West-Berlin, Berlin 2016. Erinnerungen aus verschiedenen Zeiten versammelt die Anthologie von Holland-Moritz / Wachter: War jewesen (wie Anm. 1).

16 Vgl. Klaus Schlesinger: Fliegender Wechsel. Eine persönliche Chronik, Berlin 1995.

17 Vgl. Michael Sontheimer / Jochen Vorfelder: Antes & Co. Geschichten aus dem Berliner Sumpf, Berlin 1986; und Sontheimer / Benny Härlin: Potsdamer Straße. Sittenbilder und Geschichten, Berlin 1983.

18 Vgl. Hans Rosenthal: Zwei Leben in Deutschland, Bergisch-Gladbach 1980.

## Fehlstart ins Wirtschaftswunder

1 Egon Bahr: Ostwärts und nichts vergessen! Politik zwischen Krieg und Verständigung, Freiburg/Basel/Wien 2015, S 27.

2 Zit. bei Andreas Hallen/Thomas Lindenberger: Frontstadt mit Lücken. Ein Versuch über die Halbwahrheiten von Blockade und Luftbrücke mit einer Chronologie, in: Berliner Geschichtswerkstatt (Hg.): Der Wedding - hart an der Grenze. Weiterleben in Berlin nach dem Krieg, Berlin 1987, S. 182–204, hier S. 185.

3 Dora Rauh (Berlin 1948), in: Gabriele Jenk: Steine gegen Brot. Trümmerfrauen schildern den Wiederaufbau in der Nachkriegszeit, Bergisch Gladbach 1988, S. 157–213, hier S. 188.

4 Vgl. Bahr: Ostwärts und nichts vergessen! (wie Anm. 1), S. 29.

5 Vgl. Gerhard Sälter: Die sowjetische Blockade und das Grenzregime in Berlin. Von den zeitgenössischen Mediendiskursen zur kollektiven Erinnerung an den Kalten Krieg, in: Corine Defrance/Bettina Greiner/Ulrich Pfeil (Hg.): Die Berliner Luftbrücke. Erinnerungsort des Kalten Krieges, Berlin 2018, S. 158–175.

6 Zu den Kontrollen vgl. ebd.

7 Vgl. Hallen/Lindenberger: Frontstadt mit Lücken (wie Anm. 2), S. 190.

8 Vgl. ebd., S. 193f.

9 Harry Lange, Zeitzeuge der Blockademonate, zitiert bei: ebd., S. 200.

10 Vgl. Dora Rauh (wie Anm. 3).

11 Vgl. ebd., S. 192.

12 Ebd., S. 196.

13 Vgl. In einer belagerten Stadt. Frau Baumann hat Geburtstag, in: Der Spiegel 29/1948 vom 17.7.1948, S. 3f.

14 Brief von Lilly an Erna, 24.9.1948, zitiert bei: Hallen/Lindenberger: Frontstadt mit Lücken (wie Anm. 2), S. 184.

15 Deutsches Institut für Wirtschaftsforschung 1949, S. 16, zitiert bei: ebd., S. 187f.

16 Report Nr. 125, 29.2.1952 zum Thema »The current state of West Berlin Morale«: Umfrage unter 600 Westberlinern im Dezember 1951, in: Public Opinion in Semisovereign Germany. The HICOG-Surveys, 1949–1955, hg. von Anna J. Merritt und Richard L. Merritt, Chicago/London 1970, S. 156f.

17 Allgemein zu den Wohn- und Arbeitsverhältnissen der frühen 1950er-Jahre vgl. Charlotte Oesterreich: Die Situation in den Flücht-

lingseinrichtungen für DDR-Zuwanderer in den 1950er und 1960er Jahre. »Die aus der Mau-Mau-Siedlung«, Hamburg 2008, S. 43–51.

18 Vgl. Martina Metzger: Luftkrieg und Luftbrücke. West-Berliner Erfahrungen und Wahrnehmungen, in: Defrance/Greiner/Pfeil: Die Berliner Luftbrücke (wie Anm. 5), S. 141–157.

19 Vgl. ebd.

20 Bahr: Ostwärts und nichts vergessen! (wie Anm. 1), S. 30.

21 Vgl. Curt Riess: Sie haben es noch einmal geschafft. Schicksale im Nachkriegsdeutschland, Berlin/Frankfurt am Main 1955, S. 95f. Vgl. auch Paul R. Steege: Totale Blockade, totale Luftbrücke? Die mythische Erfahrung der ersten Berlinkrise, Juni 1948 bis Mai 1949, in: Burghard Ciesla/Michael Lemke/Thomas Lindenberger: Sterben für Berlin? Berliner Krisen 1948:1958, Berlin 2000, S. 59–77, hier S. 75.

22 Vgl. Roland Schwarz: Lehrzeit für Sozialpartner. Betriebsräte und Wiederaufbau im Weddinger Schering-Werk, in: Berliner Geschichtswerkstatt (Hg.): Der Wedding – hart an der Grenze. Weiterleben in Berlin nach dem Krieg, Berlin 1987, S. 164–181, hier S. 164.

23 Vgl. ebd., S. 164–181.

24 Vgl. ebd.

25 Zitiert bei: ebd., S. 170.

26 Vgl. Siegfried Heimann: Roter Wedding und Bruderkampf, in: Berliner Geschichtswerkstatt: Der Wedding (wie Anm. 22), S. 14–36, hier S. 34.

27 Tinnef mit Lakritzen, in: Der Spiegel 21/1949 vom 19.5.1949, S. 23.

28 Vgl. Schwarz: Lehrzeit für Sozialpartner (wie Anm. 22), S. 178.

29 Vgl. Erika M. Hoerning: Sektoren – Währungen – Grenzen. Grenzhandel in Berlin-Wedding, in: Berliner Geschichtswerkstatt: Der Wedding (wie Anm. 22), S. 205–216, hier S. 208f.

30 Vgl. hierzu Keith R. Allen: Befragung, Überprüfung, Kontrolle. Die Aufnahme von DDR-Flüchtlingen in West-Berlin bis 1961, Berlin 2013.

31 Vgl. Elke Kimmel: Das Notaufnahmeverfahren, in: Bettina Effner/Helge Heidemeyer (Hg.): Flucht im geteilten Deutschland, Berlin 2005, S. 115–134.

32 Günter Köhler: Notaufnahme, Berlin 1991, S. 99.

33 Vgl. Oesterreich: Die Situation in den Flüchtlingseinrichtungen (wie Anm. 17), S. 207.

34 Vgl. ebd., S. 224–226.

35 Name geändert. Originalunterlagen befinden sich im Zeitzeugenarchiv der Erinnerungsstätte Notaufnahmelager Marienfelde.

36 Charakteristik der Staatssicherheit von Heinz Gläske, 31.8.1954, BStU, MfS, AIM 3585/68, Teil P, Bl. 23f.

37 Charakteristik der Staatssicherheit von Heinz Gläske, 4.12.1953, BStU, MfS, AIM 3585/68, Teil P, Bl. 20–22.

38 Die »Organisation Gehlen« ist der Vorläufer des Bundesnachrichtendienstes (BND), so benannt nach dessen erstem Chef Reinhard Gehlen. Vgl. dazu Ronny Heidenreich/Daniela Münkel/Elke Stadelmann-Wenz: Geheimdienstkrieg in Deutschland. Die Konfrontation von DDR-Staatssicherheit und Organisation Gehlen 1953, Berlin 2016.

39 Warum ich mit meiner Vergangenheit brach, in: Berliner Zeitung vom 21.4.1954, S. 2.

40 Vgl. BStU, MfS, AIM 3585/68, Blaue Akte, Bl. 4–9. In der Akte sind neben einer redigierten Ausgangsfassung dieser »Erklärung« zwei Übersetzungen ins Russische überliefert. Diese Teile der IM-Akte von Gläske sind nicht beschriftet.

41 Vgl. Seltsamer als ein Roman, in: Der Spiegel 18/1954 vom 28.4.1954, S. 7–12.

42 Vgl. Gehlen-Agent bespitzelte die Briten, in: Neue Zeit vom 6.5.1954, S. 2.

43 Auch dieser angeblich durch Boten in den Westen geschmuggelte Brief findet sich in der IM-Akte von Gläske, vgl. BStU, MfS, AIM 3585/68, Blaue Akte, Bl. 12.

44 Vgl. dazu Susanne Muhle: Auftrag: Menschenraub. Entführungen von Westberlinern und Bundesbürgern durch das Ministerium für Staatssicherheit der DDR, Göttingen 2015, S. 356f.

45 Vgl. ebd., S. 278–282.

46 Vgl. Thomas Klein: SEW – Die Westberliner Einheitssozialisten. Eine »ostdeutsche« Partei als Stachel im Fleische der »Frontstadt«?, Berlin 2009, S. 58–61; und Burkhard Jacob: Pfahl im Fleisch. Geschichte der Sozialistischen Einheitspartei in Westberlin, 2. Aufl., Köln 2012, S. 33f.

47 »Leuna-Werke in Flammen«, in: Der Tagesspiegel vom 19.6.1953, o. Seitenangabe, zitiert nach: Jacob: Pfahl im Fleisch (wie Anm. 46), S. 40.

48 Verbot nach Artikel 21, Absatz 2, Satz 1 des Grundgesetzes der Bundesrepublik Deutschland.

49 Jacob: Pfahl im Fleisch (wie Anm. 46), S. 49.

50 Vgl. ebd., S. 56f.

## Nach dem Mauerbau

1 Willy Brandt: Begegnungen und Einsichten. Die Jahre 1960–1975, Hamburg 1976, S. 17.
2 Demokratisches Forum: Leserzuschrift von Artur Kersten aus Berlin-Charlottenburg, in: Der Tagesspiegel vom 20.8.1961, S. 14.
3 Vgl. Massenflucht trotz scharfer Vopo-Kontrollen, in: Berliner Morgenpost vom 29.7.1961, S. 1.
4 Vgl. Flüchtlingsstrom wächst SED über den Kopf. Im Juli 30.444, in: Berliner Morgenpost vom 1.8.1961, S. 1.
5 Vgl. ebd.
6 Vgl. Flüchtlingszahl stieg auf über 1700, in: Der Tagesspiegel vom 9.8.1961, S. 1.
7 Vgl. 4000 Zonen-Flüchtlinge kamen übers Wochenende, in: Berliner Morgenpost vom 18.7.1961, S. 1.
8 Vgl. Massenflucht hält an, in: Berliner Morgenpost vom 19.7.1961, S. 1.
9 Vgl. Neue Schikanen gegen Grenzgänger, in: Der Tagesspiegel vom 5.8.1961, S. 1; und Zusätzlich 60 DM-West für Grenzgänger, in: Der Tagesspiegel vom 9.8.1961, S. 1.
10 Vgl. Zonen-Rundfunk fordert Sonderstempel im Ausweis, in: Berliner Morgenpost vom 2.8.1961, S. 1.
11 Vgl. Abwerber Killat in der Falle, in: Berliner Zeitung vom 5.8.1961, S. 2.
12 Vgl. Grenzgänger produzieren Kriegsmaterial, in: Neues Deutschland vom 5.8.1961, S. 2.
13 Abwerber Killat (wie Anm. 11).
14 Neue Schikanen gegen Grenzgänger (wie Anm. 9), S. 1.
15 Vgl. Demokratisches Forum: Niemöller, in: Der Tagesspiegel vom 6.8.1961, S. 26.
16 Über 10 000 Flüchtlinge in einer Woche, in: Der Tagesspiegel vom 6.8.1961, S. 1.
17 Die Antwort auf Chruschtschews Rede, in: Berliner Morgenpost vom 9.8.1961, S. 1.
18 Vor Höhepunkt des Terrors?, in: Berliner Morgenpost vom 11.8.1961, S. 1.
19 Zitiert in: Verdächtige Resolutionen, in: Der Tagesspiegel vom 11.8.1961, S. 2.
20 Vgl. Pankow will Flüchtlingsstrom stoppen, in: Der Tagesspiegel vom 12.8.1961, S. 1.

21 Vgl. Ermächtigungsgesetz für den Terror, in: Berliner Morgenpost vom 12.8.1961, S. 1.

22 Vgl. Vopo besetzt den Bahnhof in Potsdam, in: Der Tagesspiegel vom 12.8.1961, S. 1.

23 Vgl. Die Peitsche der SED, in: Berliner Morgenpost vom 13.8.1961, S. 1.

24 Zitiert in: Pankow will Flüchtlingsstrom stoppen (wie Anm. 20), S. 1.

25 Vgl. Brandt: Begegnungen und Einsichten (wie Anm. 1), S. 15.

26 St.: Diesen Tag vergessen die Berliner nicht, in: Der Tagesspiegel vom 15.8.1961, S. 5.

27 Vgl. Nur wenig Flüchtlinge kommen durch, in: Der Tagesspiegel vom 15.8.1961, S. 6.

28 Seht her! An dieser waffenstarrenden Mauer vor dem Brandenburger Tor in Berlin endet die Freiheit, in: Berliner Morgenpost vom 15.8.1961, S. 1.

29 So etwa Leserbriefe, in: Tagesspiegel vom 20.8.1961, S. 14.

30 Vgl. dazu auch Unsere Meinung. Aufrüttelung aus Berlin, in: Der Tagesspiegel vom 17.8.1961, S. 1.

31 Vgl. Neue Schikanemaßnahmen Pankows, in: Der Tagesspiegel vom 16.8.1961, S. 2.

32 Vgl. Nur West-Berliner »Grenzgänger« durften passieren, in: Der Tagesspiegel vom 24.8.1961, S. 1.

33 Vgl. Läden und Kinos an der Grenze verloren Tausende von Kunden, in: Berliner Morgenpost vom 15.8.1961, S. 4.

34 Zitiert nach: Burghard Ciesla: Konkurrierende Stadttechnik im Kalten Krieg. Die Deutsche Reichsbahn und der Straße-Schiene-Konflikt in West-Berlin in den sechziger Jahren, in: Michael Lemke (Hg.): Konfrontation und Wettbewerb. Wissenschaft, Technik und Kultur im geteilten Berliner Alltag (1948–1973), Berlin 2008, S. 109–134, hier S. 121f. Vgl. auch Burghard Ciesla: Als der Osten durch den Westen fuhr. Die Geschichte der Deutschen Reichsbahn in Westberlin, Köln/Weimar 2006.

35 M. M.: Die Zonenflüchtlinge haben es gewußt!, in: Der Tagesspiegel vom 15.8.1961, S. 5.

36 Beratung mit Kommandanten über S-Bahn, in: Der Tagesspiegel vom 18.8.1961, S. 8.

37 Vgl. Hitzige Debatten vor und im S-Bahnhof Zoo, in: Der Tagesspiegel vom 19.8.1961, S. 12.

38 Vgl. BVG bestand die große Probe, in: Berliner Morgenpost vom 15.8.1961, S. 5.

39 Vgl. allgemein zur Verkehrsentwicklung nach dem Mauerbau Udo Dittfurth: Verkehrsplanung in West-Berlin. Ein Bericht aus dem ideologischen Sektor, in: Günter Schlusche u.a. (Hg.): Stadtentwicklung im doppelten Berlin. Zeitgenossenschaften und Erinnerungsorte, Berlin 2014, S. 226–241. Laut Burghard Ciesla sind es gar nur noch 33000 Fahrgäste täglich; vgl. ders.: Konkurrierende Stadttechnik (wie Anm. 34), S. 122f.

40 Vgl. SED-Blatt »Wahrheit« muß Erscheinen einstellen, in: Der Tagesspiegel vom 15.8.1961, S. 2.

41 Vgl. Arbeiter gegen SED-Mitglieder, in: Berliner Morgenpost vom 15.8.1961, S. 1. Zu vergleichbaren Protesten kommt es auch in den Eternit-Werken in Rudow, vgl. Protest gegen SED-Arbeiter, in: Der Tagesspiegel vom 16.8.1961, S. 2.

42 Vgl. Harri Gräser: Ausfall der Grenzgänger und Folgen für die West-Berliner Betriebe, in: Der Tagesspiegel vom 15.8.1961, S. 5.

43 Vgl. Ciesla: Konkurrierende Stadttechnik (wie Anm. 34), S. 125.

44 Vgl. allgemein ebd., S. 109–134.

45 Vgl. Walter Höllerer: Liebeserklärung an Berlin, in: D. Holland-Moritz/Gabriela Wachter (Hg.): War jewesen. West-Berlin 1961–1989, Berlin 2009, S. 55–62, hier S. 55.

46 Ingeborg Drewitz: Immer billig, immer pünktlich fast bis zum letzten Tag, in: Die Berliner S-Bahn. Gesellschaftsgeschichte eines industriellen Verkehrsmittels, hg. von der Arbeitsgruppe Berliner S-Bahn, Berlin 1984, S. 148–150, hier S. 150.

47 R. M.: Hydepark vor den Fahrkartenschaltern, in: Der Tagesspiegel vom 27.8.1961, S. 12.

48 Vgl. Friedrich Christian Delius: Mein Jahr als Mörder, Berlin 2004.

49 Vgl. Ärger mit Jimmy, in: Der Spiegel 26/1963 vom 26.6.1963, S. 34f.

50 Vgl. Robert Gruner: Die DDR-Fluggesellschaft ›Interflug‹ und deren Rolle in deutsch-deutschen Beziehungen und die Bedeutung für die Außenpolitik der DDR, Hamburg 2009, S. 30f.

51 Brandt: Begegnungen und Einsichten (wie Anm. 1), S. 104.

52 Vgl. Leserbriefe: Zuckerbrot und Peitsche und Es geht auch ohne Verhandlungen, in: Berliner Morgenpost vom 11.12.1963, S. 2.

53 Vgl. Mißbrauch der Passierscheine zur Erpressung, in: Berliner Morgenpost vom 15.12.1961, S. 1.

54 Vgl. Zähes Ringen mit Pankow um Passierscheine, in: Berliner Morgenpost vom 17.12.1963, S. 1.

55 Vgl. Die ersten Westberliner morgen im Ostsektor, in: Berliner Morgenpost vom 18.12.1963, S. 1.

56 Vgl. »Extrablatt, Passierscheine«, riefen die Händler, in: Berliner Morgenpost vom 18.12.1963, S. 3.

57 Passierscheine: Zu Ende gepokert, in: Der Spiegel 40/1964 vom 30.9.1964, S. 31–33.

58 Vgl. 24500 Anträge am ersten Tag angenommen, in: Der Tagesspiegel vom 19.12.1963, S. 1; und Um drei Uhr früh kamen die ersten, in: ebd., S. 6.

59 Vgl. Tausend schon mittags nach Hause geschickt, in: Der Tagesspiegel vom 20.12.1963, S. 8; und 56400 Passierscheine bisher ausgegeben, in: Der Tagesspiegel vom 21.12.1963, S. 1.

60 Vgl. Gespräche um kürzere Wartezeit, in: Der Tagesspiegel vom 21.12.1963, S. 8.

61 Trotz Personalverstärkung Zustände an den Passierscheinstellen unhaltbar, in: Der Tagesspiegel vom 22.12.1963, S. 1.

62 Vgl. Senat mit den erreichten Passierscheinzahlen zufrieden, in: Der Tagesspiegel vom 24.12.1963, S. 10.

63 Vgl. Autoschlangen an den Übergängen, in: Der Tagesspiegel vom 31.12.1963, S. 6.

64 Vgl. Vopo höflich und schnell, in: Der Tagesspiegel vom 21.12.1963, S. 8.

65 Vgl. Autoschlangen (wie Anm. 63).

66 Vgl. Die Nacht des Abschieds, in: Berliner Morgenpost vom 7.1.1964, S. 3.

67 Vgl. Leserbrief: Unaussprechliche Freude, in: Berliner Morgenpost vom 31.12.1963, S. 2.

68 Heinrich Lummer: Die Passierschein-Vereinbarungen. Kleine Schritte auf schiefer Ebene, Berlin 1966.

69 Vgl. Leserbriefe: »Die andere Seite«, in: Berliner Morgenpost vom 28.12.1963; sowie Wörterbuch für Interessierte, in: Berliner Morgenpost vom 29.12.1963, S. 2.

70 Brandt: Begegnungen und Einsichten (wie Anm. 1), S. 106.

71 Ebd., S. 12f.

72 Willy Brandt: Ein Rückblick auf 1961, in: Gerd Langguth (Hg.): Berlin. Vom Brennpunkt der Teilung zur Brücke der Einheit, Bonn 1990, S. 296–299, hier S. 299.

73 Ebd., S. 296.

74 Vgl. Brandt: Begegnungen und Einsichten (wie Anm. 1), S. 23.

75 Vgl. ebd., S. 24.

76 Vgl. Daniela Münkel: Kampagnen, Spione, geheime Kanäle: Die Stasi und Willy Brandt, Berlin 2013. Vgl. auch Uwe Ritzer/Willy Winkler: BND installierte Spitzel bei Brandt, in: Süddeutsche Zeitung vom 1.12.2017, online unter: http://www.sueddeutsche.de/politik/deutsche-geschichte-bnd-installierte-spitzel-bei-willy-brandt-1.3773913 (zuletzt abgerufen am 5.12.2017).

77 Vgl. Marion Detjen: Ein Loch in der Mauer. Die Geschichte der Fluchthilfe im geteilten Deutschland, 1961-1989, München 2005, S. 82f.

78 Vgl. Statistisches Landesamt Berlin (Hg.): Statistisches Jahrbuch 1992, Berlin 1993, S. 53.

79 Vgl. allgemein zu diesem Thema Dietmar Arnold/Sven-Felix Kellerhoff: Unterirdisch in die Freiheit. Die Fluchttunnel von Berlin, Berlin 2015.

80 Hasso Herschel: »Wir haben uns das Versprechen gegeben, wer zuerst geht, kümmert sich um den anderen«, in: Maria Nooke: Der verratene Tunnel. Geschichte einer verhinderten Flucht im geteilten Berlin, Berlin 2002, S. 45-51, hier S. 49.

81 Vgl. Arnold/Kellerhoff: Unterirdisch in die Freiheit (wie Anm. 79), S. 184-205.

82 Vgl. ebd., S. 216.

83 Vgl. Tunnel-Film: Drei kassierten, in: Der Spiegel 43/1962 vom 24.10.1962, S. 37f.

84 Herschel: »Wir haben uns das Versprechen gegeben ...« (wie Anm. 80), S. 51.

85 Vgl. Schießwütige Vopos töteten eigenen Posten, in: Der Tagesspiegel vom 19.6.1962, S. 1.

86 Vgl. Wilde Schießerei nach Massenflucht durch einen Tunnel, in: Berliner Morgenpost vom 6.10.1964, S. 1; und Schießerei beendete größte Tunnelflucht, in: Der Tagesspiegel vom 6.10.1964, S. 1.

87 Vgl. Detjen: Ein Loch in der Mauer (wie Anm. 77) S. 255.

88 Vgl. ebd., S. 256.

89 Vgl. ebd., S. 153f.

90 Zitiert nach: ebd., S. 270.

91 Vgl. ebd., S. 299.

92 Vgl. Demokratisches Forum - Taubenplage, in: Der Tagesspiegel vom 17.8.1961, S. 7.

93 Ulrich Enzensberger: Gammler an die Regierung!, in: Holland-Moritz/Wachter: War jewesen (wie Anm. 45), S. 77-86, hier S. 78f.

94 Aus einer Senatsdrucksache von 1957, zitiert nach: Ciesla: Konkurrierende Stadttechnik (wie Anm. 34), S. 114.

95 Vgl. ebd., S. 117.

96 Vgl. Joseph Hoppe/Nico Kupfer: Der Niedergang der Elektropolis. Die Deindustrialisierung im Westen Berlins, in: Schlusche: Stadtentwicklung im doppelten Berlin (wie Anm. 39), S. 250-263.

97 Berlin. Das Glitzerding, in: Der Spiegel 41/1966 vom 3.10.1966, S. 40-61, hier S. 47.

98 Vgl. Ali Ucar: Die soziale Situation der türkischen Arbeitnehmer in Westberlin - mit einer empirischen Untersuchung unter besonderer Berücksichtigung der arbeitsrechtlichen und sozialrechtlichen Fragen, Westberlin 1975, S. 102f.

99 Vgl. ebd., S. 42f.

100 Vgl. ebd., S. 57f.

101 Vgl. ebd., S. 103.

102 Vgl. ebd., S. 58f.

103 Zitiert bei: Horst Kammrad: »Gast«-Arbeiter-Report, München 1971, S. 10.

104 Vgl. ebd., S. 51-65.

105 Vgl. Ucar: Die soziale Situation der türkischen Arbeitnehmer (wie Anm. 98), S. 111f.

106 Vgl. ebd., S. 135-141.

107 Kammrad: »Gast«-Arbeiter-Report (wie Anm. 103), S. 53.

108 Ucar: Die soziale Situation der türkischen Arbeitnehmer (wie Anm. 98), S. 24.

109 Vgl. ebd., S. 25f.

110 Vgl. Per Moneta, in: Der Spiegel 41/1964 vom 7.10.1964, S. 44-58, hier S. 53f.

111 Unterbringung der Ausländischen Arbeitnehmer, in: Evangelischer Informationsdienst Berlin, März 1971, S. 29, zitiert bei: Ünal Akpinar: Angleichungsprobleme türkischer Arbeiterfamilien. Eine empirische Untersuchung, Berlin 1977, S. 104f.

112 Vgl. ebd., S. 109f.

113 Kammrad: »Gast«-Arbeiter-Report (wie Anm. 103), S. 39.

114 Ebd., S. 41.

115 Ebd., S. 35.

## Hauptstadt der Unzufriedenen

1 Mir war als hätte ich die Kugel im Kopf, in: Der Spiegel 25/1968 vom 19.6.1968, S. 36–44, hier S. 36.

2 Wolfgang Neuss: Eier für Ho Tschi Minh. Als Augenzeuge bei der Westberliner Vietnam-Demonstration, in: D. Holland-Moritz/Gabriela Wachter (Hg.): War jewesen. West-Berlin 1961–1989, Berlin 2009, S. 87–90, hier S. 88.

3 Vgl. Zurück auf Trödelwegen in die alte Gründerzeit, in: Berlin 1974. Das Jahr im Rückspiegel, hg. von der Berliner Morgenpost, Berlin 1975, S. 142–145.

4 Vgl. Knut Hickethier: Die gemütliche Durchhalte-Gemeinschaft. West-Berlin in Serien des deutschen Fernsehens, in: Zeithistorische Forschungen 11 (2014), Heft 2, S. 337–348, hier S. 340f.

5 Vgl. z.B. Christine Pilot: »Bis heute Nacht an der Autobahn!« Eine Klassenreise ab West-Berlin, in: Johann-Friedrich Huffmann (Hg.): Glückssuche im Schatten der Mauer. Die 60er-Jahre in Berlin und Brandenburg, Berlin 2008, S. 180–186.

6 Vgl. Das Glitzerding, in: Der Spiegel 41/1966 vom 3.10.1966, S. 40–61.

7 Vgl. Ulrich Enzensberger: Die Jahre der Kommune I. Berlin 1967–1969, Köln 2004.

8 Zitiert bei: Willi Winkler: »Mit Ohnesorg hatte das nichts zu tun«, in: Holland-Moritz/Wachter: War jewesen (wie Anm. 2), S. 149–154, hier S. 150.

9 Vgl. Leserbriefe unter »Das ist der Unterschied« von Rudolf Petrowsky und »Zur Person Kiesingers« von Ernst P., W. L. und Geno Ohlischlaeger, in: Berliner Morgenpost vom 15.11.1966, S. 6. Nur eine Zuschrift von Horst S. setzt sich dafür ein, »die Vergangenheit ruhen zu lassen«.

10 Vgl. Berlin/Studenten: Nein, nein, nein, in: Der Spiegel 24/1967 vom 5.6.1967, S. 46–59, hier S. 46.

11 Vgl. Leserbrief von K. F. unter »Gesunde Auslese unter Studenten. Studienplätze unter Kontrolle«, in: Berliner Morgenpost vom 16.11.1966, S. 16.

12 Demokratisches Forum. Leserzuschrift von Bernhard Stephan, in: Der Tagesspiegel vom 18.12.1966, S. 29.

13 Vgl. allgemein Bernard Larsson: Demonstrationen. Ein Berliner Modell. Entstehung der demokratischen Opposition mit Beiträgen von

Herbert Marcuse, Jacob Taubes u.a. sowie Augenzeugenberichten, Berlin 1967.

14 Leserzuschrift »Studentenkrawalle« von W. Sch., in: Berliner Morgenpost vom 14.12.1966, S. 2.

15 Zitiert bei: Winkler: »Mit Ohnesorg hatte das nichts zu tun« (wie Anm. 8), S. 150.

16 Leserzuschrift »Protestierende FU-Studenten« von W. Krüger, in: Der Tagesspiegel vom 25.12.1966, S. 29.

17 Vgl. Enzensberger: Die Jahre der Kommune I (wie Anm. 7), S. 110.

18 Ebd., S. 112 und 114.

19 Larsson: Demonstrationen (wie Anm. 13), S. 68.

20 Vgl. Enzensberger: Die Jahre der Kommune I (wie Anm. 7), S. 119.

21 Vgl. die detaillierte Beschreibung der Festnahme bei ebd., S. 115–118.

22 So der Titel des Dokumentarfilms von Roman Brodmann: *Der Polizeistaatsbesuch – Beobachtungen unter deutschen Gastgebern, SDR 1966.*

23 Vgl. Horst Heinz Grimm: Der Mann auf dem Pfauenthron, in: Der Abend vom 25., 26. und 27.5.1967.

24 Vgl. Eckard Michels: Schahbesuch 1967. Fanal für die Studentenbewegung, Berlin 2017, hier v.a. S. 28–50.

25 Vgl. »Schah-Wochenende« in Bonn und Köln, in: Der Abend vom 29.5.1967.

26 Am dritten Tag, in: Der Abend vom 30.5.1967.

27 Vgl. Berlins Polizei hat einen harten Tag: Studenten-Demonstration vor ČSSR-Mission gegen den Schah, in: Der Abend vom 2.6.1967. Vgl. auch Silberplatten und Proteste: Umstrittener Schah-Besuch, in: Nacht-Depesche vom 30.5.1967; Schah-Alarm für Berlins Polizei, in: Nacht-Depesche vom 2.6.1967; und Heute Besuch des persischen Kaiserpaares in Berlin, in: Der Tagesspiegel vom 2.6.1967, S. 1.

28 Schah-Besuch und Groschentüte. Hammel für die Majestäten, in: Nacht-Depesche vom 2.6.1967.

29 Vgl. FU-Student wurde durch Schuß eines Kriminalbeamten tödlich verletzt, in: Der Tagesspiegel vom 4.6.1967, S. 1.

30 E. G. aus Reinickendorf in der Rubrik »Ich bin der Meinung ... Die Vorfälle an der Oper«, in: Der Abend vom 7.6.1967.

31 Vgl. Brief eines Berliner an den AStA der Freien Universität, in: Kursbuch 12 (1968), S. 1.

32 Vgl. J. B.: Der erste Tote, in: Der Tagesspiegel vom 4.6.1967, S. 2.

33 Vgl. Notwendig: Rückkehr zur Vernunft, in: Nacht-Depesche vom 5.6.1967.

34 Vgl. Berlin: Knüppel frei, in: Der Spiegel 25/1967 vom 12.6.1967, S. 41–46.

35 Vgl. Volkes Stimme, in: Kursbuch 12 (1968), S. 133–152.

36 Enzensberger: Die Jahre der Kommune I (wie Anm. 7), S. 250.

37 Vgl. Gespräch Axel Springers mit Klaus Harpprecht, in: Hans Wallenberg (Hg.): Axel Springer: Von Berlin aus gesehen. Zeugnisse eines engagierten Deutschen, Stuttgart 1971, S. 257–278.

38 »Mir war als hätte ich die Kugel im Kopf«, in: Der Spiegel 25/1968 vom 19.6.1968, S. 36–44, hier S. 36.

39 Ähnlich auch Leserbrief »Die alte Generation« von M. Reichau, in: Berliner Morgenpost vom 19.11.1966, S. 2, in dem eine »Trümmerfrau« sich über die »Zerstörungswut« der jungen Menschen beklagt. Sie selbst sei nie Nazi gewesen.

40 Hans Rosenthal: Eine enttäuschte Liebe, in: Holland-Moritz/Wachter: War jewesen (wie Anm. 2), S. 105–122, hier S. 108.

41 Ebd., S. 109.

42 Ebd., S. 111f.

43 Inge Viett: Nie war ich furchtloser. Autobiographie, Reinbek bei Hamburg 1999, S. 73f.

44 Ebd., S. 76.

45 Enzensberger: Die Jahre der Kommune I (wie Anm. 7), S. 268.

46 Vgl. Viett: Nie war ich furchtloser (wie Anm. 43), S. 94.

47 Vgl. auch: Haftbefehl gegen Inge Viett, ausgestellt am 8.1.1973 durch das Amtsgericht Tiergarten.

48 Vgl. Gerd Conradt: Starbuck Holger Meins. Ein Portrait als Zeitbild, Berlin 2001.

49 Vgl. Viett: Nie war ich furchtloser (wie Anm. 43), S. 134–140.

50 Ebd., S. 144.

51 Vgl. »Man kann sich ja wirklich nicht mehr auf die Straße trauen. Was die Berliner sagten, die gestern Peter Lorenz am BILD-Telefon sprechen wollten«, in: Bild Berlin vom 28.2.1975.

52 Vgl. Information der BV Berlin Abt. XIX, 6.3.1975, BStU, MfS, HA XXII, 204, Bl. 329f.

53 Vgl. Die Lorenz-Entführer hatten dreimal »unheimliches Glück«. Vor zwei Jahren ereignete sich das spektakulärste Verbrechen der Nachkriegszeit in Berlin, in: Berliner Morgenpost vom 27.2.1977.

54 Vgl. Anarchisten: Blümchen gehegt, in: Der Spiegel 38/1975 vom 15.9.1975, S. 32f.

55 Vgl. »Vorläufige Darstellung des Ausbruchs von vier führenden

Mitgliedern der anarchistischen ›Bewegung 2. Juni‹ aus der Frauenhaftanstalt in Berlin (West)-Tiergarten, Lehrter Straße 58/61 am 07.07.1976 sowie der bisherigen polizeilichen Fahndungsergebnisse und politischen Auswirkungen dieses Ereignisses«, 28.7.1976, BStU, MfS, HA XXII, 17994, Bl. 2–25, hier Bl. 7f.

56 Vgl. ebd., Bl. 5–7.

57 Vgl. Information A/1501/07/76: »Ausbruch von Angehörigen anarchistisch/terroristischer Gruppierungen der BRD/WB aus einer WB-Justizvollzugsanstalt«, BStU, MfS, HA XXII, 71/3, Bl. 44–47.

58 Vgl. »Die Anstaltsschlüssel lagen griffbereit«. Spiegel-Interview mit dem FDP-Politiker Hermann Oxfort über den Ausbruch in West-Berlin, in: Der Spiegel 29/1976 vom 12.7.1976, S. 18f.

59 Vgl. Information A/1648/7/76: »Gegnerische Ermittlungshandlungen im Stadtgebiet von Westberlin«, undatiert, BStU, MfS, HA XXII, 71/1, Bl. 170–176.

60 Vgl. Eine der Frauen als Inge Viett erkannt. Nach dem Muster der Mahler-Meinhof-Bande räumten Anarchisten gestern die Sparkasse am Südwestkorso aus, in: Die Welt vom 15.2.1977. Aufsehen erregte der Überfall auch deshalb, weil diese Filiale bereits 1970 ausgeraubt worden war.

61 Vgl. »Auskunftsbericht«, November 1986, über die »Bewegung 2. Juni«, BStU, MfS, HA XXII, 19100, Bl. 5–7.

62 Vgl. Telegramm des tschechoslowakischen Geheimdienstes an das MfS (Oberst Damm), 27.6.1978, BStU, MfS, HA XXII, 19188, Bl. 5. Vgl. weitere Dokumente in dieser Akte wie etwa eine »Information«, 30.6.1978, ebd., Bl. 1–13.

63 Dies ungeachtet einer »Einreisesperre«, die noch 1982 in den Stasi-Unterlagen festgehalten wurde, vgl. ZAIG, Information für die HA XXII, 14.6.1982, BStU, MfS, HA XXII, 19116, Teil 1 von 3, Bl. 55f.

64 Vgl. HA XXII/Lagezentrum, Information Nr. 140/86 (zur Ermordung Gero von Braunmühls), 20.10.1986, BStU, MfS, HA XXII, 19111, Bl. 35.

65 Vgl. Personenbeschreibung aus dem Steckbrief des Bundeskriminalamtes, November 1980, BStU, MfS, HA XXII, 17631, Bl. 19.

66 Vgl. Volker Kühn: Der Horror vorm weißen Blatt, in: Stefan Fischer-Fels (Hg.): Der Schriftsteller Volker Ludwig. Kabarettautor, Liedtexter, Stückeschreiber, Berlin o. J., S. 14–26, hier S. 14f.

67 Vgl. ebd.; und Gerhard Fischer: »Alles hat seine Grenzen« – Volker Ludwigs literarische Anfänge und das Reichskabarett, in: ebd., S. 27–37.

68 Kinderspiele ohne Schick und Tinnef, in: Der Spiegel 11/1972 vom 6.3.1972, S. 126f.

69 Vgl. Grips-Theater (Hg.): 10 Jahre emanzipatorisches Kindertheater. Dokumentation zum Internationalen Kinder- und Jugendtheatertreffen 1979, Berlin 1979, S. 141.

70 Nackter Mann, in: Der Spiegel 15/1972 vom 3.4.1972, S. 60.

71 Leila wird zu einer echten Jöre, in: Berlin 1974 (wie Anm. 3), S. 30–33.

72 Vgl. Grips-Theater: 10 Jahre (wie Anm. 69); und Wolfgang Kolneder (Hg.): Das Grips-Theater. Geschichte und Geschichten, Erfahrungen und Gespräche aus einem Kinder- und Jugendtheater, Berlin 1979, S. 24–27.

73 Vgl. Für uns waren Kinder eine unterdrückte Klasse, http://www.spiegel.de/kultur/gesellschaft/grips-theater-volker-ludwig-im-interview-ueber-linie-1-und-kindertheater-a-1151765.html (zuletzt abgerufen am 25.9.2017).

74 Annemarie Weber: Einladung nach Berlin. Mit einem Exkurs über Ost-Berlin von Jürgen Beckelmann, München/Wien 1976, S. 49f.

75 Es bröckelt, in: Der Spiegel 6/1969 vom 3.2.1969, S. 38–63, hier S. 38. Vgl. auch Menschen im Experiment, in: Der Spiegel 45/1970 vom 2.11.1970, S. 218–233.

76 Aussagen von Mietern im Märkischen Viertel, zitiert bei: Grete Meyer-Ehlers: Raumprogramme und Bewohnererfahrungen. Planungsgrundlagen für den Wohnungsbau, Stuttgart/Bern 1971, S. 101 und 105.

77 Aussage eines Mieters im Märkischen Viertel, zitiert bei: ebd., S. 105.

78 Aussage einer Mieterin im Märkischen Viertel, zitiert bei: ebd., S. 101.

79 Vgl. Heinrich Kuhn: Armutszeugnisse. West-Berlin vor der Stadterneuerung in den sechziger Jahren., hg. von Sabine Krüger. Mit einem Text von Boris von Brauchitsch, Berlin 2014.

80 Vgl. Märkisches Viertel: Letzte Wohnungen bezogen, in: Berlin 1974 (wie Anm. 3), S. 27–29.

81 Vgl. Es bröckelt, in: Der Spiegel 6/1969 vom 3.2.1969, S. 38–63, hier S. 54.

82 Vgl. Monstrum ohne Wert, in: Der Spiegel 19/1974 vom 6.5.1974, S. 58.

83 Alles dreht sich mit dem Kreisel, in: Berlin 1974 (wie Anm. 3), S. 44–47, hier S. 44.

84 Vgl. Imposante Silbervögel kamen zur Premiere des Flughafen Tegel, in: Berlin 1974 (wie Anm. 3), S. 210–212.

85 Vgl. »Das wäre der Morgenthau-Plan für West-Berlin«, in: Der Spiegel 11/1969 vom 10.3.1969, S. 31–33.

86 Vgl. BStU, MfS, AG XVII, 2048: Die Akte enthält zahlreiche Berichte über derartige besondere Vorkommnisse aus den Jahren 1986 bis 1988.

87 Vgl. u.a. Information 11/78, 1–6, vom 11.1.1978, BStU, MfS, AG XVII, 3411, Bl. 73f.

88 Vgl. Verweigerung der Einreise für Ingrid H. am 5.1.1974, BStU, MfS, AG XVII, 3899, Bl. 10f.

89 Personalunterlagen von Erich L., geboren 1932, Notiz vom 17.6.72 – Gruppe 2 – Tagesbericht, BStU, MfS, AG XVII, 4536, Bl. 5.

90 Vgl. Handschriftliche Notiz vom 18.7.1972, ebd., Bl. 9.

91 Handschriftliche Notiz, undatiert, ebd., Bl. 7.

92 Handschriftliche Notiz zum Verhalten von Erich L., undatiert, ebd., Bl. 8.

93 Vgl. Vorschlag des Leiters der AG XVII, 10.1.1989, BStU, MfS, AG XVII, 574, Bl. 1: Der Verfasser verwies auf die diesbezügliche Weisung Erich Honeckers vom 28.2.1972.

94 Handschriftliche Notiz, undatiert, BStU, MfS, AG XVII, 4536, Bl. 40.

95 Vgl. Personalunterlagen von Manfred K., geb. 1940, BStU, MfS, AG XVII, 4512, Bl. 2–5.

96 Vgl. Berlin-Abkommen nach zwei Jahren: Nicht alle Probleme wurden gelöst, in: Berlin 1974 (wie Anm. 3), S. 83–86; und Vom Rondell zum goldenen Dachkasten, in: ebd., S. 74f.

97 Vgl. Aufstellung, ca. 1976/77, BStU, MfS, AG XVII, 3598, Bl. 16.

98 Vgl. Aufstellung, ca. 1981/82, BStU, MfS, AG XVII, 1295, Bl. 211.

99 Vgl. Peter Schneider: Der Mauerspringer, Darmstadt und Neuwied 1982.

100 Berlin-Abkommen nach zwei Jahren (wie Anm. 96), S. 83.

101 Alex Heinen: Transit-Erinnerungen, in: Holland-Moritz/Wachter: War jewesen (wie Anm. 2), S. 203–212, hier S. 205.

102 Vgl. ebd., S. 206f.

103 Weber: Einladung nach Berlin (wie Anm. 74), S. 16.

## Die bleierne Zeit

1 Annemarie Weber: Einladung nach Berlin. Mit einem Exkurs über Ost-Berlin von Jürgen Beckelmann, München/Wien 1976, S. 52.

2 Rainer Wagner: Das Gesicht der Berlinerin, in: Berlin '79. Berichte und Bilder von Menschen und Ereignissen. Das Jahr im Rückspiegel, hg. von der Berliner Morgenpost, Red. Rainer Wagner, Berlin 1980, S. 145–150, hier S. 145.

3 Benny Härlin/Michael Sontheimer: Potsdamer Straße. Sittenbilder und Geschichten, Berlin 1983, S. 32.

4 Für Berlin eine ›Halle Größenwahn‹?, in: Der Spiegel 10/1979 vom 5.3.1979, S. 209–215.

5 Vgl. Richard Hochhaus: Der neue AMK-Chef, in: Berlin '80. Das Jahr im Rückspiegel, hg. von der Berliner Morgenpost, Berlin 1981, S. 27f.

6 Zu den Anfangswünschen und -zielen der Kommune 2 vgl. Grete Meyer-Ehlers/Meinhold Haußknecht/Sigrid Rughöft: Kollektive Wohnformen. Erfahrungen, Vorstellungen, Raumbedürfnisse in Wohngemeinschaften, Wohngruppen und Wohnverbänden, Wiesbaden/Berlin 1973, S. 18–21.

7 Vgl. ebd., S. 51.

8 Vgl. Günter Rexrodt: Pionierarbeit für die Zukunft, in: Berlin '77. Das Jahr im Rückspiegel, hg. von der Berliner Morgenpost, Red. Rainer Wagner, Berlin 1978, S. 46–51.

9 Vgl. Martha Christine Körling: Buchhandlung Carmerstraße, in: ebd., S. 16f.

10 Vgl. Volker Weidermann: Lokomotiven küßt man nicht, in: Die Tageszeitung vom 11.2.1995, S. 40.

11 Vgl. Gabriela Wachter: West-Berlin war eine Bücherstadt, in: D. Holland-Moritz/dies. (Hg.): War jewesen. West-Berlin 1961–1989, Berlin 2009, S. 19–24, hier S. 21.

12 Lith Bahlmann: »Der Club hat ja den Fluch, dass er ein Programm braucht«. Interview mit Andreas Rohé, in: Sub Opus 36 e.V. (Hg.): SO 36. 1978 bis heute, Mainz 2016, S. 30–63, hier S. 40.

13 Vgl. allgemein: Sub Opus 36 e.V.: SO 36 (wie Anm. 12).

14 Vgl. Härlin/Sontheimer: Potsdamer Straße (wie Anm. 3), S. 128f.

15 Vgl. Ulf Mailänder/Ulrich Zander: Das kleine Westberlin-Lexikon. Von »Autonome« bis »Zapf« – die alternative Szene der Siebziger und Achtziger Jahre, Berlin 2003, S. 39f.

16 Valeska Voß-Dietrich: Zimmer frei in der City, in: Berlin '81. Das Jahr

im Rückspiegel. Berichte und Bilder von Menschen und Ereignissen, hg. von der Berliner Morgenpost, Red. Rainer Wagner, Berlin 1982, S. 122–125, hier S. 125.

17 Abends radikal, in: Der Spiegel 10/1983 vom 7.3.1983, S. 57f.

18 H. U.: Zwischen Sehnsucht und Resignation, in: Neue Zeit vom 17.3.1977, S. 4.

19 Elmar Pieroth: So stell' ich mir die City vor, in: Berlin '82. Das Jahr im Rückspiegel, hg. von der Berliner Morgenpost, Berlin 1983, S. 219–223, hier S. 223.

20 Joachim F. Meier: Klima des Vertrauens, in: Berlin '77 (wie Anm. 8), S. 140f., hier S. 141.

21 Barbara Jänichen: Der Dalli-Dalli-Macher, in: Berlin '76. Das Jahr im Rückspiegel, Berichte und Bilder von Menschen und Ereignissen, hg. von der Berliner Morgenpost, Berlin 1977, S. 30–33.

22 ZDF-Programmdirektor Joseph Viehöver, zitiert nach: Thomas Hentschke: Hans Rosenthal. Ein Leben für die Unterhaltung, Berlin 1999, S. 171.

23 Hans Rosenthal: Zwei Leben in Deutschland, Bergisch Gladbach 1980, S. 251.

24 Hentschke: Hans Rosenthal (wie Anm. 22), S. 177.

25 Rosenthal: Zwei Leben (wie Anm. 23), S. 206.

26 Zitat in: Der Spiegel 8/1980 vom 18.2.1980, S. 193.

27 Vgl. Rosenthal: Zwei Leben (wie Anm. 23), S. 318.

28 Vgl. Diese Woche im Fernsehen, in: Der Spiegel 22/1984 vom 28.5.1984.

29 Fritz Rumler: Live aus Krähwinkel, in: Der Spiegel 24/1984 vom 11.6.1984, S. 183f.

30 Hans Rosenthal in: Der Spiegel 8/1987 vom 16.2.1987, S. 238.

31 Eberhard von Wiese: Grit und Harald: Das Paar, in: Berlin '79 (wie Anm. 2), S. 92f.

32 Vgl. Ariane Barth: Für die Republik der Kaputten, in: Der Spiegel 33/1985 vom 12.8.1985, S. 159f.

33 Jörg Thomann: Günter Pfitzmann. Der letzte West-Berliner, in: Günter Pfitzmann/Lilo Pfitzmann: Nur der Augenblick zählt. Erinnerungen, Berlin 2004, S. 249–252. Vgl. auch Ursula von Bentheim: König vom Kurfürstendamm, in: Berlin '83. Ein Jahr im Rückblick, hg. von der Berliner Morgenpost, Berlin 1984, S. 16–19.

34 Vgl. Dieter Thomas Heck: Der Ton macht die Musik, München 1988; und Peter Lanz: Dieter Thomas Heck. Die Biografie, Hamburg 2011.

35 Wagner: Das Gesicht der Berlinerin (wie Anm. 2), S. 146.

36 Tatsächlich zieht sich das bis in die Gegenwart hinein: Für die enormen Unterhaltskosten beispielsweise des Neuen Kreuzberger Zentrums (NKZ) sprang immer wieder das Land Berlin ein – insgesamt zahlte es mindestens 40 Millionen Euro. Als das NKZ im Frühjahr 2017 verkauft wurde, kassierten die ehemaligen Anleger gleichwohl den kompletten Verkaufspreis.

37 Kriminalhauptkommissar Uwe Schmidt zitiert nach: Michael Sontheimer/Jochen Vorfelder: Antes & Co. Geschichten aus dem Berliner Sumpf, Berlin 1987 (»Zur 750-Jahr-Feier Berlins erweiterte Neuausgabe, gerichtsgeprüft«), S. 12.

38 Vgl. Mark Altten: Mister Biel und der Westberliner Sumpf, Berlin 2008, S. 78.

39 Vgl. passim Sontheimer/Vorfelder: Antes & Co. (wie Anm. 37).

40 Vgl. ebd., S. 150–161.

41 Vgl. ebd., S. 110f.

42 Vgl. ebd., S. 118f.

43 Die *Zeit* bezeichnete diesen Schritt 1986 ironisch als »tolles Stück aktiven Verfassungsschutz«, vgl. Robert Leicht: »Lummer als Last«, in: Die Zeit 15/1986 vom 4.4.1986.

44 Vgl. Sontheimer/Vorfelder: Antes & Co. (wie Anm. 37), S. 116f.

45 Vgl. Rainer Traber/Arbeitsgruppe Sanierungspraktiken der Mietervereinigung Kreuzberg: Die Sanierungsmafia. Teil 1, Berlin o. Jahr, siehe auch http://berlin-besetzt.de/backend/sites/default/files/pdfs/Die%20Sanierungsmafia%20-%20Teil1%20-%20Die%20kriminellen%20Methoden%20der%20Abra%CC%88umer%20%28Doku%29_www.archivtiger.de_web.pdf (zuletzt abgerufen am 27.11.2017).

46 Vgl. Sontheimer/Vorfelder: Antes & Co. (wie Anm. 37), S. 101f.

47 Ebd., S. 171.

48 Ebd., S. 107f.

49 Vgl. »Ganz Berlin steht auf der Liste«. Spiegel-Interview mit dem verurteilten Ex-Baustadtrat Wolfgang Antes, in: Der Spiegel 52/1986 vom 22.12.1986, S. 84f.

50 Vgl. Sontheimer/Vorfelder: Antes & Co. (wie Anm. 37), S. 133–149.

51 Vgl. ebd., S. 187.

52 Vgl. ebd., S. 165–177.

53 Vgl. Information der BV Pdm, Abt. 6, 14.2.1975, BStU, MfS, HA XXII, 1438, Bd. 3, Bl. 25–28. Vgl. auch Die Schnaps-Idee, in: Der Spiegel 10/1986 vom 3.3.1986, S. 123–125.

54 Vgl. Die Schnaps-Idee (wie Anm. 53), S. 125. Zur Verflechtung von Fluchthilfeunternehmen und Rotlichtmilieu siehe auch den Kriminalroman von Yaak Karsunke: Toter Mann, Berlin 1989.
55 Vgl. Kopie des Behelfsmäßigen Personalausweises von Otto Schwanz, BStU, MfS, HA XXII, 841 Bd. 10, Bl. 203f.
56 Vgl. Sontheimer/Vorfelder: Antes & Co. (wie Anm. 37), S. 50f.
57 Erich Wildberger jr.: Nachbarn sind sie allemal, in: Berlin '81 (wie Anm. 16), S. 252-257, hier S. 255f.
58 Terminologie der »Neuen Heimat«, zitiert nach: Härlin/Sontheimer: Potsdamer Straße (wie Anm. 3), S. 68.
59 Vgl. ebd., S. 63-67.
60 Vgl. Horst-Günter Kessler/Jürgen Miermeister: Vom »Großen Knast« ins »Paradies«? DDR-Bürger in der Bundesrepublik. Lebensgeschichten, Reinbek bei Hamburg 1983.
61 Vgl. ebd., S. 163.
62 Vgl. ebd., S. 184f.
63 Vgl. u.a. die »Zersetzung« der Autorengruppe, die die Anthologie *Berliner Geschichten* geplant hatte, BStU, MfS, HA XX, 1812. Schlesinger gehörte zu den Initiatoren des Projekts.
64 Vgl. Klaus Schlesinger: Fliegender Wechsel. Eine persönliche Chronik, Berlin 1995, S. 155-157.
65 Ebd., S. 205.
66 Vgl. ebd., S. 216.
67 Vgl. ebd., S. 211.
68 Vgl. ebd., S. 213.
69 Ebd., S. 215.
70 Ebd., S. 251.
71 Ebd., S. 11.
72 Ebd., S. 252.
73 Vgl. Christel Berger: Der Berlinischste der letzten Jahre. Der Schriftsteller Klaus Schlesinger (1937-2001), in: Berlinische Monatsschrift, 10. Jahrgang (2001), Heft 7, Teil 1: Sonderheft zum Zeitraum 1990-2000, S. 131-138.
74 Schlesinger: Fliegender Wechsel (wie Anm. 64), S. 261.
75 Ebd., S. 285.
76 Vgl. ebd., S. 290f.
77 Ebd., S. 298.
78 Wilhelm Bittorf: Irgendwas Irres muß laufen, in: Der Spiegel 15/1981 vom 6.4.1981, S. 230-245.

79 Vgl. passim: Christiane F.: Wir Kinder vom Bahnhof Zoo. Nach Tonbandprotokollen aufgeschrieben von Kai Hermann und Horst Rieck. Mit einem Vorwort von Horst E. Richter, 2. Aufl., Hamburg 1978.

80 Vgl. ebd., S. 17-20.

81 Ebd., S. 22.

82 Vgl. ebd., S. 42-44.

83 Vgl. Horst Skarabis/Melitta Patzak: Die Berliner Heroinscene. Eine epidemiologische Untersuchung, Weinheim/Basel 1981, S. 115. Vgl. auch Heroin-Welle: »Mord auf Raten«, in: Der Spiegel 23/1977 vom 30.5.1977, S. 184-195.

84 Vgl. Härlin/Sontheimer: Potsdamer Straße (wie Anm. 3), S. 89f.

85 Christiane F.: Wir Kinder vom Bahnhof Zoo (wie Anm. 79), S. 199.

86 Ebd., S. 213.

87 Vgl. Mitarbeiter des Bezirksamtes »lehnen jegliche Bevormundung ab«, in: Der Tagesspiegel vom 10.12.1976; und Martina Kempff: Jede Woche stirbt in Berlin ein Heroinsüchtiger, in: Die Welt vom 10.12.1976.

88 Vgl. Horst Skarabis/Melitta Patzak: Die Berliner Heroinscene. Eine epidemiologische Untersuchung, Weinheim/Basel 1981, S. 163. 1979 zählte die Studie 6000 Heroinabhängige.

89 Vgl. Christiane F.: Wir Kinder vom Bahnhof Zoo (wie Anm. 79), S. 230-233.

90 Vgl. Wilhelm Bittorf: »Irgendwas Irres muß laufen«, in: Der Spiegel 15/1981 vom 6.4.1981, S. 230-245.

91 Christiane F.: Wir Kinder vom Bahnhof Zoo (wie Anm. 79), S. 252.

92 Vgl. Härlin/Sontheimer: Potsdamer Straße (wie Anm. 3), S. 102.

93 Vgl. Horst-Eberhard Richter: Vorwort, in: Christiane F.: Wir Kinder vom Bahnhof Zoo (wie Anm. 79), S. 5-11, hier S. 5-7.

94 Vgl. Jürgen Quandt, Kreisjugendpfarrer, in: Christiane F.: Wir Kinder vom Bahnhof Zoo (wie Anm. 79), S. 86-88.

95 Horst-Eberhard Richter: Vorwort, in: ebd., S. 5-11, hier S. 9.

96 Vgl. Härlin/Sontheimer: Potsdamer Straße (wie Anm. 3), S. 35.

97 Vgl. Ronnie C. Ball: Eine Alternative zu New York, in: Berlin '80 (wie Anm. 5), S. 54-57.

98 Vgl. Tobias Rüther: Helden. David Bowie und Berlin, Berlin 2008, S. 49.

99 Vgl. ebd., S. 85f.

100 David Bowie zitiert nach: Egbert Baqué: A tribute to David Bowie. Hauptstrasse. The Berlin Years 1976-1978, Berlin 2013, S. 26.

101 Vgl. »Ich kam kerngesund nach Berlin und ging als Wrack«, in: Der Tagesspiegel vom 18.2.2016, online unter http://www.tagesspiegel.de/berlin/erinnerungen-von-iggy-pop-ich-kam-kerngesund-nach-berlin-und-ging-als-wrack/12981058.html (zuletzt abgerufen am 12.12.2017).

102 Rüther: Helden (wie Anm. 98), S. 73.

103 Tony Visconti zitiert bei Andreas Kohl: Keine Küsse unter dem Studiofenster, in: Mint. Magazin für Vinyl-Kultur 10/2017, S. 30–36, hier S. 33.

## Die letzten Tage West-Berlins

1 Christoph Stölzl in: Gunter Sachs: Berliner Frauschaft, in: Die Zeit 13/1989 vom 24.3.1989, online unter: http://www.zeit.de/1989/13/berliner-frauschaft (zuletzt abgerufen am 30.12.2017).

2 Antiberliner, erschienen als Single bei Rue de la Guerre-Records, 1987.

3 Zu den Feierlichkeiten in Ost und West vgl. allgemein Krijn Thijs: Party, Pomp und Propaganda. Die Berliner Stadtjubiläen 1937 und 1987, Berlin 2012.

4 Vgl. Skulpturen aus der Sicht der Berliner, in: Berliner Morgenpost vom 2.4.1987, S. 29.

5 Vgl. Ick würde so'n Ding lieber selber fahren, in: Berliner Morgenpost vom 4.4.1987, S. 3.

6 Leserbrief: Was sagt jetzt der Regierende?, in: Berliner Morgenpost vom 15.4.1987, S. 22.

7 Vgl. Leserbrief: Beton-Cadillacs ein Kulturgut unserer Zeit?, in: Berliner Morgenpost vom 5.4.1987, S. 60.

8 Vgl. Wieder zwei Skulpturen in der City aufgestellt, in: Berliner Morgenpost vom 8.4.1987, S. 1.

9 Vgl. Streit um »Skulpturen-Boulevard Kurfürstendamm« reißt nicht ab, in: Berliner Morgenpost vom 9.4.1987, S. 3.

10 Vgl. Leserbriefe, in: Berliner Morgenpost vom 10.4.1987, S. 10; und in: Berliner Morgenpost vom 12.4.1987, S. 72.

11 Vgl. Leserbrief: Was sagen kompetente Kritiker?, in: Berliner Morgenpost vom 5.4.1987, S. 60.

12 Vgl. Demokratisches Forum, in: Der Tagesspiegel/Weltspiegel vom 19.4.1987, S. II.

13 Vgl. Heinrich Reimers: Zwei neue Schaustücke auf dem Berliner »Skulpturen-Boulevard«, in: Berliner Morgenpost vom 8.4.1987, S. 3.

14 Das ergab eine Umfrage unter Zuschauern des Senders Freies Berlin, vgl. Umstrittene Skulpturenmeile am Kurfürstendamm vollendet, in: Berliner Morgenpost vom 24.4.1987, S. 11.

15 Vgl. Thijs: Party, Pomp und Propaganda (wie Anm. 3), S. 88 und 123.

16 Vgl. Martin Düspohl/Kreuzbergmuseum (Hg.): Kleine Kreuzberggeschichte, Berlin 2012, S. 138f. und 143–146.

17 Vgl. Hanno Hochmuth: Kiezgeschichte. Friedrichshain und Kreuzberg im geteilten Berlin, Göttingen 2017, S. 79f. und 166–168.

18 Vgl. Plutonia Plarre: Berliner Kessel war rechtswidrig, in: Die Tageszeitung vom 8.7.1989, S. 1f.

19 Zur Ausgangslage vgl. Alles ist möglich, alles ist nötig, in: Der Spiegel 39/1988 vom 26.9.1988, S. 24–39.

20 Vgl. auch Dorothea Hilgenberg: Nichts getan. Wie ein Student von der Polizei überfallen wurde und in Untersuchungshaft kam, in: Die Zeit vom 25.9.1987, online unter: http://www.zeit.de/1987/40/nichts-getan (zuletzt abgerufen am 28.12.2017).

21 Interim 23 vom 7.10.1988.

22 Vgl. Farbe des Geldes, in: Der Spiegel 40/1988 vom 3.10.1988, S. 130–133.

23 Johannes Otto: Tanz auf dem Vulkan, in: Berlin '89. Das Jahr im Rückspiegel, hg. von der Berliner Morgenpost, Berlin 1990, S. 8–13, hier S. 9.

24 Vgl. Marcel Reich-Ranicki: »Wir leben in einem Land, in dem man es immer noch ungewöhnlich findet, daß Frauen gute Bücher schreiben, Chefredakteurinnen oder Gerichtspräsidentinnen werden. Das ist eine deutsche Spezialität. Das gibt es nicht in Frankreich, in England. Deutschland ist in dieser Hinsicht ein zutiefst rückständiges Land.« Zitiert nach: Sachs: Berliner Frauschaft (wie Anm. 1).

25 Vgl. auch Otto: Tanz auf dem Vulkan (wie Anm. 23), S. 12.

26 Vgl. Leserbrief: Doppelbödig, in: Berliner Morgenpost vom 1.9.1989, S. 23; und Leserbrief: Von echter Betroffenheit nichts zu spüren, in: Berliner Morgenpost vom 3.9.1989, S. 104; sowie Leserbriefe »Beschämend« und »Fragwürdig«, in: Berliner Morgenpost vom 27.8.1989, S. 15.

27 Vgl. Leserbrief: Unfälle bei Tempo 100, in: Berliner Morgenpost vom 21.9.1989, S. 21.

28 Leserbrief: Den Bussen auf der Spur, in: Berliner Morgenpost vom 1.9.1989, S. 23.

29 Vgl. Otto: Tanz auf dem Vulkan (wie Anm. 23), S. 13.

30 Vgl. zum Polenmarkt allgemein Peter Oliver Loew: Wir Unsichtbaren. Geschichte der Polen in Deutschland, München 2014, S. 231–235.

31 Zitiert nach: »Die san nur arme Würschtl«, in: Der Spiegel 49/1989 vom 4.12.1989, S. 174–177, hier S. 174.

32 Vgl. Michael Sontheimer: Paradies für halbe Mark, in: Die Zeit 26/1989 vom 23.6.1989, online unter: http://www.zeit.de/1989/26/paradies-fuer-halbe-mark/komplettansicht (zuletzt abgerufen am 28.12.2017).

33 Vgl. ebd.

34 Vgl. ebd.

35 Vgl. JN: Nachlese: Polenmarkt verboten, in: Die Zeit 27/1989 vom 30.6.1989, online unter: http://www.zeit.de/1989/27/polenmarkt-verboten (zuletzt abgerufen am 28.12.2017).

36 Vgl. Mäntel, Wurst und Vorurteile, in: Die Tageszeitung vom 25.6.2009, online unter: http://www.taz.de/!5160887/ (zuletzt abgerufen am 21.12.2017).

37 Vgl. Lisa Uphoff: Heiße Debatte um den Polenmarkt, in: Berliner Morgenpost vom 15.9.1989, S. 16.

38 Vgl. Polenmarkt soll zum Krempelmarkt zurück, in: Berliner Morgenpost vom 26.9.1989, S. 1.

39 Vgl. Arme Teufel, in: Der Spiegel 17/1990 vom 23.4.1990, S. 105–107

40 Vgl. Leserbrief: Unverständlich, in: Berliner Morgenpost vom 3.9.1989, S. 104.

41 Vgl. Nur Chuzpe, in: Der Spiegel 30/1986 vom 21.7.1986, S. 66f. Vgl. auch allgemein Sanem Kleff / Eberhard Seidel: Stadt der Vielfalt. Das Entstehen des neuen Berlin durch Migration, Berlin 2009.

42 Vgl. Leben auf Parkbänken, in: Der Spiegel 43/1989 vom 23.10.1989, S. 53–56.

43 Vgl. Senat: 18470 Neu-Berliner kamen im ersten halben Jahr, in: Berliner Morgenpost vom 23.9.1989, S. 3.

44 Vgl. Interview der Autorin mit dem ehemaligen Leiter des Aufnahmelagers (1985–1990), Harald Fiss, 2010.

45 Vgl. Marianne Heuwagen: Ostberliner Übersiedler wollen lieber in Westberlin bleiben, in: Süddeutsche Zeitung vom 12./13.8.1989, S. 10.

46 Vgl. Flughafen Tegel. Camela empfingt Liebsten mit riesigem Lebkuchen-Herz, in: Bild (Berlin) vom 24.8.1989, S. 4.

47 Vgl. u. a. Leserbrief: Abenteuerliche Interessen, in: Berliner Morgenpost vom 10.9.1989, S. 15; und Leserbrief: Ein politischer Alptraum, in: Berliner Morgenpost vom 12.9.1989, S. 18.

48 Herzlich willkommen, liebe DDR-Bürger, in: Bild (Berlin) vom 4.9.1989, S.1.

49 Vgl. Otto: Tanz auf dem Vulkan (wie Anm. 23), S. 12.

50 Vgl. Berlin: Mompers Landsuche in der DDR, in: Der Spiegel 39/1989 vom 25.9.1989, S. 14.

51 Vgl. »Das Faß läuft über«, in: Der Spiegel 38/1989 vom 18.9.1989, S. 20–26.

52 Zur Biografie von Ingrid Stahmer vgl. Helga Foster: Ingrid Stahmer. Die soziale Demokratin und ihre Behörde, die Senatsverwaltung für Gesundheit und Soziales, in: Barbara Schaeffer-Hegel u. a. (Hg.): Frauen mit Macht. Zum Wandel der politischen Kultur durch die Präsenz von Frauen in Führungspositionen, Pfaffenweiler 1995, S. 83–88.

53 Vgl. Otto: Tanz auf dem Vulkan (wie Anm. 23), S. 12.

54 Bürgermeisterin Ingrid Stahmer (SPD) appelliert an das Herz der Berliner: Quartiere für Flüchtlinge gesucht, in: Berliner Morgenpost vom 3.9.1989, S. 2.

55 Vgl. Bild-Interview mit Bürgermeisterin Ingrid Stahmer: »Wir müssen jetzt enger zusammenrücken«, in: Bild (Berlin) vom 12.9.1989, S. 3.

56 Vgl. Michael L. Müller: »Bauen, bauen und nochmal bauen!« Momper sieht keinen Grund, den Zustrom nach Berlin zu drosseln, in: Berliner Morgenpost vom 20.9.1989, S. 4.

57 Vgl. Chris Sommer: 30 Wohnwagen als Quartiere für Aussiedler, in: Berliner Morgenpost vom 10.9.1989, S. 4.

58 Vgl. Chris Sommer: So ist Berlin für die Übersiedler gerüstet, in: Berliner Morgenpost vom 12.9.1989, S. 4.

59 Vgl. Chris Sommer: Kein Kita-Platz für Neu-Berliner, in: Berliner Morgenpost vom 13.9.1989, S. 3.

60 Vgl. S. Puthz/Ursula von Bentheim: Telefon-Aktion voller Erfolg: Für 400 Übersiedler Arbeit, in: Berliner Morgenpost vom 27.9.1989, S. 4.

61 Vgl. Chris Sommer: Probleme bei der Unterbringung von Übersiedlern häufen sich, in: Berliner Morgenpost vom 5.9.1989, S. 4.

62 Großzügige Spende, in: Berliner Morgenpost vom 23.9.1989, S. 3.

63 Vgl. »Das Faß läuft über«, in: Der Spiegel 38/1989 vom 18.9.1989, S. 20–26.

64 Vgl. Interview der Autorin mit dem ehemaligen Leiter des Aufnahmelagers (1985–1990), Harald Fiss, 2010.

65 Vgl. »Die Katastrophe ist da«, in: Der Spiegel 46/1989 vom 13.11.1989, S. 130–137.

66 Vgl. Interview der Autorin mit dem ehemaligen Leiter des Aufnahmelagers (1985–1990), Harald Fiss, 2010.

67 Vgl. Interview der Autorin mit Renate Weinert, Erinnerungsstätte Notaufnahmelager Marienfelde, 2006.

68 Vgl. »Die Katastrophe ist da« (wie Anm. 65).

69 Hmt: »Die wären auf die Gleise gefallen«, in: Die Tageszeitung vom 13.11.1989, S. 4.

70 »Jetzt Offenheit beweisen«, in: Der Spiegel 46/1989 vom 13.11.1989, S. 31–37, hier S. 31.

71 Vgl. zu den ersten Tagen nach dem Mauerfall die Sendung Spiegel TV vom 12.11.1989, online unter: http://www.spiegel.tv/videos/125386-magazin-vom-12111989 (zuletzt abgerufen am 14.1. 2018), sowie auch die ebd. archivierten Originalaufnahmen von Kamerateams aus dem November 1989.

72 Lila Pause im Kalten Krieg, in: Die Tageszeitung vom 20.11.1989, S. 18.

73 Vgl. Lenin spricht, in: Der Spiegel 47/1989 vom 20.11.1989, S. 30–32.

74 Vgl. »Mit hungrigem Blick«, in: Der Spiegel 47/1989 vom 20.11.1989, S. 31.

75 Urs: »Geht doch rüber!«, in: Die Tageszeitung vom 13.11.1989, S. 28.

76 Vgl. Michael Sontheimer: Schmuggler, Schieber, Spekulanten, in: Die Zeit 49/1989 vom 1.12.1989, online unter: http://www.zeit.de/1989/49/schmuggler-schieber-spekulanten/komplettansicht (zuletzt abgerufen am 3.1.2018).

77 Vgl. passim ebd.

## West-Berlin – nur ein Rückblick?

1 Richard Wagner: Giancarlos Koffer, Berlin 1993, S. 14.

2 Joachim Lottmann: Deutsche Einheit. Ein historischer Roman aus dem Jahr 1995, Zürich 1999, S. 252.

3 Nach einem erfüllten Leben starb das alte West-Berlin, in: B.Z. vom 29.11.2013, S. 1.

4 Vgl. West-Berlin ist zurück, in: TIP Berlin 3/2013 vom 16.1.2013, Cover und Titelgeschichte.

5 Vgl. Thomas Loy: Maruta Schmidt: Vorwärts und nicht vergessen – Die Verlegerin verwaltet den Untergang linker Projekte, in: Der Tagesspiegel vom 17.7.2000, online unter: https://www.tagesspiegel.de/berlin/maruta-schmidt-vorwaerts-und-nicht-vergessen-die-verle-

gerin-verwaltet-den-untergang-linker-projekte/154048.html (zuletzt abgerufen am 8.3.2018).

6 Susanne Koelbl: Hauptstadt. Zur Spekulation freigegeben, in: Der Spiegel 47/1999 vom 22.11.1999, S. 56–58.

7 Vgl. Walter Höllerer: Liebeserklärung an Berlin, in: D. Holland-Moritz/Gabriela Wachter (Hg.): War jewesen. West-Berlin 1961–1989, Berlin 2009, S. 55–62, hier S. 56f.

8 Vgl. Ralph Geisenhanslüke: Kreuzberger Mächte, in: Die Zeit 12/1993 vom 19.3.1993, online unter: http://www.zeit.de/1993/12/kreuzberger-maechte/komplettansicht (zuletzt abgerufen am 21.3.2018).

# Eine Chronik West-Berlins

**2. Mai 1945** Kapitulation der letzten Reste der Berliner Garnison vor der Roten Armee; Übernahme aller Verwaltungsvollmachten durch die Besatzungsmacht.

**3. Juli 1945** Britische und US-Truppen übernehmen je sechs westliche Verwaltungsbezirke Berlins (im August treten die Briten zwei Bezirke an die Franzosen ab).

**11. Juli 1945** Die Alliierte Kommandantur konstituiert sich: Beginn der Viermächteverwaltung Berlins.

**29. Januar 1946** Offizielle Wiederaufnahme des Lehrbetriebs an der Berliner Friedrich-Wilhelms-Universität. Wenige Tage später erfolgt die Umbenennung in Humboldt-Universität.

**7. Februar 1946** Der Drahtfunk im amerikanischen Sektor (DIAS) nimmt den Sendetrieb auf. Ab dem 5. September sendet er unter dem Namen RIAS (Rundfunk im amerikanischen Sektor).

**9. April 1946** Wiedereröffnung der Technischen Hochschule Charlottenburg als Technische Universität Berlin (TU).

**14. August 1946** Die ersten CARE-Pakete erreichen Berlin.

**24. September 1946** Teilweise Stilllegung des Görlitzer Bahnhofs. Bis 1952 wird er komplett außer Betrieb genommen, in den 1970er-Jahren werden die verbliebenen Gebäude abgetragen.

**20. Oktober 1946** Gesamtberliner Wahlen zur Stadtverordnetenversammlung, aus denen die SPD als Sieger hervorgeht. Gleichzeitig tritt die erste Berliner Verfassung in Kraft. Otto Suhr (SPD) wird als Stadtverordnetenvorsteher, Otto Ostrowski (ebenfalls SPD) als Oberbürgermeister gewählt.

**5. Februar 1947** Bis zu diesem Tag sind 134 Menschen aufgrund der andauernden Kälte in diesem Winter erfroren.

**27. Februar 1947** Offiziellen Schätzungen zufolge wird die Enttrümmerung Berlins 20 bis 25 Jahre dauern.

**25. Mai 1947** Wilhelm Furtwängler dirigiert erstmals nach dem Krieg wieder die Philharmoniker.

**24. Juni 1947** Ernst Reuter wird von der Mehrheit der Stadtverordneten als neuer Oberbürgermeister gewählt, übernimmt das Amt jedoch aufgrund des sowjetischen Vetos nicht.

**18. Juli 1947** Die Alliierte Kommandantur gibt bekannt, dass die in Nürnberg zu Gefängnisstrafen verurteilten NS-Verbrecher ins Alliierte Gefängnis nach Spandau verbracht werden.

**13. Juni 1948** Der Funkturm am Messegelände (eingeweiht 1926) wird wieder für zivile Besucher freigegeben.

**16. Juni 1948** Auszug des sowjetischen Stadtkommandanten aus der Alliierten Kommandantur.

**19. Juni 1948** Ein vorbereitender Ausschuss von Wissenschaftlern und Studenten beschließt die Gründung der Freien Universität in Berlin-Dahlem (FU). Am 24. Juli nimmt das Sekretariat der Uni seine Arbeit auf.

**24. Juni 1948** Beginn der Währungsspaltung in Berlin, gleichzeitig Beginn der sowjetischen Blockade West-Berlins.

**26. Juni 1948** Aufnahme der Luftbrücke vor allem durch Amerikaner und Briten. Ausbau der Rollbahnen des Flughafens Tempelhof und Einrichtung der Flugplätze in Tegel und Gatow. Der letzte Luftbrückeneinsatz erfolgt am 6. Oktober 1949.

**26. Juli 1948** Die westlichen Stadtkommandanten setzen den Polizeipräsidenten Paul Markgraf ab und Johannes Stumm als Nachfolger ein gegen den Willen der Sowjets.

**6. September 1948** Die Stadtverordnetenversammlung zieht wegen Übergriffen von Demonstranten vom Neuen Stadthaus in das Studentenhaus der TU um. Die SED verweigert sich dem Umzug.

**9. September 1948** Senator Ernst Reuter spricht vor fast 300000 Menschen und bittet die »Völker der Welt« um Unterstützung während der Blockade.

**30. November 1948** Mit der Einsetzung eines eigenen Magistrats für die Ost-Berliner Bezirke beginnt die administrative Teilung der Stadt.

**5. Dezember 1948** Die SPD gewinnt die West-Berliner Wahlen zur Stadtverordnetenversammlung.

**16. Dezember 1948** Sprengung des Sendeturms des sowjetzonalen Berliner Rundfunks durch den französischen Stadtkommandanten.

**21. Dezember 1948** Erste Sitzung der Alliierten Kommandantur ohne sowjetische Beteiligung.

**5. März 1949** Erster Presseball seit 1933. Es nehmen 2000 Künstler, Wissenschaftler, Politiker und Prominente teil.

**20. März 1949** In West-Berlin gilt ab sofort ausschließlich die »Westmark«.

**12. Mai 1949** Ende der Berlin-Blockade.

**14. Mai 1949** Erlass des »Kleinen Besatzungsstatuts«, das die Befugnisse der alliierten Militär- und der deutschen Behörden in West-Berlin regelt.

**23. Mai 1949** Das Grundgesetz der Bundesrepublik Deutschland erhält auch für West-Berlin Gültigkeit; wegen des weiterhin geltenden Viermächtestatus darf die Stadt aber nicht von Bonn aus regiert werden.

**12. August 1949** Die US-Regierung verkündet die Einbeziehung West-Berlins in die Marshall-Plan-Hilfen.

**17. September 1949** In den Messehallen unter dem Funkturm findet die erste Grüne Woche seit dem Krieg statt.

**1. Oktober 1949** Die Rationierung von Lebensmitteln in West-Berlin wird aufgehoben.

**7. Oktober 1949** Gründung der Deutschen Demokratischen Republik (DDR) mit Ost-Berlin als Hauptstadt.

**21. April 1950** Am Kurfürstendamm eröffnet das Maison de France.

**30. September 1950** Das »Gesetz über die Anerkennung politischer Flüchtlinge« aus der DDR regelt deren Aufnahme in West-Berlin. Erst ab dem 4. Februar 1952 gilt auch in West-Berlin das Bundesnotaufnahmegesetz.

**1. Oktober 1950** Neue Verfassung in West-Berlin: Abgeordnetenhaus, Senat und »Regierender Bürgermeister« sind die höchsten gewählten Gremien.

**3. Dezember 1950** Erste Wahlen zum Abgeordnetenhaus in West-Berlin. Ernst Reuter wird Regierender Bürgermeister.

**9. Januar 1951** Abschaffung der Todesstrafe in West-Berlin.

**7. Mai 1951** Der Neubau des bei Kriegsende zerstörten Kaufhauses Karstadt am Hermannplatz wird eröffnet.

**6. Juni 1951** Rund um den Kurfürstendamm beginnt die erste Berlinale mit Alfred Hitchcocks Film *Rebecca*.

**1. Juli 1951** Erstes Internationales AVUS-Rennen.

**10. Juli 1951** Der Regierende Bürgermeister enthüllt das Luftbrückendenkmal vor dem Flughafen Tempelhof.

**18. Juli 1951** Der Chemiker Robert Havemann wird von der West-Berliner Polizei verhaftet, weil er Flugblätter zur Ächtung der Atombombe verteilte.

**9. September 1951** Grundsteinlegung für die Gedenkstätte Plötzensee: Über 2000 Menschen sind in der ehemaligen Hinrichtungsstätte von den Nationalsozialisten getötet worden.

**18. Oktober 1951** DDR-Volkspolizisten umstellen die West-Berliner Exklave Steinstücken und verlangen deren Angliederung an Potsdam. Sie ziehen sich nach Protesten u. a. der Westmächte zurück. Ab 26. Mai 1952 lassen die ostdeutschen Behörden nur noch in der Exklave gemeldete Personen passieren.

**18. Mai 1952** Stilllegung des Anhalter Bahnhofs durch die (ostdeutsche) Reichsbahn. Bis 1958 wird dieser fast komplett abgetragen.

**26. Mai 1952** Mit der Verordnung über Maßnahmen an der Demarkationslinie zwischen der DDR und den westlichen Besatzungszonen werden Fluchten über die innerdeutsche Grenze erschwert. Die Fluchtbewegung konzentriert sich auf West-Berlin.

**27. Mai 1952** Alle direkten Telefonleitungen zwischen West-Berlin und der DDR - auch die nach Ost-Berlin - werden gekappt. Erst ab dem 15. Dezember 1971 kann man wieder von öffentlichen Zellen aus nach Ost-Berlin telefonieren.

**1. Juni 1952** West-Berliner müssen Reisen in die DDR in Ost-Berlin genehmigen lassen.

**8. Juli 1952** Entführung des Juristen Walter Linse aus West- nach Ost-Berlin, von wo aus er nach Moskau verschleppt wird. Er wird dort am 15. Dezember 1953 hingerichtet.

**29. Juli 1952** Am Kurfürstendamm eröffnet das Hotel Kempinski.

**26. September 1952** Die *Berliner Morgenpost* erscheint wieder im neu gegründeten Ullstein-Verlag.

**24. Dezember 1952** Als Zeichen der Verbundenheit u. a. mit deutschen Kriegsgefangenen in der Sowjetunion stellen viele West-Berliner erstmals brennende Kerzen in die Fenster.

**15. Januar 1953** Der durchgehende Straßenbahnverkehr zwischen Ost- und West-Berlin wird unterbrochen.

**8. April 1953** In West-Berlin arbeitende Ost-Berliner erhalten auf Anordnung des DDR-Ministerrats keine Lebensmittelmarken mehr.

**14. April 1953** Das Notaufnahmelager Marienfelde wird durch Bundespräsident Theodor Heuss eingeweiht. Die ersten Flüchtlinge werden hier im August 1953 aufgenommen.

**17. Juni 1953** Während des Volksaufstands in Ost-Berlin und der DDR flüchten Hunderte Menschen nach West-Berlin.

**19. Juli 1953** An der Stauffenbergstraße enthüllt Ernst Reuter ein Denkmal zu Ehren der Opfer des 20. Juli 1944.

**7. August 1953** Die wiedergegründete Bundesversicherungsanstalt für Angestellte wird in West-Berlin angesiedelt. Zuvor sind bereits 1952 das Bundesgesundheitsamt und das Bundesverwaltungsgericht hierhingekommen, später folgen das Bundeskartellamt und 1974 das Umweltbundesamt.

**3. September 1953** Die Marheineke-Markthalle in Kreuzberg wird als erste wiederaufgebaute Markthalle eröffnet.

**2. Oktober 1953** Beisetzung des wenige Tage zuvor gestorbenen Regierenden Bürgermeisters Ernst Reuter auf dem Waldfriedhof Zehlendorf. Sein Nachfolger Walther Schreiber (CDU) nimmt die Amtsgeschäfte am 22. Oktober auf.

**12. November 1953** Gründung des Senders Freies Berlin; der Sendebetrieb startet am 1. Juni 1954.

**6. Juni 1954** PanAm nimmt den regulären Direktflugbetrieb von Berlin-Tempelhof nach New York auf.

**30. Juni 1954** Einstellung der Straßenbahnlinien auf dem Kurfürstendamm.

**1. Juli 1954** Abschaffung der »Notopfer Berlin«-Marken.

**17. September 1954** Eröffnung der Amerika-Gedenk-Bibliothek am Kreuzberger Blücherplatz.

**3. Oktober 1954** Die Westmächte garantieren im Londoner Kommuniqué die Sicherheit West-Berlins; die NATO-Mitglieder schließen sich in den folgenden Wochen an.

**5. Dezember 1954** Aus den Wahlen zum Abgeordnetenhaus geht die SPD als Sieger hervor. Otto Suhr wird Regierender Bürgermeister und Willy Brandt am 12. Februar 1955 Präsident des Abgeordnetenhauses.

**16. März 1956** Die erste Sitzung des Bundesrates in West-Berlin wird von sowjetischen Protesten begleitet.

**22. April 1956** Aufdeckung eines Spionagetunnels, den US-Soldaten von Rudow im Westen bis nach Altglienicke im Osten gebaut haben.

**1. Juni 1956** Beginn des Baus des Amerikahauses an der Hardenbergstraße.

**15. Juni 1956** Sprengung der Überreste der ehemaligen Gestapo-Zentrale auf dem Prinz-Albrecht-Gelände. Ab 1987 wird hier die »Topographie des Terrors« als Dokumentationszentrum eingerichtet.

**5. Juli 1956** Das Haus des Rundfunks in der Masurenallee wird an den Senat übergeben. Am 2. Dezember 1957 zieht der Sender Freies Berlin (SFB) in das sanierte Haus.

**28. Mai 1957** Eröffnung des Zoopalastes in Charlottenburg als erstes Kino mit mehreren Sälen.

**1. Juni 1957** Grundsteinlegung für das Schimmelpfeng-Haus am Breitscheidplatz. Das Gebäude wird im Zuge der Umgestaltung der City West zwischen 2009 und Februar 2013 abgerissen.

**2. September 1957** Trauerkundgebung für den kurz zuvor verstorbenen Regierenden Bürgermeister Otto Suhr. Am 3. Oktober wird Willy Brandt als sein Nachfolger gewählt.

**26. April 1958** Eröffnung der Kongresshalle am Spreeufer. Im Rahmen der Internationalen Bauausstellung Interbau in West-Berlin entstehen neben der »Schwangeren Auster« Wohngebäude im Hansaviertel. Die modernen Bauten werden auch als Antwort auf den Wiederaufbau an der Ost-Berliner Stalinallee gesehen.

**1. September 1958** Der SFB beginnt mit der Ausstrahlung der *Berliner Abendschau.*

**27. November 1958** In der sowjetischen Berlin-Note werden der Abzug der Alliierten und die Umwandlung West-Berlins in eine »Freie Stadt« gefordert. Abgeordnetenhaus und Schutzmächte lehnen den Vorschlag im Dezember ab.

**7. Dezember 1958** Mehr als 90 Prozent der wahlberechtigten West-Berliner beteiligen sich an den Abgeordnetenhauswahlen. Die SPD entscheidet die Wahl für sich.

**17. Dezember 1958** Wiedereröffnung des Café »Kranzler« am Kurfürstendamm.

**9. Mai 1959** Grundsteinlegung für die Kaiser-Wilhelm-Gedächtniskirche, die nach Plänen von Egon Eiermann die Überreste des im Krieg zerstörten Gebäudes mit einem Neubau verbindet.

**25. Mai 1959** Grundsteinlegung für das Springer-Verlagshaus in Kreuzberg unmittelbar an der Grenze zu Ost-Berlin.

**18. Juni 1959** Schloss Bellevue wird der Berliner Amtssitz des Bundespräsidenten.

**11. Februar 1960** Einweihung des »Hauses der Elektrizität«, des späteren Telefunken-Hochhauses, am Ernst-Reuter-Platz.

**Juni/Juli 1961** Monatlich kommen Tag für Tag Tausende von Flüchtlingen aus der DDR nach West-Berlin.

**25. Juli 1961** Der US-amerikanische Präsident John F. Kennedy verkündet die »three essentials« für West-Berlin.

**13. August 1961** Beginn der Absperrung West-Berlins nach Ost-Berlin und ins Umland. Bis 1989 wird die Mauer kontinuierlich »verbessert«.

**21. August 1961** Die 58-jährige Ida Siekmann stirbt beim Versuch, durch einen Sprung aus einem Haus an der Bernauer Straße in den Westen zu gelangen. Sie ist das erste von insgesamt mehr als 130 Todesopfern, die das DDR-Grenzregime fordern wird. Hunderten Menschen gelingt die Flucht unter Lebensgefahr.

**22. August 1961** Bundeskanzler Konrad Adenauer besucht West-Berlin.

**25. August 1961** Eröffnung der ersten Funkausstellung unter dem Funkturm seit 1939.

**25. Oktober 1961** Als Protest gegen die Einschränkung der Bewegungsfreiheit der westalliierten Truppen durch den Mauerbau gehen am Checkpoint Charlie US-amerikanische Panzer in Stellung.

**29. Januar 1963** Eröffnung der Wilhelm-Foerster-Sternwarte am Insulaner.

**17. Februar 1963** Bei den Wahlen zum Abgeordnetenhaus erreicht die SPD mehr als 60 Prozent der abgegebenen Stimmen.

**28. April 1963** Die zur Unterstützung der Berliner Verkehrsbetriebe (BVG) eingesetzten Solidaritätsbusse verkehren zum letzten Mal.

**15. Juli 1963** Gründung des Literarischen Colloquiums in West-Berlin.

**26. Juni 1963** Der US-amerikanische Präsident John F. Kennedy bekennt vor dem Schöneberger Rathaus: »Ich bin ein Berliner!«

**31. Juli 1963** Die Alliierte Kommandantur genehmigt die Ausgabe »Behelfsmäßiger Personalausweise« in West-Berlin.

**20. Dezember 1963** Bis zum 5. Januar 1964 dürfen West-Berliner erstmals seit dem Mauerbau wieder zu Verwandtenbesuchen nach Ost-Berlin. Bis 1966 folgen weitere Passierscheinregelungen.

**1963** Beginn der Bauarbeiten für das Märkische Viertel (»MV«), die erste Großwohnsiedlung in West-Berlin. Später folgen die Gropiusstadt in Neukölln und das etwas kleinere Falkenhagener Feld in Spandau. Am 17. April 1970 wird die 10000. Wohnung im »MV« an die Mieter übergeben.

**30. November 1964** Die West-Berliner Beschäftigten der unter DDR-Verwaltung stehenden Reichsbahn erhalten ihr Gehalt vollständig in D-Mark.

**2. April 1965** Eröffnung des Europa-Centers am Breitscheidplatz nach anderthalb Jahren Bauzeit. Zu diesem Zeitpunkt ist es das zweithöchste Gebäude Deutschlands.

**15. September 1965** Beim Konzert der Rolling Stones in der Waldbühne entsteht bei Auseinandersetzungen zwischen Fans und der Polizei erheblicher Sachschaden. Auch bei einem Auftritt der Stones am 16. September 1970 in der Deutschlandhalle kommt es zu Ausschreitungen. Erst bei einem Konzert im Olympiastadion am 6. Juni 1990 bleibt es friedlich.

**4. Februar 1966** Viele Studenten der West-Berliner Hochschulen verurteilen in Plakatklebeaktionen und Demonstrationen die Militärintervention der USA in Vietnam.

**1. März 1966** Von nun an tragen die West-Berliner U-Bahn-Linien Nummern statt Buchstaben.

**1. Dezember 1966** Willy Brandt tritt als Regierender Bürgermeister zurück. Er wird Außenminister in der Großen Koalition. Seine Nachfolge übernimmt Heinrich Albertz.

**12. März 1967** Bei den Wahlen zum Abgeordnetenhaus gewinnt die SPD 56,9 Prozent der Stimmen.

**26. März 1967** Am Ostermarsch in West-Berlin nehmen rund 3000 Menschen teil.

**6. April 1967** Besuch des US-amerikanischen Vizepräsidenten Hubert Humphrey in West-Berlin.

**2. Juni 1967** Bei Demonstrationen gegen den Besuch des Schahs von Persien in West-Berlin wird der Student Benno Ohnesorg von dem Polizisten Karl-Heinz Kurras erschossen. Die genauen Tatumstände werden nicht untersucht.

**7. Juni 1967** Beginn der Hauptverhandlung gegen den früheren Kammergerichtsrat Hans-Joachim Rehse wegen der Mitwirkung an über 230 Todesurteilen im Zusammenhang mit seiner Tätigkeit für den NS-Volksgerichtshof. Rehse wird zwar in erster Instanz verurteilt, nach einer Revision jedoch 1969 freigesprochen.

**26. August 1967** Erster »langer Sonnabend« in West-Berlin - die Geschäfte haben bis 21 Uhr geöffnet.

**15. September 1967** Eröffnung des Brücke-Museums in Berlin-Dahlem.

**26. September 1967** Rücktritt des Regierenden Bürgermeisters Albertz; sein Nachfolger ist Klaus Schütz.

**11. April 1968** Auf einen der Anführer der Außerparlamentarischen Opposition (APO), Rudi Dutschke, wird ein Attentat verübt, das dieser schwer verletzt überlebt. Es kommt zu schweren Ausschreitungen gegen den Springer-Verlag, den Studenten für die Hetze gegen die APO verantwortlich machen. Dutschke stirbt am 24. Dezember 1979.

**Mai 1968** Die studentischen Proteste gegen die Notstandsgesetze spitzen sich zu: Der Vorlesungsbetrieb an der FU wird bestreikt.

**11. Juni 1968** Die DDR führt für alle Benutzer der Transitstrecken von und nach West-Berlin eine Pass- und Visumspflicht ein.

**20. Juli 1968** Eröffnung der Gedenk- und Bildungsstätte Deutscher Widerstand im Bendlerblock.

**4. November 1968** Am Tegeler Weg kommt es anlässlich der Verhandlung gegen den Rechtsanwalt Horst Mahler zu schweren Straßenschlachten zwischen Demonstranten und der Polizei.

**15. Februar 1969** Auf einem Sonderparteitag der West-Berliner SED erfolgt die Umbenennung in Sozialistische Einheitspartei Westberlins (SEW).

**5. März 1969** Die Bundesversammlung wählt in West-Berlin den Sozialdemokraten Gustav Heinemann zum neuen Bundespräsidenten.

**20. Mai 1969** Der Staatsrechtsprofessor Roman Herzog wird bei einer Vorlesung von Studenten attackiert. Herzog folgt kurz darauf einem Ruf an die Universität Speyer.

**21. Juni 1969** Eröffnung des Berlin Museums an der Lindenstraße. Nach der Teilung der Stadt hat 1962 der Aufbau einer eigenen berlinhistorischen Sammlung begonnen.

**23. April 1970** Eröffnung des Einkaufszentrums Forum Steglitz.

**9. Mai 1970** Bei Protesten gegen die US-amerikanische Vietnampolitik kommt es vor dem Amerikahaus in der Hardenbergstraße zu schweren Ausschreitungen.

**14. Mai 1970** Der Terrorist Andreas Baader, der seit 1968 in West-Berlin inhaftiert ist, wird gewaltsam befreit.

**28. August 1970** Der Neubau des Krankenhauses am Urban wird eröffnet.

**7. November 1970** Am sowjetischen Ehrenmal im Tiergarten schießt ein West-Berliner Krankenpfleger einen sowjetischen Soldaten an.

**29. Januar 1971** Die neu gebauten Streckenabschnitte der U-Bahnlinie 7 zwischen Möckernbrücke und Fehrbelliner Platz und der U 9 zwischen Spichernstraße und Walther-Schreiber-Platz werden eingeweiht. Am 30. September 1974 folgt der Abschnitt zwischen Walther-Schreiber-Platz und Rathaus Steglitz auf der U 9. Der nächste Abschnitt der U 7 bis Richard-Wagner-Platz wird am 28. April 1978 eröffnet, am 1. Oktober 1984 folgt das letzte Teilstück bis zum Rathaus Spandau.

**14. März 1971** Bei den Wahlen zum Abgeordnetenhaus siegt die SPD mit 50,4 Prozent.

**6. Mai 1971** Im Kaufhaus des Westens (KaDeWe) am Wittenbergplatz explodiert eine Brandbombe und verletzt drei Kunden.

**8. Juni 1971** Der Senat beschließt den Bau eines modernen Kongresszentrums am Messedamm. Das Internationale Congress Centrum (ICC) wird am 2. April 1979 eingeweiht.

**3. September 1971** Unterzeichnung des Viermächteabkommens durch die Außenminister von Frankreich, Großbritannien, der USA und der UdSSR im Alliierten Kontrollrat. Das Abkommen tritt im Juni 1972 in Kraft.

**20. Dezember 1971** Durch einen Gebietstausch mit der DDR gibt es nun einen Korridor von Kohlhasenbrück in die Exklave Steinstücken. Am 30. August 1972 wird die Verbindungsstraße für den Verkehr freigegeben.

**1. Januar 1972** Die U-Bahn-Gleise zwischen Wittenbergplatz und Gleisdreieck werden stillgelegt. Auf einem Teilstück verkehrt ab 16. August 1978 eine Museumsbahn; am Bahnhof Nollendorfplatz eröffnet ein Trödelmarkt, der bis 1992 betrieben wird.

**5. Januar 1972** Das Stadtmagazin *Tip* erscheint erstmals.

**30. Juni 1972** Die Zeitungen *Telegraf* und *nacht-depesche* werden aus wirtschaftlichen Gründen eingestellt.

**4. August 1972** Die Zweckentfremdung von Wohnraum kann nach einem Beschluss des Senats mit hohen Geldstrafen geahndet werden.

**21. Dezember 1972** In Ost-Berlin unterzeichnen Egon Bahr für die Bundesrepublik und Michael Kohl für die DDR den Grundlagenvertrag.

**26. Februar 1973** Der Anwalt Horst Mahler wird in West-Berlin als Mitbegründer der Roten Armee Fraktion (RAF) zu zwölf Jahren Haft verurteilt.

**9. September 1973** Ein Drittel des West-Berliner Mülls landet von nun an auf einer Deponie bei Großziethen. Die Lkws erreichen diese über einen eigens eingerichteten Grenzübergang und eine eingezäunte Straße.

**13. November 1973** Nahe der Potsdamer Straße beginnt der Abriss des Sportpalastes. An seiner Stelle entstehen Wohnungen - der später verrufene »Sozialpalast«.

**6. Oktober 1974** Das Grips-Theater bezieht seine Spielstätte am Hansaplatz.

**10. November 1974** Kammergerichtspräsident Günter von Drenkmann wird bei einem Entführungsversuch von Terroristen der »Bewegung 2. Juni« getötet.

**1. Januar 1975** Der Senat erlässt einen Zuzugstopp für Ausländer in die Bezirke Kreuzberg, Tiergarten und Wedding.

**27. Februar 1975** Der CDU-Landesvorsitzende Peter Lorenz wird von der »Bewegung 2. Juni« entführt. Er wird am 5. März im Austausch gegen inhaftierte Terroristen freigelassen.

**23. März 1977** Die erste Nummer der Stadtillustrierten *Zitty* erscheint.

**5. September 1978** Gründung der Alternativen Liste für Demokratie und Umweltschutz (AL) in der Neuen Welt an der Hasenheide.

**15. Dezember 1978** Der Neubau der Staatsbibliothek an der Potsdamer Straße wird eröffnet.

**18. März 1979** Bei den Abgeordnetenhauswahlen liegt die CDU mit 44,4 Prozent vor der SPD (42,7 Prozent). Die sozialliberale Koalition stellt weiter den Senat; Dietrich Stobbe wird als Regierender Bürgermeister bestätigt.

**17. April 1979** Die erste Ausgabe der *Tageszeitung (taz)* erscheint.

**9. Juni 1979** Kreuzberger Wohn- und Arbeitsgemeinschaften besetzen das ehemalige Ufa-Gelände in Tempelhof. Hier entsteht in den kommenden Jahren mit der Ufa-Fabrik ein großes alternatives Projekt.

**18. Januar 1980** In West-Berlin wird erstmals Smog-Alarmstufe 1 ausgerufen.

**27. Februar 1980** Der Gebäudekomplex Steglitzer Kreisel wird bezogen.

**21. Mai 1980** Einsturz der Kongresshalle am Spreeufer. Wiedereröffnung nach umfassender Sanierung zur 750-Jahr-Feier am 9. Mai 1987.

**13. Oktober 1980** Der tägliche Mindestumtausch für Besuche von West-Berlinern in Ost-Berlin und der DDR wird auf 25 D-Mark angehoben.

**23. Januar 1981** Hans-Jochen Vogel tritt die Nachfolge von Dietrich Stobbe als Regierender Bürgermeister an.

**10. Mai 1981** Bei den vorgezogenen Neuwahlen zum Abgeordnetenhaus erreicht die CDU 48 Prozent der Stimmen. Richard von Weizsäcker wird Regierender Bürgermeister.

**15. August 1981** Im Martin-Gropius-Bau wird die Ausstellung *Preußen – Versuch einer Bilanz* eröffnet.

**22. September 1981** Im Zusammenhang mit Protesten gegen die Räumung eines besetzten Hauses stirbt Klaus-Jürgen Rattay. Am 25. Januar 1985 erklärt das Berliner Verwaltungsgericht die Räumung für rechtswidrig.

**5. März 1982** Spandau feiert seinen 750. Geburtstag.

**16. Juni 1983** Beginn der Bauarbeiten für den Versuchsbetrieb der Magnetbahn. Am 18. April 1987 wird ein Brandanschlag auf diese verübt, und am 19. Dezember 1988 überfährt ein Zug den Endbahnhof. Die ersten Fahrgäste werden am 29. Oktober 1989 mitgenommen. Die M-Bahn verkehrt bis zum 31. Juli 1991.

**20. Juni 1983** Der Regierende Bürgermeister verkündet die Übergabe der noch in West-Berlin befindlichen Fassadenteile des Ephraim-Palais an Ost-Berlin.

**12. August 1983** Inbetriebnahme des Weltkugelbrunnens auf dem Breitscheidplatz.

**30. September 1983** Der von Abschiebung bedrohte türkische Asylbewerber Kemal Altun tötet sich selbst.

**31. Dezember 1983** Bei einem Brand sterben sechs Häftlinge in Abschiebegewahrsam. Ein Misstrauensantrag gegen den politisch verantwortlichen Innensenator Heinrich Lummer scheitert am 2. Februar im Abgeordnetenhaus.

**9. Januar 1984** Die BVG übernimmt den Betrieb der in West-Berlin gelegenen Strecken der S-Bahn.

**9. Februar 1984** Eberhard Diepgen folgt Richard von Weizsäcker im Amt des Regierenden Bürgermeisters.

**10. März 1985** Bei den Abgeordnetenhauswahlen bleibt die CDU stärkste Kraft; die AL erreicht erstmals mehr Stimmen als die FDP.

**14. Mai 1985** Die Neue Welt an der Hasenheide wird als Einkaufszentrum neu eröffnet.

**26. Mai 1985** Beim ersten DFB-Pokalendspiel in Berlin seit dem Kriegsende unterliegt der FC Bayern gegen Bayer Uerdingen.

**28. August 1985** Mit 220000 Teilnehmern startet das Pilotprojekt Kabelfernsehen in West-Berlin.

**5. April 1986** Bei einem Sprengstoffanschlag auf die Diskothek »La Belle« werden zwei Menschen getötet und fast 200 weitere zum Teil schwer verletzt. Nach 1990 wird bekannt, dass die DDR-Staatssicherheit über die Vorbereitungen zum Attentat informiert war.

**23. November 1986** Der Künstler Christo stellt sein Modell des »verhüllten Reichstags« vor. Die Realisierung strebt er für das Jahr 1988 an.

**25. April 1987** Eröffnung des Skulpturenboulevards am Kurfürstendamm.

**14. August 1987** Eröffnung der Ausstellung *Berlin, Berlin* im Martin-Gropius-Bau.

**12. Juni 1987** Während des Besuchs des US-amerikanischen Präsidenten Ronald Reagan wird Kreuzberg zeitweise komplett vom Rest West-Berlins abgeriegelt.

**17. August 1987** Rudolf Heß begeht im Spandauer Militärgefängnis Suizid.

**28. Oktober 1987** Bundeskanzler Helmut Kohl und der Regierende Bürgermeister unterzeichnen die Gründungsurkunde für das Deutsche Historische Museum. Als Gründungsdirektor wird Christoph Stölzl berufen. Nach dem Mauerfall kommt es zum Zusammenschluss des Museums in Gründung mit dem Museum für deutsche Geschichte in Ost-Berlin.

**23. April 1988** Im Schloss Charlottenburg beginnt die Veranstaltungsreihe für West-Berlin als Kulturhauptstadt Europas.

**26. Mai 1988** Besetzung des Lenné-Dreiecks an der Mauer: Das Areal soll im Rahmen eines vereinbarten Gebietstauschs mit Ost-Berlin zu West-Berlin kommen. Der Senat plant dort den Bau der sogenannten Westtangente. Als West-Berliner Polizei das zwischenzeitlich in Norbert-Kubat-Dreieck umbenannte Gebiet am 1. Juli stürmt, retten sich 182 Besetzer über die Mauer nach Ost-Berlin.

**23. September 1988** Proteste gegen die Tagung des Internationalen Währungsfonds beginnen. Bis zum 29. September finden zahlreiche Aktionen und Demonstrationen statt, an denen sich Zehntausende Menschen beteiligen. Es kommt zu zahlreichen Festnahmen.

**1. Oktober 1988** Die ersten »gelben Engel« des ADAC dürfen auf den Transitstrecken durch die DDR westlichen Reisenden bei Autopannen helfen.

**29. Januar 1989** Bei den Wahlen zum Abgeordnetenhaus sind CDU und SPD fast gleichauf; das starke Abschneiden der AL ermöglicht die Bildung des ersten rot-grünen Senats unter dem Regierenden Bürgermeister Walter Momper am 16. März 1989.

**8. März 1989** Winfried Freudenberg stirbt beim Versuch, die Mauer mit einem selbst gebauten Ballon zu überwinden. Er ist das letzte Todesopfer an der Berliner Mauer.

**18. Mai 1989** Auf der AVUS gilt ab sofort Tempo 100. In den kommenden Wochen protestieren Tausende Gegner mit Autocorsos gegen die Geschwindigkeitsbeschränkung, die jedoch auch nach der Abwahl von Rot-Grün bestehen bleibt.

**9. November 1989** In den späten Abendstunden gelangen erstmals seit über 28 Jahren wieder Tausende Ost-Berliner nach West-Berlin. In den kommenden Tagen und Wochen werden fast täglich neue Grenzübergänge eröffnet: Die Mauer wird löcherig.

**10. November 1989** Bei einer feierlichen Kundgebung zum Mauerfall mit Willy Brandt und Helmut Kohl kommt es zum Eklat, als der Bundeskanzler von Demonstranten ausgebuht wird.

**5. Dezember 1989** Erstes offizielles Treffen zwischen Walter Momper und seinem Ost-Berliner Amtskollegen Erhard Krack.

**11. Dezember 1989** Im Alliierten Kontrollrat treffen sich die Botschafter der USA, Großbritanniens und Frankreichs mit dem sowjetischen Botschafter.

**22. Dezember 1989** Erstmals seit 28 Jahren dürfen wieder Fußgänger durch das Brandenburger Tor spazieren.

**1. Januar 1990** Erster Gesamtberliner Neujahrslauf mit mehr als 20000 Teilnehmern. In der Nacht zuvor haben Tausende Menschen am Brandenburger Tor gefeiert.

**22. Januar 1990** Am Leuschnerdamm in Kreuzberg beginnt der Abriss der Berliner Mauer.

**12. Juni 1990** Erste gemeinsame Sitzung von West-Berliner Senat und Ost-Berliner Magistrat.

**2. Juli 1990** Erstmals seit dem Mauerbau verkehrt die S-Bahn durchgehend zwischen Ost- und West-Berlin.

**3. Juli 1990** Gegen die Stimmen der AL beschließt der Senat den Verkauf eines großen Areals am Potsdamer Platz an den Daimler-Benz-Konzern. Hier entstehen bis 1998 die Potsdamer Platz Arkaden.

**12. September 1990** Mit der Unterzeichnung des Zwei-plus-vier-Vertrags wird der Sonderstatus Berlins abgeschafft.

**3. Oktober 1990** Staatsakt zum Tag der Deutschen Einheit vor dem Reichstag.

**2. Dezember 1990** Bei den ersten Gesamtberliner Wahlen zum Abgeordnetenhaus erlangt die CDU 40 Prozent der Stimmen, die SPD sackt auf 30 Prozent ab. Ab 23. Januar 1991 wird Berlin von einer Großen Koalition unter dem Regierenden Bürgermeister Eberhard Diepgen regiert.

**20. Juni 1991** Mit dem Hauptstadtbeschluss entscheidet sich der Deutsche Bundestag für den Umzug von Bonn nach Berlin.

**13. August 1991** Der Senat beschließt, an der Bernauer Straße eine Mauergedenkstätte einzurichten.

**24. September 1991** Letzte Sitzung des Senats im Rathaus Schöneberg vor dem Umzug ins Rote Rathaus.

**5. Januar 1992** Die Bestände von Deutscher Staatsbibliothek Unter den Linden und der Staatsbibliothek Preußischer Kulturbesitz Potsdamer Straße werden zusammengeführt.

**1. April 1992** Nach 31 Jahren fährt erstmals wieder eine S-Bahn von Berlin nach Potsdam.

**15. Juni 1992** Erscheinen des ersten Gesamtberliner Telefonbuchs seit 44 Jahren.

**9. November 1992** Grundsteinlegung an der Lindenstraße für den »Erweiterungsbau des Berlin Museums mit Abteilung Jüdisches Museum«.

**28. März 1993** Der Krempelmarkt am Reichpietschufer findet letztmals statt; er muss der Großbaustelle am Potsdamer Platz weichen.

**29. April 1993** Das Abgeordnetenhaus tagt erstmals im Preußischen Landtag.

**10. Oktober 1993** Nach der Sprengung des Bellevue-Towers am Potsdamer Platz beginnen die Erdarbeiten für Deutschlands größte Baustelle.

**1. Januar 1994** Der RIAS geht im neuen nationalen Radioprogramm DeutschlandRadio auf.

**18. Juni 1994** Letzte Parade der militärischen Verbände der USA, Großbritanniens und Frankreichs. Am 8. September verlassen die letzten 12000 westalliierten Soldaten Berlin. Einige verlassene Kasernen übernimmt die Bundeswehr.

**1. Juli 1994** Bundespräsident Roman Herzog bezieht seinen Amtssitz im Schloss Bellevue.

**12. Juli 1994** Besuch des US-amerikanischen Präsidenten Bill Clinton in Berlin.

**9. November 1994** Freigabe der rekonstruierten Oberbaumbrücke für den Autoverkehr - gegen den erklärten Willen von Anwohnern.

**27. April 1995** Eberhard Diepgen und Brandenburgs Ministerpräsident Manfred Stolpe unterzeichnen einen Staatsvertrag zur Bildung eines gemeinsamen Bundeslandes.

**17. Juni 1995** Christo und Jeanne-Claude verhüllen den Reichstag. Bis zum 7. Juli besichtigen Tausende den »Wrapped Reichstag«. Das Gebäude wird anschließend umfassend saniert und als Sitz des Deutschen Bundestags wiedereröffnet.

# Personenregister

Kursiv gesetzte Seitenzahlen verweisen auf Bildunterschriften.
Mit * versehene Namen wurden anonymisiert.


Abusch, Alexander 68
Adenauer, Konrad 75, *77*, 256
Albertz, Heinrich 103, 108, 258
Altun, Kemal 261
Antes, Wolfgang *155*, 155f., 158-160
Arlt, Klaus 130

Baader, Andreas 193, 259
Bahr, Egon 20, 24, 73, 260
Baumann, Helene 30f.
Baumann, Herbert 30f.
Baumann, Max 30f.
Berberich, Monika 119
Blasek, Adolf 157f.
Boettcher, Grit 152
Bosetzky, Horst 18
Bowie, David 13, 148, 170, 175-177, 180, 215
Brandt, Willy 10, 54, 59f., 62, 64, 68, 72-76, *77*, 85, 103, 132, 209, 255, 258, 263
Brunckhorst, Natja *171*
Bülow, Vicco von (Loriot) 144
Büsch, Wolfgang 108
Buwitt, Dankward 157

Carstens, Karl 151f.
Christo (Künstlername von Christo W. Jawaschew) 262, 265
Chruschtschow, Nikita S. 55, 77
Clinton, Bill 265

Diba, Farah (siehe Pahlavi, Farah)
Diepgen, Eberhard 142, 151, 154, 158, 179, 183, 196, 214, 262, 264f.
Drenkmann, Günter von 117, 260
Drewitz, Ingeborg 65
Dutschke, Rudi 98, *109f.*, 110f., 258

Eiermann, Egon 86, 256
Enzensberger, Ulrich 86
Ewald (Freund von Dora Rauh) 28-30

F. (Felscherinow), Christiane 13, 127, 169-171, *171*, 172f., 176
Fontane, Theodor 114
Franke, Klaus 156, 158
Freudenberg, Winfried 263
Friedensburg, Ferdinand 35
Fröbe, Gert 34
Fuchs, Wolfgang *84*
Furtwängler, Wilhelm 251

Galinski, Heinz 149
Gehlen, Reinhard 227
Gläske, Frieda 47, 49-51
Gläske, Heinz 46, *47*, 47-51, 53, 227
Gorbatschow, Michail S. 196
Göring, Hermann 108
Grohmann, Albert 52
Groscurth, Anneliese 66f., *66*

Groscurth, Georg 66
Guevara, Ernesto »Che« 113

Haag, Romy 176
Hachfeld, Eckart 122
Hachfeld, Rainer *106*
Hähnel, Norbert 15
Hancke, Edith 15
Hassemer, Volker 180, 183f.
Havemann, Robert 253
Heck, Dieter Thomas 152f.
Heine, Robert* 185f., *186*, 187-192, 206
Heinemann, Gustav 92, 259
Helmcke, Hans 159
Herschel, Hasso 78f., *79*, 80-83, *84*, 85
Herzog, Roman 259, 265
Heß, Rudolf 262
Heuss, Theodor 254
Hildebrandt, Rainer 83, 85
Hitchcock, Alfred 253
Hochmuth, Hanno 17
Honecker, Erich 91, 136, 179, 207
Hubert Kah (Künstlername von Hubert Kemmler) 153
Huhn, Reinhold 83
Humpe, Annette 177
Humphrey, Hubert H. 104, 258

Iggy Pop 148, 175f.

Jackson, Michael 180
Jeanne-Claude (Künstlername von Jeanne-Claude Denat de Guillebon) 265
Jelinek, Elfriede 144
Johnson, Lyndon B. 76, 102
Johnson, Uwe 104, 144
Juhnke, Harald 15, 152f.

K. (Mitarbeiter Besucherbüro) 137, *138*
K., Hasan 92, 94
Kaiser, Roland 153
Karsunke, Yaak 166
Kempowski, Walter 144
Kennedy, John F. 55, 76, 256f.
Kersten, Artur 54
Kewenig, Wilhelm 190
Kiesinger, Georg 102
Killat, Bruno 57
Kippenberger, Martin 146
Kirchner, Ernst Ludwig 175
Kirsch, Sarah 163
Kittelmann, Peter 158
Klein, Anne 193f.
Klingelhöfer, Gustav 36f.
Kohl, Helmut 209, 217, 262f.
Kohl, Michael 260
Krack, Erhard 263
Kressmann, Willy 129
Kressmann-Zschach, Sigrid 129f.
Kurras, Karl-Heinz 106, 111, 258
Kurutan, Hilal 146

L., Erich 133, 136f.
Lade, Erwin* 43-46
Lade, Gertrud* 43-46
Landowsky, Klaus-Rüdiger 154
Lange, Harry 20
Leitner, Olaf 17
Lenin, Wladimir I. 20
Lieber, Hans-Joachim 102
Linse, Walter 254
Lorenz, Fritz 37
Lorenz, Peter 117f., 260

Lottmann, Joachim 214
Ludwig, Volker (eigentlich Eckart Hachfeld jr.) 13, 122f., *123*, 124f.
Lummer, Heinrich 73, 142, 147, 156, 165, 261

Maaß, Antonia 176
Mahler, Horst 193, 258, 260
Mao Tse-tung 104
Markgraf, Paul 252
Meins, Holger 117
Metzel, Olaf *181*
Meyer, Eduard 176
Meyer, Till 121
Mielke, Erich 13
Mira, Brigitte 15, 152
Momper, Walter 192, 199-201, 207, 263
Müller, Heiner 145

Nena (Künstlername von Gabriele Susanne Kerner ) 153
Neumann, Günter 112
Neuss, Wolfgang 98
Nicole (Künstlername von Nicole Hohloch, verh. Seibert) 153
Niemöller, Martin 58
Noffke, Siegfried 80

Ohnesorg, Benno 106-108, 258
Oskar (Künstlername von Hans Bierbrauer) *72*
Ostrowski, Otto 251
Oxfort, Hermann 119

Pahlavi, Reza 105, *106*, 106
Pahlavi, Soraya 105
Pahlavi, Farah 105f.
Pfitzmann, Günter 12, 15, 152f.
Praunheim, Rosa von 113
Putsch, Otto 155f.

Rastemborski, Ulrich 157
Rattay, Klaus-Jürgen 156, *164*, 164f., 261
Rauch, Georg von 114
Rauh, Dora *27*, 27-30
Reagan, Ronald *182*, 183, 187, 262
Rehse, Hans-Joachim 258
Reinders, Ralf 119
Reuter, Ernst 28, *29*, 32, 74, 251-255
Riebschläger, Klaus 158
Rohé, Andreas 145
Rosenthal, Hans 13, 18, 111f., 149f., *150*, 151f.
Rott, Wilfried 17

Scheel, Walter 151
Schlesinger, Klaus 18, *163*, 163-166, 168
Schmalz-Jacobsen, Cornelia 183
Schmidt, Helmut 118
Schneider, Peter 166
Schoeller, Marga 145
Schreiber, Walther 255
Schultz, Egon 83, *84*
Schultz, Paul 73
Schulz, Christian 17
Schütz, Klaus 258
Schwab, Coco 175
Schwanz, Wolfgang »Otto« 154, 159f., *159*
Schwedler, Rolf 125, 128-130
Siekmann, Ida 256

Sontheimer, Michael 18
Springer, Axel Cäsar 110f.
Stahmer, Ingrid 200f., *201,* 203, 248
Stein, Peter 147
Stobbe, Dietrich 142, 260f.
Stolpe, Manfred 265
Stölzl, Christoph 178, 262
Stoph, Willi 58
Striek, Heinz 130
Ströbele, Hans-Christian 193
Stumm, Johannes 252
Suhr, Otto 251, 255

Teufel, Fritz 104, 109, *109*
Theuner, Otto 104
Tietmeyer, Hans 190
Truman, Harry S. 22
Truschnowitsch, Alexander R. *48,* 49-51

U., Kazim 96
Uhse, Beate 208, 218

Ulbricht, Walter 54, 68, *72,* 76, 102, 156

Veigel, Burkhart 85
Vetter, Horst 156, 158
Viett, Inge 13, 113-115, *116,* 116-119, *120,* 121
Visconti, Tony 176
Vogel, Hans-Jochen 147, 261

Wagenbach, Klaus 101, 103
Wagner, Rainer 140, 153
Wagner, Richard 214
Weber, Annemarie 140
Weinert, Renate* 204-206
Weizsäcker, Richard von 151, 154, 261f.
Witt, Gabriele 199
Wohlrabe, Jürgen 154
Wolf, Christa 145

Zander, Frank 15
Zölle, Frieda 153

## Bildnachweis

Frank-Roland Beeneken: S. 123

Behörde für die Unterlagen des Staatssicherheitsdienstes der ehemaligen DDR: S. 47 (BStU, MfS, AIM 3585-68, Teil P, Bd. I, Bl. 3), 70 (BStU, MfS, HA, IX, Fo 1431, Bild 120), 87 (BStU, MfS, HA, PS, Fo 656, Bd. 2, Seite 57, Bilder 72 und 73), 134 und 135 (BStU, MfS, AG XVII 5920, S. 4 und 50), 138 (BStU, MfS, AG XVII 4512, Bl. 48), 159 (BStU, MfS, HA XXII, 841, Bl. 203, Ausriss), 182 (BStU, MfS, HA III, Fo 126, Bild 66 und 87)

Eugen Bohnstedt, Archiv: S. 33 unten

bpk-Bildagentur: S. 106 (Deutsches Historisches Museum/Bild 50215216/ Sebastian Ahlers, Zeichnung: Rainer Hachfeld), 131 (Bild 40001587, Fotograf: Rolf Koehler), 181 (Bild 30009868, Fotograf: Oskar Dahlke), 208 (Bild 70137074, Fotograf: Klaus Lehnartz)

Bundesarchiv: S. 22 (Bild 183-R66645, Illus-Bittner), 25 (Bild 183-S80474, Fotograf: Eugen Heilig), 26 (Plak 100-034-034, Alfa-Druck), 28 (Bild 146-1982-181-20, Aktuelle Bilder Centrale, Gerhard Pahl), 56 (B 145 Bild P060301), 59 (Bild 183-65208-0001), 66 (B 285 Plak-029-020), 116 (Plak 006-001-059)

Bundesbildstelle im Presse- und Informationsamt der Bundesregierung (BPA): S. 27 (B 145 Bild 00172902, Puck-Archiv), 29 (B 145 Bild 00011324, Puck-Archiv), 60 (B 145 Bild 00048794, Fotograf: Klaus Lehnartz), 77 (B 145 Bild 00019706, Fotograf: Rolf Unterberg)

FHXB Friedrichshain-Kreuzberg Museum: S. 103 (Henschel-Fotobestand, B01_0016_27-29), 110 (Henschel-Fotobestand, B01_0136_22-24), 128 (Henschel-Fotobestand, B01_0050_41-43), 142 (Henschel-Fotobestand, B01_0121_08-10), 145 (S.T.E.R.N.-Fotobestand, 0036/K/01-0036/K/24), 167 (Inventarnummer 2015/3442)

Paul Glaser: S. 185, 189, 201

Hasso Herschel, privat: S. 79

Holger Herschel: S. 211

Elke Kimmel: S. 186, 191

Landesarchiv Berlin: S. 33 oben (F Rep. 290, Nr. 0286797, Fotograf: Johann Willa), 39 (F Rep. 290, Nr. 0005698, Fotograf: Bert Sass), 41 (F Rep. 290, Nr. 0025277, Fotograf: Willy Kiel), 88 (F Rep. 290, Nr. 0003663_C, Fotograf: Hans Seiler), 202 (F Rep. 290 (02), Nr. 0309395, Fotograf: Edmund Kasperski)

Picture Alliance: S. 195 (3494350)

Picture Alliance/dpa: S. 63 (14685302, Fotograf: Konrad Giehr), 84 (2284448), 109 (64273568, Fotograf: Konrad Giehr), 120 (24267834, Fotograf: Konrad Giehr), 163 (2396605)
Picture Alliance/Everett Collection: S. 171 (93116048)
Der Spiegel: S. 93 (Heft 41/1964), 107 (Heft 25/1967, S. 44)
ullstein bild: S. 48 (00237196), 150 (00149069/Barfknecht), 155 (00081202), 164 (348915/Klar), 174 (02579162/Rondholz)

## Dank

Entgegen einer weit verbreiteten Meinung ist vielleicht das Schreiben ein Alleingang, keineswegs aber das Entstehen eines Buches wie des vorliegenden. Ein gutes Buch ist vielmehr das Ergebnis von Teamwork im besten Sinne: Um das Tandem zwischen mir und meiner Lektorin Jana Fröbel gesellten sich in diesem Falle nicht nur die Mitarbeiterinnen und Mitarbeiter des Ch. Links Verlags, sondern auch eine ganze Reihe von Menschen, die dieses Projekt unterstützt haben. Angefangen bei »meinen« Zeitzeugen bis hin zu Kollegen, die das Buchprojekt kritisch begleitet haben, und nicht zuletzt Christian Carlsen von der Stasi-Unterlagenbehörde, der meine Recherchen mit unglaublichem Engagement und Sachverstand betreut hat. Ihnen allen, insbesondere meinem ersten »richtigen« Leser Henrik Bispinck, möchte ich herzlich danken.
Den richtigen Ort für meine Arbeit habe ich nicht in der großen Stadt, sondern nahe der Oder gefunden. Und nicht nur dafür danke ich Jürgen.

Küstrin-Kietz, im Juni 2018

# Die Autorin

**Elke Kimmel**

Jahrgang 1966, studierte Neuere Geschichte und Filmwissenschaften in Berlin und beendete 1999 ihre Promotion. Sie ist seit Juni 2018 Leiterin des Barnim Panoramas Wandlitz. Zuvor arbeitete sie ab 2001 als freie Kuratorin und Autorin vor allem zu Themen der Zeitgeschichte. Mitarbeit an Ausstellungen der Stiftung Berliner Mauer, des Bundesbeauftragten für die Unterlagen der Staatssicherheit der ehemaligen DDR, des Deutschen Historischen Museums, des Dokumentationszentrums Alltagskultur der DDR in Eisenhüttenstadt, des Museums Neuruppin, des Barnim Panoramas Wandlitz und des Stadtmuseums Berlin. Konzeption und Umsetzung von Online-Dossiers für die Bundeszentrale für Politische Bildung. Autorin von Hörfunkfeatures und Rezensionen für den Deutschlandfunk und den Westdeutschen Rundfunk. Wissenschaftliche Mitarbeiterin bei der Historikerkommission zur Aufarbeitung der Geschichte des Bundeslandwirtschaftsministeriums und der Enquetekommission des Niedersächsischen Landtags zur Tätigkeit der DDR-Staatssicherheit in Niedersachsen.

Veröffentlichungen u. a.: Stasi in Niedersachsen. Band 3. Findbuch der Enquetekommission, Göttingen 2017; Waldsiedlung Wandlitz. Eine Landschaft der Macht (mit Jürgen Danyel), Berlin 2016; Abgesang der Stasi. Die letzten Monate der Staatssicherheit im Originalton (Audio-CD, mit Marcus Heumann), Berlin 2015; Diktatur der Grenzen, in: Die Berliner Mauer. Ausstellungskatalog der Gedenkstätte Berliner Mauer, Berlin 2015; Eine Gesellschaft wird durchleuchtet, in: Stiftung Deutsches Historisches Museum (Hg.): Alltag Einheit. Porträt einer Übergangsgesellschaft, Berlin 2015; Essays, Objektgeschichten und Katalogbeiträge in: Dokumentationszentrum Alltagskultur der DDR (Hg.): Alltag: DDR. Geschichten, Fotos, Objekte, Berlin 2012; Spurensuche im Mauerland. Ein Grenzbetrieb am Berliner Flutgraben (mit Christine Brecht und Svenja Moor), Berlin 2009; Charlottenburg im Wandel der Geschichte. Vom Dorf zum eleganten Westen (mit Ronald Oesterreich), Berlin 2005; Methoden antisemitischer Propaganda im Ersten Weltkrieg, Berlin 2001.